篮球
那些年我们一起
追的球队
全新增补版

冯逸明 / 主编

台海出版社

图书在版编目（CIP）数据

篮球：那些年我们一起追的球队：全新增补版 /
冯逸明主编 . -- 北京：台海出版社，2024.6
ISBN 978-7-5168-3865-5

Ⅰ . ①篮… Ⅱ . ①冯… Ⅲ . ① NBA —概况 Ⅳ .
① G841.971.2

中国国家版本馆 CIP 数据核字 (2024) 第 098609 号

篮球：那些年我们一起追的球队：全新增补版

主　　编：冯逸明

出 版 人：薛　原　　　　　　　封面设计：冯逸明　　牛　涛
责任编辑：员晓博

出版发行：台海出版社
地　　址：北京市东城区景山东街 20 号　邮政编码：100009
电　　话：010-64041652（发行，邮购）
传　　真：010-84045799（总编室）
网　　址：www.taimeng.org.cn/thcbs/default.htm
E — mail：thcbs@126.com

经　　销：全国各地新华书店
印　　刷：朗翔印刷（天津）有限公司
本书如有破损、缺页、装订错误，请与本社联系调换

开　　本·710 毫米 × 1000 毫米　　　1/16
字　　数：318 千字　　　　　　　印　　张：14
版　　次：2024 年 6 月第 1 版　　　印　　次：2024 年 6 月第 1 次印刷
书　　号：ISBN 978-7-5168-3865-5

定　　价：59.00 元

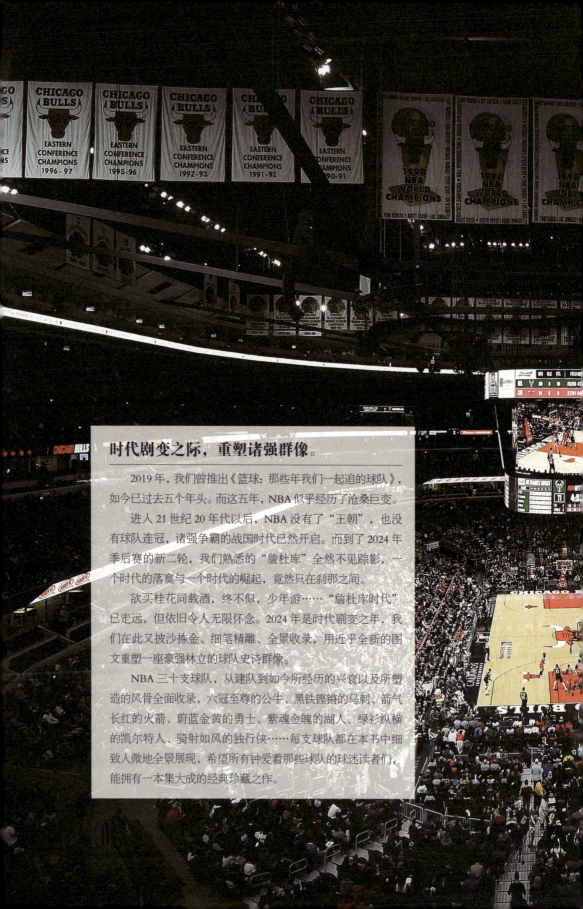

时代剧变之际，重塑诸强群像。

2019 年，我们曾推出《篮球：那些年我们一起追的球队》，如今已过去五个年头。而这五年，NBA 似乎经历了沧桑巨变。

进入 21 世纪 20 年代以后，NBA 没有了"王朝"，也没有球队连冠，诸强争霸的战国时代已然开启。而到了 2024 年季后赛的新二轮，我们熟悉的"詹杜库"全然不见踪影，一个时代的落寞与一个时代的崛起，竟然只在刹那之间。

欲买桂花同载酒，终不似，少年游……"詹杜库时代"已走远，但依旧令人无限怀念。2024 年是时代剧变之年，我们在此又披沙拣金、细笔精雕、全景收录，用近乎全新的图文重塑一座豪强林立的球队史诗群像。

NBA 三十支球队，从建队到如今所经历的兴衰以及所塑造的风骨全面收录，六冠至尊的公牛、黑铁铿锵的马刺、箭气长红的火箭、蔚蓝金黄的勇士、紫魂金魄的湖人、绿衫纵横的凯尔特人、骑射如风的独行侠……每支球队都在本书中细致入微地全景展现，希望所有钟爱着那些球队的球迷读者们，能拥有一本集大成的经典珍藏之作。

西风凛冽

NBA 三十强列传／西部联盟

文：穆东 张小米 韦伯三世

西南赛区
Southwest Division

圣东尼奥马刺 / 休斯敦火箭 / 达拉斯独行侠
孟菲斯灰熊 / 新奥尔良鹈鹕

西　　　部　　　联　　　盟

圣安东尼奥马刺

SAN ANTONIO SPURS

一支傲立在凡尘俗世之上的清流球队，在瞬息万变中保持自我、特立独行。马刺史上不乏乔治·格文、大卫·罗宾逊、邓肯和伦纳德等沉稳球星，传承着团队至上、低调华丽的独特风骨。

他们拥有长达15年的巅峰期，夺得5个总冠军。在波波维奇教练铁腕治军与"GDP组合"默契配合下，那支"黑白军团"写就了"奇数年夺冠"的神话，圣安东尼奥的篮球哲学布道天下，马刺系教练的身影也遍布NBA诸强之中，而文班亚马的到来更开启了马刺的新篇章。

1967年，ABA联盟成立，这是一个与NBA竞争的职业篮球联盟，包括达拉斯灌木丛队（马刺队前身）在内的14支球队。之所以叫作"灌木丛"，是因为这支篮球队是股东们在得克萨斯州达拉斯的"灌木丛俱乐部"共进晚餐时决定成立的。

1973年，达拉斯灌木丛队迁徙到同州的圣安东尼奥，更名圣安东尼奥马刺。

1973/1974赛季，马刺通过交易得到乔治·格文，那时的"冰人"已经是ABA的全明星。1976年，ABA与NBA合并成为NBA，马刺也成为NBA中的一员。

从1977/1978赛季起，格文开启一波"得分王三连庄"之后，马刺也成为西部劲旅，并在1980/1981赛季杀入西部半决赛，惜败于火箭。1981/1982赛季，格文以场均32.3分再次加冕得分王，并率领马刺再次杀入西部决赛，可惜被湖人横扫。

20世纪七八十年代，乔治·格文以优雅的"指间挑篮"独步联盟，曾单节砍下33分，全场轰下63分，斩获四届得分王。在乔丹横空出世之前，格文是NBA外线无匹的得分"大魔王"。可惜得分如探囊取物的格文并没有将马刺带出西部，因为20世纪80年代的西部属于"魔术师"的湖人（他们在 80 年代 10 年 7 次问鼎西部冠军并四夺总冠军）。

1985 年，乔治·格文被交易到公牛，"冰人"在马刺效力 12 载，其冷静、沉稳的气质也潜移默化地影响了这支球队。之后，马刺核心罗宾逊、邓肯都是这种低调巨星。

乔治·格文远走芝加哥，马刺进入重建期，并在 1987 年 NBA 选秀大会首轮第 1 顺位选中了大卫·罗宾逊。然而让圣安东尼奥人郁闷的是，这位"状元"坚持要服完两年海军兵役才来马刺打球。好在两年并不长，而且大卫·罗宾逊在 1988 年汉城奥运会名扬世界，这位 2.16 米身高的大个子拥有堪比顶级后卫的速度，运动能力也属于顶级。

顶着"中锋中的乔丹"绰号，大卫·罗宾逊终于来到马刺。这位"海军上将"（罗宾逊的绰号）不仅球艺出众，而且风度翩翩，球商卓越。时任马刺主帅的拉里·布朗感叹道："除了拉塞尔之外，NBA 从没见过如此能跑的'巨人'。"值得一提的是，此时波波维奇（1989/1990 赛季随拉里·布朗来到马刺）已经是马刺助教团的一员。

罗宾逊在新秀赛季就打出场均 24.3 分、12 个篮板的"两双"数据。因为他的到来，马刺从之前赛季的 21 胜飙升至 56 胜。"二年级"时，罗宾逊场均能摘下 13 个篮板，荣膺篮板王，"三年级"时，又以场均 4.5 记盖帽荣膺盖帽王。随着罗宾逊的声名鹊起，

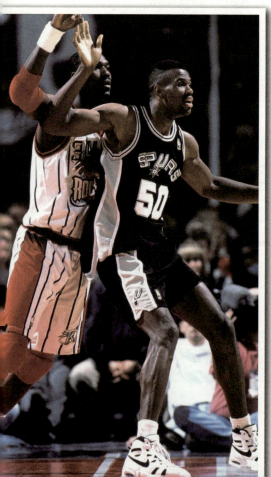

球迷也将他的"军衔"晋升，成为"海军上将"。

20 世纪 90 年代，"四大中锋"各具异彩，尤因憨厚沉稳、奥尼尔幽默张扬、奥拉朱旺低调华丽、罗宾逊儒雅潇洒。然而，"飞人"乔丹统治了那个时代，率领公牛夺得 6 届总冠军，而奥拉朱旺又率领火箭夺下余下的 2 届。

大卫·罗宾逊在 1999 年之前几乎集齐除总冠军之外的所有荣耀，常规赛 MVP、得分王、最佳防守球员……并在 1993/1994 赛季的最后一战中砍下 71 分。但个人完美表现始终换不回生涯一冠，他治下的马刺也始终冲不出西部。

1995 年，罗宾逊挟新科常规赛 MVP 之威率领马刺杀入西部决赛，却迷失在"大梦"摆下的迷魂阵中。奥拉朱旺用"梦幻舞步"限制了罗宾逊，在两位超级中锋的直接对话中，"上将"明显落于下风，马刺也以 2 比 4 不敌火箭。

1997 年，马刺终于用"状元签"摘得蒂姆·邓肯，这位维克森林大学出品的天才大前锋和圣安东尼奥相得益彰，同样低调内敛。

1997/1998赛季，大卫·罗宾逊与邓肯组成马刺"双塔"，在合作的首个赛季便初显威力。罗宾逊场均得到21.6分、10.6个篮板，而邓肯场均贡献21.1分、11.9个篮板。

1998/1999赛季，罗宾逊尚有余勇，他和邓肯在高低位"双塔"连线能引发蝴蝶效应，外加"小将军"艾弗里·约翰逊的弧顶策应，马刺变得无法阻挡，一举杀出西部，并在总决赛以4比1轻取尤因领衔的尼克斯，捧起马刺队史的首座总冠军奖杯。

邓肯荣膺总冠军MVP，成为马刺夺冠的主角，但沦为"金牌配角"的罗宾逊心无芥蒂，他很享受生涯暮年戴上总冠军戒指的愉悦，并对小弟邓肯心怀提携与感激之情。

同样沉默如山、胸有激雷，"双塔"治下的马刺傲然登上联盟之巅，但"OK组合"领衔的湖人崛起速度更快，他们在21世纪初期实现一波"三连冠"。

2003年，37岁的罗宾逊在总决赛第六场砍下13分、17个篮板，凭借"海军上将"的神勇表现，马刺击败篮网，以总比分4比2淘汰对手，再夺总冠军。那也是罗宾逊NBA生涯的最后一战，戴上总冠军戒指的"海军上将"完美谢幕。

虽然没有了"海军上将"，但马刺实力依然强悍，得益于这些年他们在NBA选秀大会补强。1999年，马刺在首轮第57顺位选中"阿根廷妖刀"马努·吉诺比利。2001年，马刺又在首轮第28顺位将"法国跑车"托尼·帕克招至麾下。

2002年，吉诺比利正式登陆NBA。自此，吉诺比利、帕克与邓肯组成"GDP组合"，此后经年，这对三人组都是NBA天花板级存在，携手率领马刺四夺总冠军。

2005年，吉诺比利在外线灵动如蛇，邓肯在内线恒定如佛。马刺与活塞在总决赛上演"绞肉机"般七场防守大战，更具进攻天赋的马刺最终击败对手，获得总冠军。邓肯力压"双华莱士"，场均得到20+14的两双数据，再度举起总决赛MVP奖杯。

2007年，吉诺比利出任替补，马刺亮出"帕克+邓肯"挡拆绝技，打出教科书般的侧翼掩护以及强弱侧转移进攻，如机械般冷酷地绞碎了一切对手。这一年，马刺在总决赛横扫骑士，拿下队史的第4个总冠军。帕克在总决赛场均得到24.5分、5个篮板、3.3次助攻，命中率高达56.8%，荣膺总决赛MVP，"GDP组合"也达到巅峰。

1999年、2003年、2005年、2007年，四座总冠军奖杯、奇数年夺冠定律，似乎都昭示着"黑白王朝"的到来。然而，马刺的冠军童话到2008年戛然而止。

从2008年起，邓肯在之后不再是那位低位无解的"石佛"，吉诺比利的"妖刀"似乎已钝，"GDP组合"靠唯一未满30岁的帕克苦苦支撑，马刺的角色球员也一片荒芜。

2011年，随着首轮15号新秀科怀·伦纳德的到来，马刺又重新崛起。2012年，马刺打进西部决赛，可惜被年轻的雷霆连扳四局逆转。2013年，马刺杀入总决赛。如果不是雷·阿伦命中那记倒转乾坤的绝平三分球，马刺又能在奇数年夺冠。最终，马刺以3比4惜败给热火，与金杯失之交臂，37岁的邓肯怒捶地板宣泄着心中的不甘。

马刺的复仇接踵而至，2014年总决赛，他们再遇"三巨头"领衔的热火，并以4比

1 轻取对手。马刺再次夺得总冠军，距离上次夺冠已有 7 年之久。7 年时光，"GDP 组合"依旧如初，39 岁的邓肯、37 岁的吉诺比利与 31 岁的帕克，携手并肩击败岁月，战胜强大的迈阿密"三巨头"，共同书写了一部心潮澎湃的"圣城童话"。

马刺轻取热火，离不开新科总决赛 MVP 伦纳德的攻防一体，限制了詹姆斯的发挥，更源于"GDP 组合"依旧老而弥坚，他们三人在总决赛中依然能每场人均贡献 15 分。

之后"GDP 组合"渐次告别 NBA 赛场。而伦纳德也奔赴多伦多，并在 2019 年率领猛龙夺得总冠军，这位像"冰"一样的男人正式将马刺的篮球哲学融入风骨。

再说马刺，他们在波波维奇教练执导下，以"GDP 组合"为核心，成为一支胜率极高的铁血之师。以"大基本功"邓肯攻防两端的威慑力为基础，马刺建立了一系列精密严谨的战术体系，衍生出低调华丽的篮球哲学。

虽然，随着"GDP 组合"的渐次离去，马刺也渐渐失去强队的资本，但他们已经创造了太多的奇迹：15 年里 5 夺总冠军，从 1999/2000 赛季到 2016/2017 赛季，在虎狼环伺的西部，连续 18 个赛季常规赛战绩超 50 胜；"GDP 组合"也成为联手率队在 NBA 取得历史最多胜场的组合……那支马刺已经成了将低调与胜利完美融合的化身。

从 2017/2018 赛季，马刺进入风雨如晦的后"GDP"时代，旨在重建的马刺单赛季战绩再也未达 50 胜，再也没有突破季后赛首轮，从 2020 年起又被季后赛拒之门外。

老帅波波维奇巧妇难为无米之炊，心灰意冷，在无限追忆往昔荣光的同时渐有归隐之意。然而，2023 年 NBA 选秀大会，马刺以"状元签"选中天才内线维克托·文班亚马，又让老帅波波维奇重燃执教热情。文班亚马身高 2.24 米，臂展 2.44 米，拥有无与伦比的静态天赋，加上顶级外线的手感与技巧，能在攻防两端展现出空前威慑力。

2023/2024 赛季，文班亚马初入 NBA，调整进化能力惊人，呈现出前所未有的攻击形态，足以让 NBA 所有对手如临大敌。假以时日，文班亚马如果不被伤病所累，定能率领马刺重现往日的辉煌。

截至目前，马刺退役球衣有 10 件，其中有些名不见经传、但符合这里的传统 相比超人般的表现，马刺更需要一颗勇于奉献的心

➕ 特别链接：马刺退役球衣

马刺退役的 10 件球衣分别为 9 号（托尼·帕克）、20 号（马努·吉诺比利）、21 号（蒂姆·邓肯）、00 号（约翰尼·摩尔）、6 号（艾弗里·约翰逊）、12 号（布鲁斯·鲍文）、13 号（詹姆斯·西拉斯）、32 号（西恩·埃利奥特）、44 号（乔治·格文）、50 号（大卫·罗宾逊）。

马刺经典组合 / "GDP"

马努·吉诺比利 + 蒂姆·邓肯 + 托尼·帕克

2002 年，当吉诺比利披上马刺 20 号球衣时，NBA 历史上合作时间最长、最成功的三人组 "GDP 组合" 赫然浮现了。那一年，吉诺比利 25 岁，帕克 20 岁，邓肯也只有 26 岁。

"G" 吉诺比利（Ginobili）：一把灵动迅疾、路线诡异、拥有手术刀般突破的 "蛇形妖刀"，能在极端境况中将身体扭曲后匪夷所思地得分，是波波维奇眼中能扭转乾坤的致命 "杀手"。

"D" 邓肯（Duncan）：重剑无锋，大巧不工。作为马刺队十数年雄霸联盟的基石，也是 NBA 历史第一大前锋，邓肯拥有沉稳睿智、岿然不动的气魄，是在攻防两端始终强大且稳定的存在。

"P" 帕克（Parker）：一辆风驰电掣的 "法国跑车"。帕克是马刺体系中的指挥官与变速器，他掌控节奏，梳理比赛，让邓肯在最舒服的位置接球，果断突破制造杀伤。

邓肯坐镇内线统治攻防两端，确立马刺质朴凝重的风格与基本盘。帕克持球游弋在外线，将灵动多变的一抹亮色注入马刺，让其拥有动静相宜的王者之风。这样的马刺足以摧毁任何对手，即便相持不下甚至马刺命悬一线时，他们还有悬在对手命门上的一把 "妖刀"。

"顺境'跑车'，逆境'佛'，绝境'妖刀'斩群魔。"在球迷津津乐道中，"GDP 组合"携手并肩走过 14 个年头，率领马刺夺得 2003 年、2005 年、2007 年与 2014 年 4 届总冠军。取得 575 场常规赛胜利和 126 场季后赛胜利，成为 NBA 历史上常规赛胜场数和季后赛胜场数最多的三人组。无论巅峰低谷，他们始终精诚协作，成为 NBA 中无数组合效仿的楷模。

马刺历史最佳阵容

控球后卫	得分后卫	小前锋	大前锋	中锋
托尼·帕克	**马努·吉诺比利**	**乔治·格文**	**蒂姆·邓肯**	**大卫·罗宾逊**
帕克效力马刺 17 年，不仅是这支球队的天才指挥官，还是随时可以突入内线得分的全能攻击手。	在长发飘飘的岁月，他用极尽想象力的得分来延续马刺的辉煌。即便是头顶渐秃，他亦是越老越妖的存在。	格文指尖挑篮独步联盟，作为马刺初代巨星以及队史得分王，"冰人"也为马刺奠定了沉稳、内敛的基调。	马刺以凝重稳健的篮球哲学雄霸联盟十载，因为如石般沉稳、似佛般睿智的邓肯稳定地撑起球队基本盘。	作为"四大中锋"最全能的一位、唯一的 71 分先生，"海军上将"成为 20 世纪 90 年代马刺的一面旗帜。
● Tony Parker	● Manu Ginobili	● George Gervin	● Tim Duncan	● David Robinson
● 2001—2018 年	● 1973—1985 年	● 1973—1985 年	● 1997—2016 年	● 1989—2003 年
●效力期间主要荣誉	●效力期间主要荣誉	●效力期间主要荣誉	●效力期间主要荣誉	●效力期间主要荣誉
4 届总冠军 /1 总决赛 MVP/6 全明星	4 届总冠军 /1 最佳第六人 /2 全明星	4 届得分王 /5 届最佳阵容一阵 /9 全明星	5 届总冠军 /3 届总决赛 MVP/2 常规赛 MVP	2 届总冠军 /1 常规赛 MVP//10 届全明星

　　2023 年 8 月 13 日，2023 届奈史密斯篮球名人堂入选典礼在斯普林菲尔德举行。托尼·帕克与恩师格雷格·波波维奇一同入选名人堂，成为 NBA 首对同时"登堂"的师徒。入选此届名人堂的还有德克·诺维茨基、德怀恩·韦德与保罗·加索尔三大 NBA 巨星，可谓星光熠熠。

　　为了给恩师与老伙计捧场，邓肯、吉诺比利与"海军上将"大卫·罗宾逊亲临现场，"GDP 组合"齐聚，一时间唤醒无数马刺球迷的澎湃记忆。

　　帕克效力 NDA 长达 18 个赛季，其中 17 个赛季效力马刺，与邓肯、吉诺比利携手率领马刺四夺总冠军，个人六次入选全明星，并在 2017 年荣膺总决赛 MVP，入选名人堂可谓实至名归。

　　而波波维奇履历更为璀璨，他不仅是 NBA 执教胜场（1388 场）最多的主教练，还率领马刺五夺总冠军，三度荣膺 NBA 赛季最佳教练，并率领美国男篮在 2021 年夺得东京奥运金牌。

GREGG POPOVICH

马刺总得分榜

1. 蒂姆·邓肯	26496
2. 乔治·格文	23602
3. 大卫·罗宾逊	20790
4. 托尼·帕克	18943
5. 马努·吉诺比利	14043

马刺总篮板榜

1. 蒂姆·邓肯	15091
2. 大卫·罗宾逊	10497
3. 乔治·格文	4841
5. 拉里·肯农	4114
4. 马努·吉诺比利	3697

马刺总助攻榜

1. 托尼·帕克	6829
2. 艾弗里·约翰逊	4474
3. 蒂姆·邓肯	4225
4. 马努·吉诺比利	4001
5. 约翰·摩尔	3865

马刺总抢断榜

1. 马努·吉诺比利	1392
2. 大卫·罗宾逊	1388
3. 乔治·格文	1159
4. 埃尔文·罗伯特森	1128
5. 托尼·帕克	1032

马刺总盖帽榜

1. 蒂姆·邓肯	3020
2. 大卫·罗宾逊	2945
3. 乔治·格文	938
5. 比利·鲍尔兹	796
4. 阿尔提斯·吉尔莫尔	700

休斯敦火箭历史夺冠年份表
1. 1994 年　火箭　4 比 3　纽约尼克斯
2. 1995 年　火箭　4 比 0　奥兰多魔术

火箭总篮板榜
1. 哈基姆·奥拉朱旺　　13382
2. 埃尔文·海耶斯　　　6974
3. 摩西·马龙　　　　　6959
4. 鲁迪·汤姆贾诺维奇　6198
5. 奥蒂斯·索普　　　　5010

火箭总得分榜
1. 哈基姆·奥拉朱旺　　26511
2. 詹姆斯·哈登　　　　18365
3. 卡尔文·墨菲　　　　17949
4. 鲁迪·汤姆贾诺维奇　13383
5. 埃尔文·海耶斯　　　11762

休斯敦火箭

HOUSTON ROCKETS

回溯火箭，就又见那连绵如山的中锋时代，从"大 E"海耶斯、摩西·马龙到"大梦"奥拉朱旺，再到"小巨人"姚明，一支有内线传承、以顶级中锋为建队之脊的红色劲旅，赫然矗立在休斯敦城。

火箭虽然只夺得两届总冠军，但汤帅那句"永远不要低估一颗总冠军的心"，令人振聋发聩，成为 NBA 夺冠的励志名言。

言犹在耳，那支休斯敦铁骑剑指总冠军，虽屡经低谷，但"箭气长红"。除了内线强大，火箭外线也拥有麦迪、哈登这样的麒麟之才，可惜时运不济，让休斯敦在近三十年的争冠路上蹉跎梦想。

　　1967 年，ABA（美国篮球联盟）诞生，欲与 NBA 分庭抗礼。与此同时，NBA 也开疆拓土，扩充了两支新军，分别是圣地亚哥火箭与西雅图超音速。

　　这支后来因为姚明而风靡中国的休斯敦火箭，当时还在圣地亚哥，一座位于美国西南角的海滨名城。初创时的圣地亚哥火箭虽然籍籍无名，却在 1967 年 NBA 选秀大会首轮第 7 顺位选中帕特·莱利，一位后来创造湖人"SHOWTIME 时代"的名帅"神算子"，以及独掌热火朝纲数十年的迈阿密"教父"。然而，火箭在 NBA 的首个赛季并不甜蜜，以 15 胜 67 负（联盟倒数第一）惨淡战绩收场，好在赢得了一个"状元签"。

　　1967 年选秀大会，火箭用"状元签"选中埃尔文·海耶斯。绰号"大 E"的埃尔文·海耶斯是 NBA 历史上最具天赋的内线之一，司职中锋或者大前锋，拥有强壮体魄与柔和手感，之后他在 NBA 累计出战 1303 场，仅仅缺席 9 场比赛，堪称"铁人"。

　　1968/1969 赛季，埃尔文·海耶斯在新秀赛季就为圣地亚哥火箭场均贡献了 28.4 分，夺下得分王头衔，并率队杀入季后赛。尽管最终火箭在半决赛负于老鹰，无缘再进一步，但这支圣迭戈的球队依旧信心十足，因为他们拥有埃尔文·海耶斯。

然而，接下来的三个赛季，虽然海耶斯连续打出场均"25+15"的顶级内线数据，能将火箭带进季后赛，却始终无法走得更远。1971年，火箭由圣地亚哥迁至"太空城"休斯敦，更名为"休斯敦火箭"。1972年，海耶斯被火箭交易到巴尔的摩子弹队。

虽然在"大E"时期的火箭并没有一飞冲天，却收获颇丰。1970年，圣地亚哥火箭在选秀大会以首轮第2顺位选中鲁迪·汤姆贾诺维奇，这位后来以主教练身份率领火箭夺得（队史仅有）两届总冠军的人，几乎将毕生心血都奉献给了这支球队。

1976年，ABA被NBA合并，休斯敦火箭经过一番周折，将昔日ABA的全明星球员摩西·马龙招至麾下。1976/1977赛季，马龙抢下437个前场篮板排名联盟第一，他与汤姆贾诺维奇领衔，加上墨菲、纽林、约翰·卢卡斯等一干好手，联手率领火箭杀到分区决赛，激战六场之后，因为一个极具争议的罚球，惜败于76人。摩西·马龙在此次季后赛场均掠下18.8分、16.9个篮板，更缔造了单场摘下15个前场篮板的壮举。

接下来冉冉升起的火箭却遭遇致命性打击。1977年的12月9日，在火箭对阵湖人的比赛中，双方厮打在一起。汤姆贾诺维奇上前劝架，却被科特·华盛顿误认为"帮凶"，一拳将汤姆贾诺维奇面部打到骨折，这一拳也将后者送到病榻上休养了五个多月。

接下来，摩西·马龙在1978/1979赛季场均狂揽24.8分、17.6个篮板，摘下篮板王，加冕常规赛MVP。1981年季后赛，摩西·马龙又在攻防两端压制"天勾"，率领火箭逆袭淘汰上届冠军湖人，一路挺进总决赛，可惜最后以2比4输给凯尔特人。

1982年夏天，再度夺下常规赛MVP之后，摩西·马龙加盟费城76人，为火箭留下6年巅峰岁月。失去这位核心内线之后，火箭战绩直线跳水，在1982/1983赛季仅获得14胜68负，联盟垫底。否极泰来，惨淡战绩的火箭连续两年获得了"状元签"。

1983年选秀大会，休斯敦火箭用"状元签"选中拉尔夫·桑普森，接下来又在1984年选秀大会用"状元签"选中"大梦"哈基姆·奥拉朱旺。1984年选秀大会被称为NBA史上最强一届，拥有乔丹、巴克利以及斯托克顿等未来超级巨星。火箭与未来的"篮球之神"乔丹失之交臂，却无怨无悔，因为拥有中锋传统的火箭选中了NBA史上技术最好且最全面的中锋——"大梦"奥拉朱旺。

1984/1985赛季，奥拉朱旺踩着梦幻脚步踏入NBA，在新秀赛季场均贡献20.6分、11.9个篮板。身高2.13米的奥拉朱旺搭档身高2.24米的桑普森，两位"状元"中锋组成了颇具内线统治力的"双塔组合"，联手率领火箭一跃成为48胜的季后赛球队。

1985/1986赛季，奥拉朱旺与桑普森场均合力拿下42分、22个篮板，率领火箭打出队史新高的51胜，并在西部决赛以4比1击败上届冠军湖人，但在总决赛还是以2比4败给凯尔特人，雪上加霜的是桑普森在总决赛中受伤了。

火箭总抢断榜	
1. 哈基姆·奥拉朱旺	2088
2. 卡尔文·墨菲	1165
3. 詹姆斯·哈登	1087
4. 阿伦·里维尔	929
5. 罗伯特·雷德	881

火箭总盖帽榜	
1. 哈基姆·奥拉朱旺	3740
2. 姚明	920
3. 摩西·马龙	758
4. 拉尔夫·桑普森	585
5. 克林特·卡佩拉	491

随着三名后卫的药物风波和"大梦"的种种伤病，火箭在 1986 年至 1992 年的 6 年间始终没能打出好成绩，一度陷入连续四年止步季后赛首轮的尴尬境地。

1992 年，汤姆贾诺维奇成为火箭主教练，确定了以奥拉朱旺作为核心的战术体系，火箭在 1992/1993 赛季一扫之前阴霾，一路杀入西部决赛，惜败于超音速。

1993 年，迈克尔·乔丹宣布退役，公牛失去霸主地位。火箭抓住这次良机，在接下来的 1993/1994 赛季和 1994/1995 赛季，两度夺得总冠军。

1993/1994 赛季，火箭在总决赛对阵尼克斯，奥拉朱旺大战尤因，"大梦"在进攻端取得完胜，火箭最终以 4 比 3 击败尼克斯，夺取队史首个总冠军。

1994/1995 赛季，火箭在常规赛仅以 47 胜的成绩排名第六，在半决赛一度被太阳打成 3 比 1，但火箭不可思议地将比赛带进抢七，并取胜。西部决赛，"大梦"奥拉朱旺以场均 35 分全面压制了"海军上将"大卫·罗宾逊，率领火箭横扫马刺。

总决赛，火箭以 4 比 0 横扫魔术，卫冕总冠军。"大梦"奥拉朱旺用华丽无双且繁复莫测的"梦幻舞步"给年轻的"鲨鱼"奥尼尔上了一场生动的教学课。火箭也成为 NBA 有史以来赢得总冠军的排位最低的球队。汤姆贾诺维奇那一句"永远不要低估一颗冠军的心"成为火箭历史上两冠巅峰的真实写照，并永远回响在 NBA 的赛场。

1996/1997 赛季，火箭通过交换从太阳换来了巴克利，与上赛季到来的"滑翔机"德雷克斯勒，以及奥拉朱旺组成了"三巨头"，可惜未能实现三连冠的伟业。

接下来的几年，休斯敦火箭开始了新老交替。2001 年，年事已高的奥拉朱旺被火箭交易至猛龙，全明星首发控卫弗朗西斯率领失去"大梦"的火箭在 2001/2002 赛季只取得 28 胜 54 负的糟糕战绩，却幸运地抽中了"状元签"。2002 年 NBA 选秀大会，火箭在首轮第 1 顺位选中"小巨人"姚明。作为 NBA 首位外籍"状元"，身高 2.26 米的姚明不仅天赋绝佳，而且技术细腻精湛，还拥有中国人的儒雅、睿智与坚韧。

2002/2003 赛季，姚明在 NBA 的首个赛季表现不俗，场均得到 13.5 分、8.2 个篮板和 1.8 次封盖，入选最佳新秀第一阵容。与此同时，弗朗西斯赛季场均贡献 21+6+6 的全面数据，

"姚弗组合"默契无间，已经初显威力。接下来的 2003/2004 赛季，杰夫·范甘迪成为火箭主教练。"姚弗组合"率领火箭以西部第七的顺位挺进季后赛，可惜以 1 比 4 不敌"OK 组合"领衔的湖人，输在了天赋与实力的差距上。

2004 年休赛期，火箭为了提升球队上限，将弗朗西斯、莫布里、卡托送往奥兰多魔术，换来"两届得分王"特雷西·麦克格雷迪，以及朱万·霍华德、泰伦·卢、里斯·甘尼斯。

姚明与麦迪，"状元中锋 + 得分王"的内外线组合，其联手的威力堪比"OK 组合"，很少有人能阻挡他们率领火箭前进的脚步，唯一的障碍便是伤病。

2004/2005 赛季，麦迪场均砍下 25.7 分、5.7 次助攻，姚明场均得到 18.3 分、8.4 个篮板，相对健康的"姚麦组合"率领火箭以 51 胜的优异战绩挺进季后赛。麦迪在这个赛季还缔造了一场 35 秒 13 分的旷古奇迹。2005 年季后赛，面对"诺天王"领衔的小牛，麦迪更上演了骑扣布拉德利和一条龙绝杀，火箭在达拉斯取得 2 比 0。但命运陡转，在 2 比 0 领先之后，因为种种原因，火箭被小牛以 4 比 3 逆转，留下了无尽的遗憾。

之后的三个赛季，火箭始终没有突破季后赛首轮，两度倒在爵士的脚下。其中 2007/2008 赛季，火箭还创造了 NBA 历史第二长的 22 连胜（仅次于湖人的 33 连胜）。而姚明在 22 场连胜中仅参加了前 12 场，就因为左脚应力性骨折而告别了该赛季。

2008/2009 赛季，麦迪因伤缺阵了 47 场比赛。姚明独自率领火箭在季后赛首轮以 4 比 2 淘汰开拓者，杀入西部半决赛。值得一提的是，这一轮系列赛姚明完成了百分百之战，2009 年 4 月 19 日，姚明 9 投全中，砍下 24 分，率领火箭以 108 比 81 击败开拓者。

接下来火箭与湖人在西部半决赛大战七场之后遗憾败北，而姚明在第三战遭遇左脚踝骨裂，火箭腾空也因此戛然而止，而这一伤让姚明错过了整个 2009/2010 赛季。

2011 年 7 月，姚明因伤难愈，万般无奈下宣布退役。麦迪也在 2010 年 2 月被交易到尼克斯，"姚麦组合"成为历史，也成为无数火箭球迷心中永恒的篮球记忆。

因为姚明的存在，休斯敦火箭对于许多中国球迷而言，几乎成了主队。而在那个时代，"街球王"阿尔斯通、"蝙蝠侠"巴蒂尔、"钻石"斯科拉、"野兽"阿泰斯特，以及"穆大叔""霍二叔"等，那些"姚麦组合"身边的队友也被大家耳熟能详。

后"姚麦时代"，火箭动荡不已，即便斯科拉在 2010/2011 赛季成为场均 18+8 的准全明星大前锋，依然未能率队有所突破，那段日子的火箭始终被挡在季后赛的门外。

2012 年 7 月，火箭决意重建，把斯科拉送往菲尼克斯太阳。

2012 年 10 月，詹姆斯·哈登加盟火箭，彼时的哈登还只是"雷霆三少"的三弟、场均 15+5 的联盟"最佳第六人"，但他的超绝天赋已展露无遗。

哈登在火箭的首秀便豪取 37 分、12 次助攻，在 2012/2013 赛季，哈登场均贡献 25.9 分的同时，还送出 5.8 次助攻。休斯敦火箭终于迎来希望之星，升空指日可待。

2013 年 7 月，火箭签下"魔兽"德怀特·霍华德，与哈登组成"魔登组合"，携手

火箭总助攻榜	
1. 詹姆斯·哈登	4796
2. 卡尔文·墨菲	4402
3. 阿伦·里维尔	3339
4. 哈基姆·奥拉朱旺	2992
5. 迈克·纽林	2581

率领火箭冲冠，却在 2014 年季后赛遭遇利拉德三分球绝杀，止步于首轮。

2014/2015 赛季，火箭以 56 胜的西部第二战绩卷土重来，并在季后赛首轮轻取小牛，半决赛逆转抢七淘汰快船。但在西部决赛，火箭以 1 比 4 不敌库里领衔的勇士。

2015 年 11 月，火箭解聘了麦克海尔主教练，在 2015/2016 赛季以西部第八的身份进入季后赛，以 1 比 4 再负于勇士，止步于首轮。战绩不进反退，火箭苦苦思变。

2016 年夏天，火箭先将"魔兽"霍华德送到老鹰，与哈登签订一份 4 年 1.18 亿美元的合同，扶正其核心地位，并聘请"进攻大师"麦克·德安东尼出任主帅。

堪称跑轰开派宗师的德帅让哈登改打控卫（参考纳什），这种改变大大提升了哈登在持球进攻时掌控全局的创造力。2016/2017 赛季，火箭打出西部第三的佳绩，并在季后赛首轮 4 比 1 淘汰雷霆，但于西部半决赛 2 比 4 负于马刺。

2017 年 6 月 29 日，火箭从快船换来克里斯·保罗。哈登与保罗联手率领火箭在 2017/2018 赛季打出 65 胜的联盟第一战绩。哈登以场均 30.4 分荣膺得分王，并加冕常规赛 MVP。在季后赛，火箭的"快打旋风"几乎横扫西部联盟，但在西部决赛大比分以 3 比 2 拿到赛点，但还是被勇士强行以 4 比 3 逆转，保罗受伤成为分水岭。火箭将"魔球"发挥到极致，成为唯一的"抗勇大队"，还将"宇宙勇"逼到绝境，但火箭也受到"魔球"的反噬，在 2018 年西决第七场陷入三分球连续 27 投不中的魔咒。

2018/2019 赛季，火箭送走了阿里扎和巴莫特，引进的安东尼效果不佳，季后赛形势一度岌岌可危。哈登被迫火力全开，场均轰下 36.1 分，再夺得分王，并在此赛季 9 场砍下 50+、2 场 60+。可惜火箭在 2019 年西部半决赛再次败给勇士，尤其是在勇士痛失杜兰特之后，哈登表现得进退维谷，火箭也痛失好局，未能击败这个"天敌"。

2019/2020 赛季，威斯布鲁克加盟火箭携手哈登，"二哥三弟"联袂率领火箭冲击总冠军未果，在西部半决赛被湖人以 4 比 1 斩于马下。2020/2021 赛季，威斯布鲁克远赴华盛顿，哈登独木难支，火箭积弱日久，万般无奈之余，哈登有了离队想法。

2021 年 1 月 14 日，哈登被交易至篮网，与杜兰特、欧文成为"布鲁克林三巨头"。告别了效力 9 载的火箭，留下一段龙吟虎啸的休斯敦岁月。

后哈登时代，火箭进入重建期，昔日三当家埃里克·戈登成为这支新军"传、帮、带"领袖。虽然戈登倾其所有，但这支"青年军"还是无法在狂野西部挺进季后赛。

2023 年 2 月，戈登加盟快船，回到"梦开始的地方"。随着"圆脸登"挥手告别，那支巅峰火箭的主力球员悉数离开了休斯敦，这里云集了一群青涩稚嫩但充满天赋的年轻人，其中以 2021 年的"榜眼"杰伦·格林最为引人瞩目。

2022/2023 赛季，格林场均砍下 22.1 分，但他进攻手段第一、欠缺高效与稳定性，不足以胜任火箭领袖，而来自土耳其的中锋阿尔佩伦·申京进步神速。

2023 年休赛期，火箭倾力补强，先以顶薪签下准全明星控卫弗雷德·范弗利特，又把防守悍将狄龙·布鲁克斯招至麾下，还留下杰夫·格林这样经验丰富的老将。

2023/2024 赛季，火箭在新帅乌杜卡精妙战术调度与临场指挥下脱胎换骨，打出惊艳表现，连克强敌，中锋申京充分展现出顶级内线的全面技术与高超球商。

当申京因伤缺阵之后，火箭依靠杰伦·格林的神勇发挥，加上三军用命，豪取一波 11 连胜，一度紧追勇士，迫近附加赛区。虽然最终名列西部第 11，无缘附加赛，但这支年轻的火箭展现出异乎寻常的潜力，有望重现"箭气长红"的辉煌。

火箭历史最佳阵容

控球后卫	得分后卫	小前锋	大前锋	中锋
史蒂夫·弗朗西斯	**詹姆斯·哈登**	**特雷西·麦克格雷迪**	**摩西·马龙**	**哈基姆·奥拉朱旺**
他把巅峰期都献给火箭，在这里他荣膺最佳新秀，入选三届全明星。他还是在篮筐上打球的劲爆"腾空王"。	哈登堪称 NBA 史上最强双能卫，他入主火箭 8 个赛季，率队全部挺进季后赛，更成为得分王、助攻王及 MVP 先生。	麦迪拥有卓然不群的得分创造力，可惜他来火箭已过巅峰期且饱受伤病困扰，即便如此，他依然留下 35 秒 13 分等惊世之作。	他是 NBA 史上最好的进攻篮板手，是一位极富效率的得分手。他在火箭光速般崛起，夺得 3 届篮板王和两届 MVP。	他迈着梦幻舞步晃过联盟所有内线，是最全面的中锋，火箭总得分王、篮板王和盖帽王，并率队两夺总冠军。
● Steve Francis	● James Harden	● Tracy McGrady	● Moses Malone	● Hakeem Olajuwon
● 1999—2004 年	● 2012—2021 年	● 2004—2010 年	● 1976—1982 年	● 1984—2001 年
●效力期间主要荣誉	●效力期间主要荣誉	●效力期间主要荣誉	●效力期间主要荣誉	●效力期间主要荣誉
最佳新秀/3 届全明星	1 届常规赛 MVP 3 届得分王/1 届助攻王	3 届全明星/1 届最佳阵容二阵	2 届常规赛 MVP/3 届最佳阵容一阵/3 届篮板王	2 届总冠军/2 届总冠军 MVP/1 届常规赛 MVP

火箭经典组合 / "姚麦组合"
姚明 + 特雷西·麦克格雷迪

　　"姚麦组合"，带给无数球迷无比丰盈的篮球初恋般记忆。我们也都还记得，2004年的初秋，25岁的麦迪与24岁的姚明站在一起，"得分王+状元中锋"的"姚麦组合"顿时成为焦点。

　　麦迪身高臂长、灵动飘逸，拥有无与伦比的第一步启动速度以及卓然不群的创造力。而姚明在 NBA 舞台上从容起手，气象万千，将用灵动的舞步和柔和的手感征服世人。

　　2004/2005 赛季，麦迪场均砍下 25.7 分、6.2 个篮板和 5.7 次助攻，姚明也能场均得到 18.3 分、8.4 个篮板。那个时候尽管火箭止步季后赛首轮，但我们依旧信心爆棚，因为那个赛季我们一起见证了篮球史上最神奇的 35 秒 13 分，见证了"姚麦组合"联手的首个赛季所展现的巨大威力。

　　然而，"姚麦组合"却被伤病所困扰，火箭总是在"有姚无麦、有麦无姚、无姚无麦"中循环，而"有姚有麦"的场次竟不过半。他们在有限的健康岁月里也曾携手打出顶级中锋加顶级锋卫摇摆人的数据，但因为伤病，始终无法取得与之匹配的荣耀，22 连胜则是他们一生荣焉的辉煌。

　　2010 年伤病缠身的麦迪被送往纽约，姚明也在 2011 年因伤退役，曾经被无数球迷寄予厚望的"姚麦组合"宣告解体。从 2004 年到 2010 年，七年"姚麦"时光里那些吉光片羽，都成为令人毕生难忘的点滴回忆。毕竟，有无数球迷都是因为"姚麦组合"的那支火箭，才开始爱上篮球。

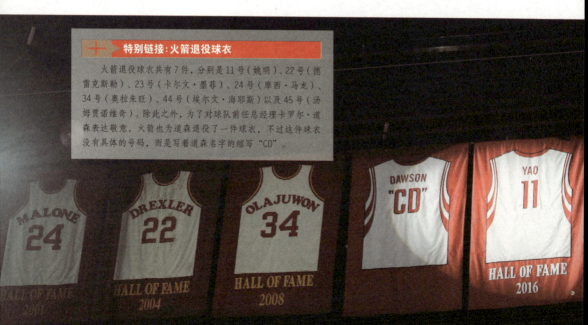

✚ 特别链接：火箭退役球衣

　　火箭退役球衣共有 7 件，分别是 11 号（姚明）、22 号（德雷克斯勒）、23 号（卡尔文·墨菲）、24 号（摩西·马龙）、34 号（奥拉朱旺）、44 号（埃尔文·海耶斯）以及 45 号（汤姆贾诺维奇）。除此之外，为了对球队前任总经理卡罗尔·道森表达敬意，火箭也为道森退役了一件球衣，不过这件球衣没有具体的号码，而是写着道森名字的缩写"CD"。

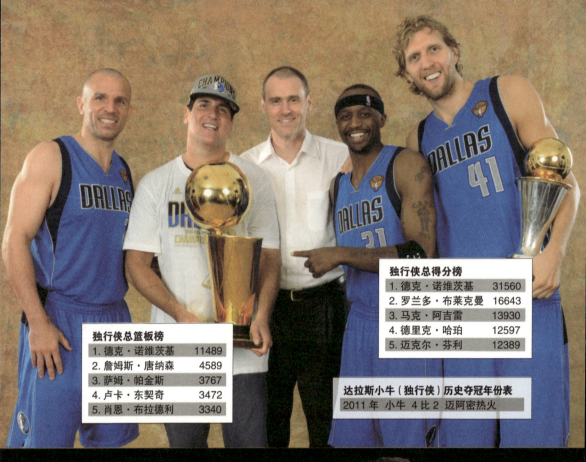

独行侠总得分榜
1. 德克·诺维茨基　31560
2. 罗兰多·布莱克曼　16643
3. 马克·阿吉雷　13930
4. 德里克·哈珀　12597
5. 迈克尔·芬利　12389

独行侠总篮板榜
1. 德克·诺维茨基　11489
2. 詹姆斯·唐纳森　4589
3. 萨姆·帕金斯　3767
4. 卢卡·东契奇　3472
5. 肖恩·布拉德利　3340

达拉斯小牛（独行侠）历史夺冠年份表
2011 年　小牛　4 比 2　迈阿密热火

独行侠总助攻榜
1. 德里克·哈珀　5111
2. 布拉德·戴维斯　4524
3. 贾森·基德　4211
4. 德克·诺维茨基　3651
5. 卢卡·东契奇　3317

达拉斯独行侠
DALLAS MAVERICKS

达拉斯城民风彪悍，盛行跃马横枪的牛仔文化，这里的 NBA 球队虽然历史不长却极具风骨，自始至终都追求铁蹄铿锵、骑射如风的闪电进攻，这与达拉斯的城市文化高度契合。从初创时命名为达拉斯小牛，就代表着坚韧不拔的倔强与一往无前的冲锋。

小牛在"诺天王"时代步入辉煌，2011 年诺维茨基率队击败"三巨头"领衔的热火夺冠。2018 年，小牛更名为独行侠，领军人物也从诺维茨基变为东契奇。2024 年，东契奇与欧文组成"东欧组合"，联袂率领独行侠问鼎西部，掀起一股强劲的达拉斯旋风。

达拉斯是位于美国南部得克萨斯州的一座名城，这里民风彪悍，酷爱跃马横枪的牛仔文化。达拉斯人也非常喜欢篮球，但迟迟没有一支属于自己的 NBA 球队。

1980 年全明星赛期间，达拉斯终于拥有了一支 NBA 球队——达拉斯小牛，小牛队是由唐纳德·卡特（得州亿万富翁）和诺姆·索（筹建经理）携手创立的。

1980/1981 赛季，达拉斯小牛开始了 NBA 征程。他们在首个赛季仅仅取得 15 胜 67 负的惨淡战绩，在西部敬陪末席。接下来的赛季夺得 28 胜，勉强摆脱垫底的命运。

1981 年，小牛在 NBA 选秀大会上首轮第 1 顺位选中马克·阿奎尔，这位来自德保罗大学的"状元"也在 20 世纪 80 年代扛起了小牛队的进攻大旗。

20 世纪 80 年代中期，达拉斯小牛一度是进攻速度仅次于湖人的球队。他们曾在季后赛三次挑战湖人，三次败北。最壮烈的一次，在 1988 年西部决赛将湖人逼到第七场。最终小牛还是惜败于湖人，这次西部巅峰对决似乎也耗尽了这支达拉斯球队早期所积累的所有元气，此后一蹶不振，直到 2003 年，小牛时隔 15 年后才重返西部决赛。

1988 年之后，小牛进入了漫长的低谷期，偶有像 1989/1990 赛季 47 胜的闪光，但随即又被无边的黑暗所吞噬，尤其是在 20 世纪 90 年代初期，小牛进入了至暗时刻。

从 1990/1991 赛季到 1993/1994 赛季，小牛单赛季最高胜场仅 28 场，最低一个赛季仅取得 11 场的胜利。1994 年夏天，小牛在暗无天日里终于迎来第一缕曙光。

1994 年 NBA 选秀大会，达拉斯小牛在首轮第 2 顺位选中了贾森·基德，一位未来联盟中算无遗策的助攻大师。虽然那时的基德还是初出茅庐的"菜鸟"，但已经显露出助攻大师的潜质。1994/1995 赛季，基德在首个 NBA 赛季场均便能贡献 11.7 分、7.7 次助攻，率领小牛取得 36 胜 46 负，比上赛季（13 胜）足足多赢了 23 个胜场。在那个赛季，基德与格兰特·希尔共享了最佳新秀的荣誉。

小牛拥有基德（Jason Kidd）这样优秀的组织者，加上吉姆·杰克逊（Jim Jackson）和杰莫·马什本（Jamal Mashburn）两个火枪手，组成了当时联盟进攻火力超强的"达拉斯三 J"组合。

可是，从 1995 年到 1997 年，还不到两个赛季，马什本就因为伤病而陨落，吉姆·杰克逊开始了浪子生涯，基德也在 1996/1997 赛季的中期被小牛交易到了太阳。达拉斯小牛虽然送走基德，但也从太阳得到迈克尔·芬利这样的未来全明星球员，为将来崛起埋下伏笔。

1997/1998 赛季，时任小牛总经理的唐·尼尔森亲自担任主教练，彼时这位"疯狂科学家"刚刚荣膺 NBA50 年"十大教练"，并开始酝酿他的科学实验。

1998 年，小牛通过选秀互换的方式，把雄鹿选中的 9 号新秀德克·诺维茨基带到了达拉斯，自此，这座"牛仔之城"终于迎来他们的主人。虽然彼时的德克在 NBA 眼中还只是投射精准的德国大个子球员，但他已是（时任德国男篮主帅）迪尔克·鲍尔曼口中"德国未来十年最优秀的篮球人才"，这样的璞玉自然也会进入唐·尼尔森的视线。

同样也是 1998 年休赛期，小牛从菲尼克斯太阳交易来了史蒂夫·纳什，一位堪比基德的加拿大籍助攻大师，而且纳什传球更迅疾、更华丽。彼时的纳什还不是在联盟掀起海龙兴波般快攻大潮的 MVP 控卫，而只是仅有两年 NBA 工龄的新人，他与诺维茨基这位同样两位漂泊在美国达拉斯的外国人，很快就成为无话不谈的好兄弟。

2000 年，马克·库班斥资 2.85 亿美元收购了达拉斯小牛。自此，NBA 多了一位痴迷篮球的豪气老板，恰巧此时他的小牛队主教练是充满奇思妙想的"疯狂科学家"唐·尼尔森，而小牛队中拥有两位未来的 MVP：一位是继伯德之后最强的大个子射手——诺维茨基，另一位是 NBA 史上最优秀的快攻策动大师——纳什。

在唐·尼尔森的疯狂实验下，小牛成为当时联盟进攻速度最快的球队。诺维茨基、纳什，在唐·尼尔森的战术体系下全力奔跑。奔袭、挡拆、突分，达拉斯凭借骑射如风的快攻，可以瞬间轰杀联盟的任何球队，但也可能是屡投不中被任何对手轰杀。可惜那支小牛生

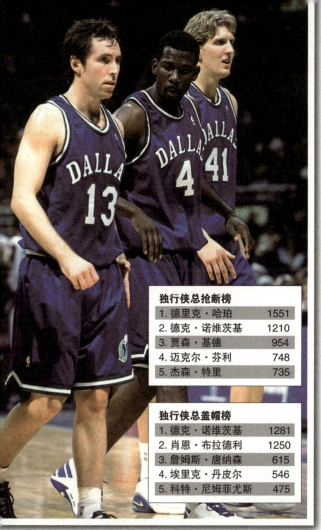

不逢时，那是以阵地战为主的铁血时代，而非多年之后的"小球时代"。

即便如此，达拉斯小牛凭借全员快攻迅速崛起，蜕变为西部的一支劲旅，芬利、纳什与诺维茨基的"达拉斯三剑客"也成为联盟炙手可热的进攻三人组。

彼时，芬利已成为场均能砍下20分的全明星，纳什用一次次妙传策动起小牛的快攻。而最令达拉斯人欣喜的是诺维茨基迅猛成长，他在2000/2001赛季场均得到21.8分、9.2个篮板，并在季后赛与马刺的最后一场比赛中，疯狂轰下42分、18个篮板，充分展现出巨星的潜质。虽然小牛在2001年西部半决赛被马刺以1比4淘汰，于首番"牛马大战"中折戟沉沙，但"达拉斯军团"的铁蹄显然已经轰鸣踏响，其势不可挡。

独行侠总抢断榜	
1. 德里克·哈珀	1551
2. 德克·诺维茨基	1210
3. 贾森·基德	954
4. 迈克尔·芬利	748
5. 杰森·特里	735

独行侠总盖帽榜	
1. 德克·诺维茨基	1281
2. 肖恩·布拉德利	1250
3. 詹姆斯·唐纳森	615
4. 埃里克·丹皮尔	546
5. 科特·尼姆菲尤斯	475

2002/2003赛季，小牛以14连胜开局，以豪取60胜收场。季后赛又连续淘汰开拓者与国王，时隔15年后终于再次杀入西部决赛。此后，"牛马大战"又在西部决赛打响。七场鏖战之后，小牛再次倒在巅峰"GDP组合"领衔的马刺脚下。

2004年休赛期，库班把年近30岁的纳什送到太阳时，未曾想亲手为小牛树立了一个强敌，纳什在菲尼克斯开启封神之路，率领太阳刮起席卷天下的7秒快攻旋风。

彼此湖人已失霸主地位，西部是马刺、小牛与太阳"三分天下"的格局。而2005年季后赛首轮，小牛与火箭大战七场，在先失两场之后，最终以4比3逆转淘汰了正值巅峰的姚明与麦迪领衔的那支"休斯敦军团"，让无数火箭球迷意难平。

小牛在2005/2006赛季拿到平队史最佳的60胜，并在西部半决赛"抢七"淘汰了上届冠军的马刺，"牛马大战"扳回一局。西部决赛，诺维茨基率领小牛又掀翻了好兄弟纳什领衔的太阳。2006年总决赛，小牛在前两场轻松击败热火，然后就目睹了韦德的四战封神，最终以2比4不敌热火，与近在咫尺的总冠军金杯失之交臂。

2006/2007赛季，小牛卷土重来，他们轰下更为恐怖的67胜战绩。诺维茨基场均砍下24.6分、8.9个篮板，加冕了常规赛MVP。但在2007年季后赛首轮，小牛竟然惨遭勇士"黑八",草草结束了这个悲喜交加的赛季,而小牛与诺维茨基也被贴上"球风偏软"的标签,开始了黯然无际的坚守和沉寂。

2007/2008赛季中期,小牛迎回贾森·基德,这位联盟顶级控卫回到梦开始的地方时已经到了生涯暮年,但老骥伏枥,另辟蹊径,成为戴上瞄准镜的指挥官,不仅为小牛梳理出流畅进攻,还提供充足的三分火力。而此时"喷气机"特里也从替补席盘旋而起,在2008/2009赛季均贡献19.6分、3.4次助攻,捧起"最佳第六人"奖杯。

接下来的三年,小牛在季后赛毫无突破。2008年,被保罗的黄蜂淘汰;2009年西部半决赛,被安东尼的掘金击倒;2010年季后赛,又被马刺"黑七"。

虽然小牛一直不温不火,但已悄然进化。2010/2011赛季开始之前,小牛阵容鼎盛,除了诺维茨基、基德与特里等骨干之外,还云集了佩贾、钱德勒与马里昂等当世名将,而且这些无冕群雄对总冠军都保持着极度渴望,为接下来的冲冠之旅摩拳擦掌。

2011年季后赛,小牛一路干掉开拓者、湖人、雷霆,再次杀入总决赛对阵热火。

小牛欲一雪前耻(五年前总决赛被击败),但巅峰"三巨头"领衔的热火并不会轻易服输。最终,凭借诺维茨基的超神发挥,小牛还是以4比2击败热火,夺得总冠军。

其中诺维茨基在总决赛第二场最后6分钟小牛落后15分时开始发威,完成最后"追

魂三分球"和左手上篮绝杀，率领小牛奇迹般逆转热火。此后，"诺天王"的神勇也唤醒了小牛的进攻血脉，第五场，小牛全队三分球 19 投 13 中；第六场，特里半场独得 19 分。

2011 年总决赛堪称诺维茨基的封神之旅，他在六场第四节合计得到 66 分，成为最强的第四节先生，夺得总决赛 MVP 的"诺天王"也摘下了"软蛋"标签。

2011 年夺冠之后，小牛为腾出薪金空间放走部分冠军球员，导致实力大减，最终他们在 2011/2012 赛季仅以西部第七晋级季后赛，首轮就被雷霆以 0 比 4 横扫出局。随着冠军阵容的解体，小牛也陷入了巅峰昙花一现的宿命。

之后的几个赛季，"诺天王"已老，青黄不接的小牛在季后赛始终无法突破首轮。

2018 年 1 月 4 日，达拉斯小牛更名为达拉斯独行侠。更名之后，独行侠未见起色，2017/2018 赛季以 24 胜 58 负的惨淡战绩结束，但他们将迎来下一位领袖。

2018 年 NBA 选秀大会，卢卡·东契奇在首轮第 3 顺位被老鹰选中，独行侠旋即用第 5 顺位选中的特雷·杨与之交易，将这位欧洲小天王带到达拉斯。

2018/2019 赛季，这是诺维茨基的最后一季，20 岁的东契奇接过"诺天王"的权杖，尝试着接管独行侠。他也不负众望，交出赛季场均 21.2 分、7.8 个篮板、6 次助攻的新人成绩单，毫无悬念地夺得最佳新秀，也确立了自己在独行侠的未来领袖地位。

2019 年 4 月 11 日，独行侠对阵马刺，诺维茨基在这次"牛马大战"中完成了自己 NBA 生涯的谢幕表演，贡献 20 分、10 个篮板之后，挥手作别。挥别那 21 载达拉斯岁月，挥别那一生一队的忠诚传奇，并为小牛（独行侠）树立了总得分 31560 分的标杆。

"诺天王"转身离去，"小天王"接棒前行，独行侠依然保持由欧洲球星担任核心的传统，也保持着兼容并蓄的国际化球风。

2019/2020 赛季，东契奇迎来内线搭档——波尔津吉斯，该赛季结束后，东契奇交出了场均 28.8 分、9.4 个篮板、8.8 次助攻的豪华成绩单，单赛季砍下 17 次"三双"。

2020 年季后赛，虽然独行侠在首轮鏖战 6 场被快船淘汰，但东契奇在首次季后赛征程便打出堪称史诗级的表现。他在第一场便砍下 42 分，第四场更是贡献 43 分、17 个篮板、13 次助攻的豪华大三双，以及完成一记惊为天人的绝杀三分球。

2021 年季后赛再战快船，虽然独行侠"抢七"大战再度惜败于对手，但东契奇砍下 46 分、14 次助攻，并在第二次季后赛场均豪取 35.7 分、7.9 个篮板、10.3 次助攻。

2021/2022 赛季，独行侠一路杀进西部决赛，除了东契奇之外，他身边的小个子控卫布伦森也颇为惊艳，季后赛场均贡献 21.6 分、4.6 个篮板和 3.7 次助攻，并在对阵爵士的季后赛第二场、东契奇因伤缺阵之际，砍下 41 分，独自率领独行侠击败爵士。

可惜达拉斯独行侠没有留住打出大将之风的布伦森，2022 年夏天，布伦森与尼克斯签下一份 4 年 1.04 亿美元的合同，东游去了纽约。

2022/2023 赛季，独挑大梁的东契奇表现更加神勇。2022 年 12 月 28 日，独行侠加时险胜尼克斯，东契奇更豪取60分、21个篮板和10次助攻，并在常规时间命中一记（两罚一中）抢板绝平抛投。2023年2月，凯里·欧文加盟独行侠，与东契奇组成名动天下的"东欧组合"。东契奇是堪比詹姆斯的持球大核心，欧文是拥有博物馆进攻技巧的单打高手，然而，他们首次合作的2022/2023赛季并不成功，独行侠也未能跻身季后赛。

2023/2024赛季，"东欧组合"终于找到共存之道。两人都是拥有顶级得分能力和出色传球技术的一流球星，无论是轮流单打还是串联全队，都驾轻就熟。他们身边还集结了小哈达威、小德里克·琼斯、约什·格林等猛将。东契奇拥有强大的持球创造力，吸引对手重兵防守，而他的一侧站着联盟无解的单打王，令对手顾此失彼。

2023/2024赛季战罢，独行侠最终以50胜32负西部第5的战绩挺进季后赛，东契奇以场均33.9分、9.2个篮板与9.8次助攻的优异数据斩获得分王，入选最佳阵容一阵。

2024年季后赛，独行侠更是在不被看好的情况下，一路"下克上"，首轮以4比2淘汰哈登与乔治领衔快船（西部第4）；西部半决赛，又以4比2淘汰"新三少"担纲、常规赛西部排名第一的雷霆；西部决赛，独行侠又以4比1轻取（常规赛排名第三、西部半决赛淘汰上届冠军掘金）超新星爱德华兹领衔的森林狼，"东欧组合"在西决5场比赛中的3场同砍30+，表现火爆，联手率领独行侠挺进总决赛。

东契奇是得分如麻的持球大核心，欧文是进攻如万花筒般的"关键杀手"，而且他们都拥有顶级的传球视野与技巧，在"东欧组合"串联策动下，加福德、莱夫利与小琼斯们都变成飞天遁地的空接机器，P.J.华盛顿也成为顶级3D球员。

2024年总决赛，虽然独行侠以1比4不敌凯尔特人，无缘总冠军，但"东欧组合"率领这支球队正沿着2011年小牛登顶的足迹前行，有望复兴达拉斯篮球的辉煌。

独行侠（小牛）历史最佳阵容

控球后卫	得分后卫	小前锋	大前锋	中锋
卢卡·东契奇	迈克尔·芬利	马克·阿奎尔	德克·诺维茨基	泰森·钱德勒
作为新一代持球大核心的代表，东契奇在场上拥有全面的统治力，且创造纪录无数，场均为独行侠贡献27+8+8。	芬利投篮精准，无球技术一流，但持球突破平平，在小牛效力8年，场均砍下19.8分，总得分名列队史第五。	阿奎尔是小牛选中的"状元"（1981年），其表现颇为不俗，四个赛季场均砍下25+，是小牛20世纪80年代的门面球星。	诺维茨基是NBA最成功的外籍球员，不仅加冕过常规赛、总决赛双料MVP，还率领小牛夺得队史唯一一届总冠军。	钱德勒是小牛夺冠赛季的主力中锋，为球队内线筑起一道不可逾越的屏障，挡住了詹姆斯和韦德的轮流冲击。
● Luka Doncic	● Michael Finley	● Mark Aguirre	● Dirk Nowitzki	● Tyson Chandler
● 2018年至今	● 1996—2005年	● 1981—1989年	● 1998—2019年	● 2010—2011年、2014—2015年
●效力期间主要荣誉 1届得分王/5届全明星/5届最佳阵容一阵	●效力期间主要荣誉 2届全明星/最佳新秀阵容一阵	●效力期间主要荣誉 3届全明星	●效力期间主要荣誉 1届总冠军&总决赛MVP/1届常规赛MVP	●效力期间主要荣誉 1届总冠军

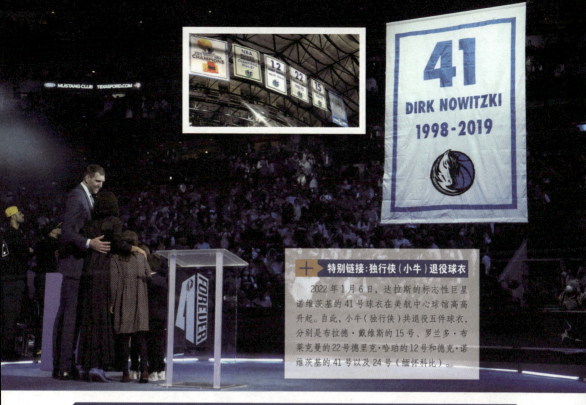

✚ **特别链接：独行侠（小牛）退役球衣**

2022 年 1 月 6 日，达拉斯的标志性巨星诺维茨基的 41 号球衣在美航中心球馆高高升起。自此，小牛（独行侠）共退役五件球衣，分别是布拉德·戴维斯的 15 号、罗兰多·布莱克曼的 22 号德里克·哈珀的 12 号和德克·诺维茨基的 41 号以及 24 号（缅怀科比）。

独行侠（小牛）经典组合 / "达拉斯三剑客"

德克·诺维茨基 + 史蒂夫·纳什 + 迈克尔·芬利

史蒂夫·纳什、德克·诺维茨基与迈克尔·芬利，共同谱写了一段"达拉斯三剑客"传奇。

一位清癯灵动的加拿大控球后卫、一位瘦削高挑的德国大前锋和一位满面苦相的美国得分后卫，三位还未在 NBA 名扬立万的年轻人，在"疯狂科学家"老尼尔森的教鞭驱动下，满场飞奔，迅速成为联盟炙手可热的进攻三人组，纳什、诺维茨基与芬利也竞相绽放。

芬利在 2000 年成为场均得分 20+ 的全明星。纳什在 2001 年成为场均 15 分、7 次助攻的新锐控卫。诺维茨基在 2001 年也成为场均 21.8 分、9.2 个篮板的准顶级大前锋。从 2000/2001 赛季起，"达拉斯三剑客"联袂率领小牛打出联盟最凶猛的进攻火力，连续三年分别打出 53 胜、57 胜与 60 胜，可惜始终没有冲出西部重围。

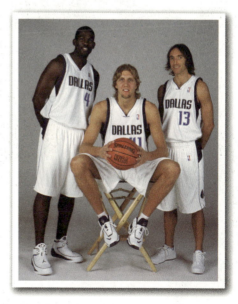

2004 年夏天，纳什重回太阳。2005 年夏天，芬利穿上马刺的球衣，"三剑客"只有诺维茨基留守达拉斯。然后，纳什在太阳连续夺得 2004/2005 赛季、2005/2006 赛季常规赛 MVP，诺维茨基将 2006/2007 常规赛 MVP 收入囊中，而芬利在马刺，于 2007 年戴上了总冠军戒指。

"达拉斯三剑客"一度是完美的三角，但距离他们所渴望的东西却很远。当他们最后分道扬镳时，却在短时间内各自达到辉煌。

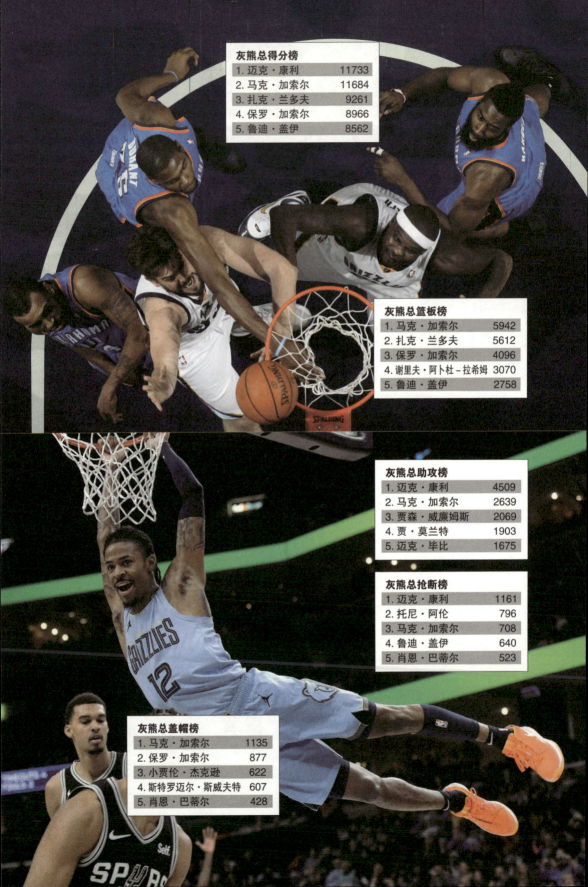

灰熊总得分榜

1. 迈克·康利	11733
2. 马克·加索尔	11684
3. 扎克·兰多夫	9261
4. 保罗·加索尔	8966
5. 鲁迪·盖伊	8562

灰熊总篮板榜

1. 马克·加索尔	5942
2. 扎克·兰多夫	5612
3. 保罗·加索尔	4096
4. 谢里夫·阿卜杜－拉希姆	3070
5. 鲁迪·盖伊	2758

灰熊总助攻榜

1. 迈克·康利	4509
2. 马克·加索尔	2639
3. 贾森·威廉姆斯	2069
4. 贾·莫兰特	1903
5. 迈克·毕比	1675

灰熊总抢断榜

1. 迈克·康利	1161
2. 托尼·阿伦	796
3. 马克·加索尔	708
4. 鲁迪·盖伊	640
5. 肖恩·巴蒂尔	523

灰熊总盖帽榜

1. 马克·加索尔	1135
2. 保罗·加索尔	877
3. 小贾伦·杰克逊	622
4. 斯特罗迈尔·斯威夫特	607
5. 肖恩·巴蒂尔	428

孟菲斯灰熊
MEMPHIS GRIZZLIES

他们在大加索尔带领下杀进季后赛却毫无斩获，反而在小加索尔时代打出独一无二的高光。兰多夫在其他任何地方都声名狼藉，偏偏在这里焕发新生，率领灰熊"黑八"了稳如磐石的马刺。

当联盟都在跑轰时，灰熊却对厚重浓烈的传统风格情有独钟，这也符合"摇滚诞生地"孟菲斯的城市气质，于是从 2011 年至 2015 年，那支厚重、缓慢却又人见人怕的灰熊肆虐西部。随着"黑白双熊"渐次离去，新一代"腰王"莫兰特的到来，灰熊脱胎换骨，打出与时俱进的跑轰篮球，但不变的是熊骨子里的凶悍与铁血。

孟菲斯灰熊的前身是温哥华灰熊。1994 年，加拿大的温哥华创建了一支 NBA 球队，因为这座西海岸城市盛产灰熊，所以，这支球队被命名为"温哥华灰熊"。

温哥华灰熊成为 NBA 第 29 支球队。1995/1996 赛季，温哥华灰熊和多伦多猛龙一起加入 NBA，这两支位于加拿大的球队一度成为 NBA 仅有的两支非美国本土球队。

1995/1996 赛季，灰熊在加盟 NBA 的首个赛季只获得 15 场胜利，联盟垫底。

1996/1997 赛季，虽然灰熊在"黄金一代"选秀大年中以首轮第 3 顺位选中谢里夫·阿卜杜—拉希姆，但球队战绩依旧没有起色。仅仅取得 14 胜，再次联盟垫底。灰熊首任主教练温特斯率队获得 8 胜 35 负的惨淡战绩之后，便打包离开。

1997/1998 赛季，灰熊在布莱恩·希尔教练的率领下，虽然只取得 19 胜，但已经是队史最好的战绩了。更可贵的是，拉希姆场均能轰下 22.3 分，俨然成为准全明星。

偏居西北一隅，加上灰熊连年羸弱的战绩，调动不起来（原本就不太青睐篮球）温哥华人民的看球热情，球队票房持续惨淡。凄风苦雨中，时间一晃到了 21 世纪。

随着 2000/2001 赛季的开启，灰熊队老板迈克尔·海斯利痛定思痛，开始酝酿灰熊搬迁的事宜。2001 年 2 月 12 日，灰熊在权衡了众多选择，并得到 NBA 总裁大卫·斯特恩同意之后，决定由加拿大的温哥华搬迁到美国田纳西州的孟菲斯。

2001 年 3 月 26 日，孟菲斯的金字塔球馆成为灰熊的新主场。

孟菲斯是摇滚的发源地，著名的"猫王"普雷斯利便在这里长大。来到这座气候温润的"摇滚之城"，灰熊也时来运转。首先他们在 2001 年选秀大会上用首轮第 3 号签将保罗·加索尔招至麾下，又在第 6 顺位选中肖恩·巴蒂尔。一位是西班牙多才多艺的全明星级大前锋，一位是杜克出品的完美团队球员。得此二将，灰熊终于羽翼渐丰。

大加索尔在新赛季场均就能砍下 17.6 分、9 个篮板，不仅荣膺了该赛季的最佳新秀，还以其出色的内线技术，迅速征服队友，成为孟菲斯的初代"熊王"。

2003/2004 赛季，主教练胡比·布朗推出 10 人轮换阵容，孟菲斯灰熊变得凶猛无比。2004 年 3 月，灰熊又打出 13 胜 2 负的骄人战绩，一度让全联盟见识到"熊的力量"。最终灰熊取得 50 胜 32 负，历史上首次杀入季后赛。

2003/2004 赛季，灰熊收获颇丰。肖恩·巴蒂尔获得赛区的体育道德风尚奖，球队的篮球专职主席杰里·韦斯特被评为最佳经理，主教练胡比·布朗获得最佳教练称号。

2004 年季后赛，初次进入"高端局"的灰熊显得手足无措，被马刺横扫。

2004/2005 赛季，灰熊由原来的金字塔体育馆迁至联邦速递球馆，迈克·弗拉特罗接任布朗，拿起灰熊队的教鞭。灰熊再次挺进季后赛，却再次被横扫出局。

2005/2006 赛季，"小飞鼠"斯塔德迈尔因为膝伤缺席。虽然缺少这位主力控卫，但灰熊团结一致，一路拿下 49 场常规赛胜利，连续第 3 年进入季后赛。

2006 年季后赛，灰熊又一次被横扫出局，这次他们倒在达拉斯小牛的铁蹄之下。

同样是欧洲顶级大前锋，大加索尔与"诺天王"还是显示出了差距。更为尴尬的是，大加索尔率领灰熊连续三年在季后赛遭遇横扫，创下 12 负 0 胜的惨淡战绩。

大加索尔是一位完美的"二当家"，后来他在湖人辅佐科比夺得两冠证明确实如此，而换句话来说，大加索尔绝非合格的"大当家"，技术特点与性格秉性使然。

回溯这 3 年季后赛的战绩，灰熊可谓惨不忍睹，连续三次 0 比 4 惨遭横扫，其领军人物保罗·加索尔也备受质疑。然而，屋漏偏逢连夜雨，灰熊的新麻烦来了……

2006/2007 赛季开局不利，保罗·加索尔在 2006 年世锦赛上左脚第五跖骨骨折，让他错过了赛季的前 22 场比赛。在大加索尔缺阵的情况下，灰熊的这个赛季以 5 胜 17 负开局。最终，灰熊以 22 胜 60 负的战绩结束了这个赛季。

虽然风雨如晦，但灰熊依然出现了闪光点。迈克·米勒在该赛季投中 202 个三分球，创下队史新纪录。鲁迪·盖伊也在赛季后半段发挥抢眼，加入最佳新秀的争夺。

2007 年 NBA 选秀大会，灰熊在首轮第 4 顺位选中了迈克·康利，一位身材不高、天赋平平却睿智狡黠的控球后卫，此后 12 年里，康利逐渐成为灰熊的首席指挥官。

2007/2008 赛季，由于常年积弱不振，孟菲斯灰熊决定推倒重建。于是，NBA 史上著名的大交易产生了。2008 年 2 月，洛杉矶湖人用近乎于"打劫"的方式将保罗·加索尔"掳"走，而灰熊得到夸梅·布朗、贾瓦里斯·克里坦顿、亚伦·麦基，以及保罗·加索尔的弟弟马克·加索尔的签约权。

交易之后，灰熊彻底沦为鱼腩，在 2008/2009 赛季仅仅拿到 24 胜 58 负。

2009 年夏天，灰熊从纽约尼克斯交易得到扎克·兰多夫，签下"答案"阿伦·艾弗森，于是，孟菲斯球队的阵容变得空前强大。

2009/2010 赛季，虽然缘有分，艾弗森只为灰熊打了三场比赛，但此时的灰熊依然表现强劲，因为他们的阵中不乏猛将。彼时的兰多夫表现出色，场均为灰熊贡献20.8分、11.7 个篮板，成为内线稳定的得分点。而承袭兄业的马克·加索尔也进步神速，场均砍下 14.6 分、9.3 个篮板，俨然成为准全明星中锋，"黑白双熊"时代已见雏形。

此外，O.J. 梅奥、盖伊等一干青年才俊迅速崛起。2009/2010 赛季，灰熊最终 40 胜 42 负的战绩收尾，可圈可点，让孟菲斯球迷看到未来的希望。

2010/2011 赛季，灰熊以 46 胜 36 负的战绩杀入季后赛，并于 2011 年 4 月 17 日，在客场以 101 比 98 击败马刺，取得队史首场季后赛胜利，然而，奇迹远不止于此。

2011 年 4 月 30 日，灰熊在主场以 99 比 91 击败马刺，以总比分 4 比 2 淘汰对手，成为 NBA 第四支创造"黑八"奇迹的球队。回首那轮季后赛，灰熊面对西部头名马刺，兰多夫与小加索尔"黑白双熊"组合肆虐圣安东尼奥的内线，竟然令"赛诸葛"波波维奇一筹莫展，让邓肯那位"石佛"黯然俯首。虽然灰熊被"三少"领衔的雷霆淘汰，2011 年季后赛之旅止步于西部半决赛，但留下了七场昏天黑地的绞杀大战，也让"黑白双熊"治下的那支灰熊，成为西部悍旅的代名词。

彼时的灰熊，康利坐镇中军，在外线指挥调度并突施冷箭。内线里"黑白双熊"翻江倒海，小加索尔的传球策应和兰多夫的低位捻揉相得益彰，灰熊呈现出一种强悍坚韧而又凝重质朴的进攻风格。虽然他们主打内线、沿袭阵地战的风格与 NBA 已经开始盛行"小球"的风潮格格不入，但并不妨碍灰熊成为一支令人望而生畏的西部劲旅。

2012/2013 赛季，灰熊卷土重来。他们将鲁迪·盖伊送到猛龙，从活塞得到"小王子"普林斯后，球队进攻得到显著提升，在常规赛打出 56 胜 26 负的队史最佳战绩。

2013 年季后赛首轮，灰熊在 0 比 2 落后的逆境下，连扳四局，以 4 比 2 的总比分击败快船挺进西区半决赛。半决赛，灰熊以 4 比 1 淘汰缺少威少、由杜兰特独自领军的雷霆。可惜灰熊在西部决赛黯然折戟，以 0 比 4 被老辣的马刺无情横扫。

2013/2014 赛季，灰熊以 50 胜即西区第七的战绩挤进季后赛，首轮给新科常规赛MVP 杜兰特领衔的雷霆制造了巨大麻烦，双方恶战七轮，灰熊才遗憾败北。

强悍凶猛、刚柔相济，灰熊成为西部一支人见人怵的铁骑劲旅。

2015/2016赛季初期，灰熊众将接二连三遭遇伤病，但后程发力的他们以西部第七的身份杀进季后赛。季后赛首轮再战马刺，灰熊又一次惨被横扫。4场下来分差总和近百分，灰熊没有还手之力，那支凶猛顽强的灰熊似乎一去不返。2016/2017赛季，前热火助教菲兹戴尔来到灰熊执教，他在进攻端增加小加索尔的戏份，让兰多夫打替补保持第二阵容的冲击力，重用老卡特，让灰熊球迷一度看到希望，但只是昙花一现。

2017年7月5日，"黑熊"扎克·兰多夫转战萨克拉门托国王，蹂躏联盟内线多年的"黑白双熊"组合从此作古。2017/2018赛季，孟菲斯灰熊队员伤病不断，再次无缘季后赛。

2018/2019赛季，灰熊开启重建之路。2019年2月9日，"白熊"马克·加索尔被交易至猛龙。接连送走了"黑白双熊"后，2019年6月20日，灰熊又送走了效力12个赛季的功勋控卫迈克·康利。康利远走爵士之后，那支"能碾碎对手"的灰熊彻底不在。

2019年6月，35岁的泰勒·詹金斯成为灰熊新主帅，球队开始新的风格。

2019年NBA选秀大会，灰熊在首轮第2顺位选中贾·莫兰特，一位球风酷炫、恣意张扬的天才控卫。莫兰特的加盟，让灰熊彻底告别凝重浑厚、倚重内线的古典风格，变成轻骑如风、飞天遁地的现代派球队。

虽然失去"熊"的浑厚力量，但增加了"熊"的机敏灵动。莫兰特纵横无忌，率领孟菲斯灰熊呈现出一种生机勃勃而又焕然一新的青春篮球状态。莫兰特在新秀表现中交出了场均17.8分、3.9个篮板、7.3次助攻的数据，力压状元锡安当选最佳新秀。

2020/2021赛季，"灰熊青年军"锁定了西部附加赛资格。附加赛首战4分险胜马刺，第二场又将勇士斩于马下，时隔5年再度杀入季后赛。季后赛首轮虽然被爵士以4比1淘汰，但22岁的莫兰特场均砍下30.2分，充分展现了大场面先生的素质。

2021/2022赛季，灰熊强势爆发，取得56胜26负，平队史最佳战绩。季后赛首轮六场解决森林狼，西部半决赛面对勇士，莫兰特在前3场轰下恐怖的场均38.3分，然而，他的膝盖受伤成为这轮对决的转折点，"无莫熊"苦战6场，遗憾出局。

2022/2023赛季，灰熊拿到了51场胜利。遗憾的是，季后赛首轮被湖人"黑七"，饮恨出局。2023年休赛期，灰熊坏消息不断，莫兰特由于在一次直播中持枪被联盟禁赛25场，球队中锋亚当斯由于接受膝盖右十字韧带手术赛季报销。在经历了一连串打击后，灰熊2023/2024赛季开局惨淡，战绩6胜17负，排名西部第13。

2023年12月20日，灰熊客场挑战鹈鹕，莫兰特迎来解禁复出后的首秀，并在最后一刻上演压哨上篮绝杀，终结五连败。虽然莫兰特复出之后因伤仅打了9场比赛，灰熊也无缘季后赛，但他们只要保持全员健康，依旧是西部一股不可忽视的力量。

灰熊经典组合／"黑白双熊"
扎克·兰多夫＋马克·加索尔

在全面提速的"小球"时代，灰熊曾坚持主打内线，在阵地战中绞杀肉搏。让孟菲斯人如此坚守传统的原因是他们拥有联盟最好的内线组合——"黑白双熊"。"黑熊"扎克·兰多夫、"白熊"马克·加索尔，完美定义了"熊性"。在他们的率领下，孟菲斯灰熊曾一度让全联盟见识"熊"的力量，在节奏缓慢令人窒息的防御战中，碾碎对手。

2012/2013赛季，灰熊在失去盖伊和梅奥两位准明星之后表现更加强劲，因为"黑白双熊"状态极佳。兰多夫场均贡献15.4分和11.2个篮板。小加索尔场均贡献14.1分、7.8个篮板和4.4次助攻，得分和助攻创下生涯新高。

2013年季后赛，灰熊分别淘汰热门球队雷霆和快船。两轮系列赛"双熊"厥功至伟，作为新科最佳防守球员的小加索尔场均贡献17.2分、8.5个篮板以及2.2次封盖，淋漓地展现了一名顶级欧洲内线球员的出色手感、卓越策应以及在防守端的统治力，而兰多夫场均也贡献17.4分、10个篮板，他的内线杀伤力在季后赛中又上升了一个台阶。此后那几年，"黑白双熊"轮番肆虐内线，灰熊也成为在西部诸强最不愿意碰上的对手。随着兰多夫在2017年远赴萨城，"黑白双熊"也成为历史，但他们依然给西部的对手们留有余悸。

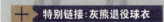
特别链接：灰熊退役球衣

孟菲斯灰熊仅有两件退役球衣，分别为50号（扎克·兰多夫）、33号（马克·加索尔），而尊享退役球衣的两人也是叱咤一时的"黑白双熊"。

作为NBA最年轻的球队之一，灰熊资历尚浅、家底尚薄。虽然不乏托尼·阿伦、普林斯、巴蒂尔这样的实力悍将，但大多是防守见长的团队球员，真正达到全明星级别的屈指可数，主要是大小加索尔、兰多夫等内线球员。所以，选起最佳阵容捉襟见肘，尤其是外线。几经权衡，最佳控卫选择了灰熊的功勋球员康利，而非当红新贵莫兰特，因为莫兰特还有大把时间证明自己。

灰熊历史最佳阵容

控球后卫	得分后卫	小前锋	大前锋	中锋
迈克·康利	迈克·米勒	鲁迪·盖伊	扎克·兰多夫	马克·加索尔
效力灰熊12年，是球队的总得分王、总助攻王与总抢断王。灰熊曾为康利开出5年1.53亿美元的大合同。	效力灰熊8年，夺得过最佳第六人，是队史投进三分球第二多的球员。曾单赛季命中202记三分球，创灰熊队史新高。	灰熊小前锋人才凋零，"小麦迪"盖伊算是最具天赋的一位。效力灰熊7年，场均贡献16.1分，5.7个篮板。	效力灰熊8年，曾硬撼邓肯，率领灰熊完成"黑八"。他那碾压内线的刚猛打法，形神兼备地体现出熊的霸气。	作为攻守兼备的欧洲重型中锋，小加索尔效力灰熊11年，荣膺最佳防守球员，入选最佳阵容，成为联盟顶级内线。
● Mike Conley	● Mike Miller	● Rudy Gay	● Zach Randolph	● Marc Gasol
● 2007—2019年	● 2003—2008年、2013—2014年	● 2006—2013年	● 2009—2017年	● 2008—2019年
●效力期间主要荣誉 1届最佳防守阵容二阵	●效力期间主要荣誉 1届最佳第六人	●效力期间主要荣誉 最佳新秀阵容一阵	●效力期间主要荣誉 2届全明星／1届最佳阵容三阵	●效力期间主要荣誉 3届全明星／1届最佳防守球员／1届最佳阵容

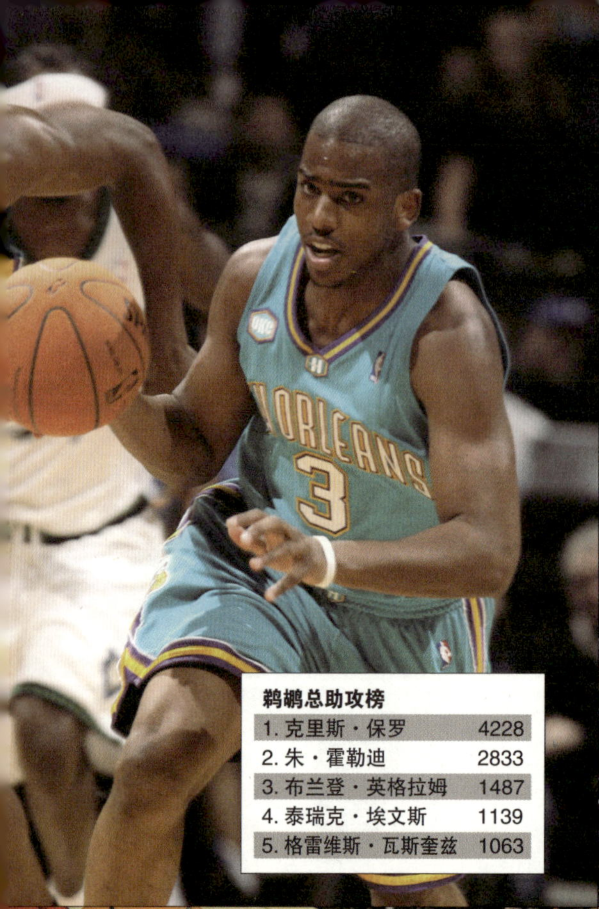

鹈鹕总助攻榜

1. 克里斯·保罗		4228
2. 朱·霍勒迪		2833
3. 布兰登·英格拉姆		1487
4. 泰瑞克·埃文斯		1139
5. 格雷维斯·瓦斯奎兹		1063

鹈鹕总得分榜

1. 安东尼·戴维斯		11059
2. 大卫·韦斯特		8690
3. 克里斯·保罗		7936
4. 朱·霍勒迪		7321
5. 布兰登·英格拉姆		6617

鹈鹕总篮板榜

1. 安东尼·戴维斯		4906
2. 大卫·韦斯特		3853
3. P.J. 布朗		2675
4. 约纳斯·瓦兰丘纳斯		2368
5. 泰森·钱德勒		2225

鹈鹕总抢断榜

1. 克里斯·保罗		1010
2. 安东尼·戴维斯		639
3. 朱·霍勒迪		638
4. 大卫·韦斯特		396
5. 赫伯特·琼斯		338

新奥尔良鹈鹕

NEW ORLEANS PELICANS

鹈鹕是一支多灾多难的球队。它的命运恰如常年被飓风阴影笼罩着的新奥尔良，人为的努力，随时可能毁于一次天灾。

他们拥有过克里斯·保罗这样的"控卫之神"，也拥有过安东尼·戴维斯这样的"天才内线"，但又眼睁睁地失去了他们。他们曾和冠军球队马刺大战七场，也曾"以下克上"横扫开拓者。但大多数时间里，他们的主力阵容都在和伤病纠缠。而随着"胖虎"蔡恩、英格拉姆、C.J.麦科勒姆的到来，鹈鹕已经悄然完成向准一流强队的进化，如果保持全员健康，季后赛绝不是他们的上限。

2002年，黄蜂从夏洛特搬到新奥尔良，队名也由"夏洛特黄蜂"更名为"新奥尔良黄蜂"。2004年，夏洛特山猫诞生了。2013年1月，"新奥尔良黄蜂"更名为"新奥尔良鹈鹕"。2014年5月，"夏洛特山猫"更名为"夏洛特黄蜂"。

两队关系看似错综复杂，但按照NBA的划分，这两支球队与城市联系在一起。

如今的新奥尔良鹈鹕，前身是新奥尔良黄蜂，创建于2002年。

如今的夏洛特黄蜂，历史可追溯到1987年，那是夏洛特黄蜂进入NBA的元年。从1987年到2002年的夏洛特黄蜂，以及从2004年夏洛特山猫到如今的夏洛特黄蜂。

从此路易斯安那州南部的这座海港城市，终于拥有了属于自己的NBA球队——新奥尔良黄蜂。按照NBA的统计，2002年是新奥尔良球队的初创元年，也就是说这支新奥尔良黄蜂（2013年更名为鹈鹕），一直都是按2002年建队时间算起的。

新奥尔良黄蜂开局气势如虹，在主场接连取得11连胜，但随着球员频繁伤病，好运戛然而止。最终他们在2002/2003赛季取得47胜35负，以东部第五名的战绩挺进季后赛，却在首轮被 76 人以 4 比 2 淘汰出局。

接下来的 2003/2004 赛季，拜伦·戴维斯和马格洛伊尔的内外线组合开始显现威力，两人也声名鹊起，携手进入全明星。但在季后赛，戴维斯和马格洛伊尔没能率领黄蜂迈过首轮大关，而以 3 比 4 不敌重建之热火形成的落差，让志在高飞的黄蜂坠入谷底。

2004/2005 赛季开始之前，新奥尔良黄蜂被 NBA 由东部划到西部联盟，归属于西南赛区。来到"狂野西部"，黄蜂开始低迷。2005 年 2 月，决定重建的黄蜂完成压哨交易，将球队的核心，也是"刺头"的拜伦·戴维斯送往勇士，却没能换来相应即战力的球员，球队一滑到底。该赛季黄蜂无奈交出队史最差战绩单（18 胜 64 负），排名联盟垫底。

不过，坠入谷底的新奥尔良黄蜂很快就看见了希望的曙光。

2005 年 NBA 选秀大会，黄蜂在首轮第 4 顺位摘下克里斯·保罗，一位之后十年 NBA 的第一控卫。稳健、睿智，拥有无比出色的大局观与传球技巧，甚至在保罗新秀报告中评价："他通晓一切关于胜利的秘密。"

黄蜂拥有了保罗这个"最强大脑"，踏上了起飞之路。然而，黄蜂起飞并不顺遂，2005 年 8 月，新奥尔良遭遇飓风之灾，损失惨重。在逆境中，黄蜂积蓄了强大力量。

2005/2006 赛季，黄蜂在保罗率领下振翅高飞，比上赛季多赢下 20 场比赛。保罗也交出了场均 16.1 分、7.8 次助攻的优异成绩单，荣膺了最佳新秀。

2006 年休赛期，黄蜂决心围绕保罗打造球队，将泰森·钱德勒、佩贾·斯托贾科维奇等实力球员招入麾下，加上大卫·韦斯特，阵容实力空前强大，可惜受困于保罗伤病等原因，黄蜂在 2006/2007 赛季依旧无缘季后赛。

2007/2008 赛季，黄蜂终于打出西部劲旅的水准。"蜂王"保罗率领黄蜂在常规赛高歌猛进，拿下 56 胜 26 负西部第二的骄人战绩。保罗个人表现更堪称完美，完成场均 21 分、11.6 次助攻的赛季两双，手握助攻王和抢断王两个头衔，并入选最佳阵容一阵。

2008 年季后赛，黄蜂在首轮兵不血刃以 4 比 1 战胜达拉斯小牛，第二轮面对老辣的马刺，双方战至抢七，虽然黄蜂最终被马刺淘汰，但他们打出一个绚丽的赛季。

然而，黄蜂似乎只是昙花一现的宿命，接下来 2008/2009 赛季受困于伤病等原因，季后赛首轮就被掘金淘汰。2009/2010 赛季，因为保罗受伤，黄蜂更是无缘季后赛。

2011 年 12 月 15 日，心灰意冷的保罗告别黄蜂，前往洛杉矶，加盟快船，而非之前沸沸扬扬传说的湖人。保罗联手科比的计划还未开始就被 NBA 联盟因为"不利于平衡发展"的原因叫停（因为当时的黄蜂被联盟托管），就这样，当时联盟第一分卫与第一控卫合作成为一个美丽的泡影，令人扼腕叹息。

保罗离开黄蜂，也为母队换回一些筹码，包括埃里克·戈登、艾尔－法鲁克·阿米奴和克里斯·卡曼以及两个第一轮选秀权和一个第二轮选秀权，但没有了"蜂王"保罗，群龙无首的黄蜂还是进入了幽暗的低谷期，连续两个赛季只拿到区区 20 多场胜利。

　　然而，在低谷期的新奥尔良黄蜂也迎来复兴的曙光，那就是他们在 2012 年选秀大会首轮第 1 顺位选中了"浓眉"安东尼·戴维斯，一位身高 2.08 米、臂展 2.27 米的天才全能型大前锋。年少时的安东尼·戴维斯是控球后卫，后来身高从 1.88 米猛长到 2.08 米，才不得不由控卫变成大前锋，但打控卫时培养的技术已经被他牢牢掌握。

　　于是，这位内线长人拥有一流外线球员的手感与运控技巧，以及不可思议的敏捷和灵活性，这让他在小球时代如鱼得水。

　　安东尼·戴维斯张开双臂，就像一只张开双翅、俯瞰全局的巨鸟，显然"黄蜂"对其而言有些渺小，而"鹈鹕"与其更为形神合一，接下来的更名似乎是天意。

　　2013 年 1 月，汤姆·班森成为黄蜂的新老板，并将球队更名为"新奥尔良鹈鹕"，鹈鹕也是新奥尔良地区盛产的一种大型游禽，以此为名，更能代表地方特色。2013/2014 赛季，新奥尔良的这支球队正式以"鹈鹕"之名亮相于 NBA。

　　虽然贵为 NCAA 的 MOP、NBA 状元，但安东尼·戴维斯的 NBA 之路并不顺遂，直到 2014/2015 赛季，安东尼·戴维斯才率领鹈鹕闯入季后赛，却在首轮被勇士横扫。

　　彼时，勇士已然崛起，实现对西部甚至联盟的漫长统治，加上西部联盟原本就豪强林立，根基尚浅的鹈鹕丝毫看不到一飞冲天的任何希望，于是，他们又进入了"伤感期"期。

　　在那些纠结的岁月里，鹈鹕阵容进进出出，主帅数次变更，战绩也一蹶不振。2017 年 2 月 21 日，考辛斯加盟鹈鹕，与戴维斯组成当时 NBA 最具内线攻击力的"双塔"组合。然而，2018 年 1 月 28 日，考辛斯因为跟腱撕裂告别赛场，之后也告别了鹈鹕，联盟最全能的两大内线组合还没有率领鹈鹕实现实质性突破，便就此解体。

　　失去强力搭档，戴维斯独自率领鹈鹕杀入季后赛，并在首轮翻江倒海，率领鹈鹕横扫开拓者，第四战，戴维斯更是砍下 47 分。然而在西部半决赛，鹈鹕又被勇士以 4 比 1 淘汰出局，再一次暴露出他们与那支 NBA 的冠军之师天堑般的差距。

　　2018/2019 赛季，安东尼·戴维斯场均砍下 25.9 分、12 个篮板和 2.4 个盖帽，但还是无法率领鹈鹕在虎狼环伺的西部杀出重围，只名列第 13，无缘季后赛。

　　戴维斯的个人数据无可挑剔，他甚至在 2018 年 12 月 13 日对阵雷霆时豪取 44 分、18 个篮板，生涯第 15 次砍下 40 分和 15 个篮板以上的数据，35 年来仅次于奥尼尔。

　　而强大的"浓眉"在鹈鹕低迷战绩的衬托下，显得落寞无比。孤立无援的日子久了，戴维斯也心生去意。2019 年 7 月，戴维斯远赴洛杉矶，加盟湖人联手詹姆斯，为此，湖人送出朗佐·鲍尔、布兰登·英格拉姆、约什·哈特以及 3 个首轮签。

　　戴维斯与詹姆斯可谓是"天作之合"，他们合作的首个赛季便打出"王炸"的威力，携手率领湖人夺得总冠军。而鹈鹕在 2019 年这个夏天也并非输家，他们不仅在戴维斯的交易中得到鲍尔、英格拉姆、哈特等湖人一票青年俊彦，还在 NBA 选秀大会上用状元签摘得"胖虎"蔡恩·威廉森，一位被誉为天赋可以与詹姆斯比肩的重型大前锋。

鹈鹕总盖帽榜	
1. 安东尼·戴维斯	1121
2. 大卫·韦斯特	435
3. 埃梅卡·奥卡福	305
4. 泰森·钱德勒	269
5. 朱·霍勒迪	267

虽然身高只有 1.98 米，体重达到 129 公斤，蔡恩在场上却能像后卫一样敏捷变向，进攻时犹如坦克般碾压对手。当"胖虎"带着可怕的力量与速度闯入 NBA 时，的确无人可挡，阻挡他的唯有"伤病"。

因为季前赛遭遇半月板撕裂，蔡恩在 2020 年 1 月 22 日鹈鹕对阵马刺时才迎来自己的 NBA 首秀。虽然姗姗来迟，但非常惊艳。他 11 投 8 中，其中三分球 4 投全中，得到 22 分、7 个篮板，在第四节短短的 3 分 29 秒里连得 17 分。

因为频繁伤病，蔡恩在新秀赛季只出战 24 场，无缘最佳新秀。

在蔡恩因伤作壁上观之时，英格拉姆成为鹈鹕的战术核心，他也打出了进入联盟以来的最佳表现，场均得到 23.8 分、6.1 个篮板、4.2 次助攻，但这仍然不足以带领球队拿到季后赛的门票，鹈鹕以 30 胜 42 负的成绩排名西部第 13，结束了 2019/2020 赛季的征途。

2020/2021 赛季，鹈鹕请来了斯坦·范甘迪担任主帅，但 31 胜 41 负，依旧无缘季后赛。唯一值得安慰的是，蔡恩打出了健康的一个赛季，出战 61 场，以 61.1% 的超高投篮命中率场均得到 27 分，成为 NBA 历史唯一一位单赛季场均 27 分且命中率不低于 60% 的球员。

2021 年夏天，蔡恩在休赛期接受右脚骨折手术，复出日期一再推迟。雪上加霜的是，英格拉姆也在 2021/2022 赛季初遭受伤病，鹈鹕打出联盟最差 1 胜 12 负的开局。

2022 年 2 月 9 日，在一笔涉及 7 人的大交易中，鹈鹕换来了"开拓者双枪"之一的 C.J. 麦科勒姆。麦科勒姆的到来让鹈鹕一改赛季初的颓势，最终以 36 胜 46 负的战绩冲上西部第 9，并在附加赛中连克马刺与快船，时隔三年再次站上季后赛舞台。

2022 年季后赛首轮，面对常规赛排名第一的太阳，鹈鹕硬打 6 场后，才昂首出局。这轮系列赛，阿尔瓦拉多打出独树一帜的"老六"抢断，在他贴身防守下，昔日的"蜂王"保罗甚至出现了 8 秒没过半场的尴尬场面。

2022 年休赛期，鹈鹕为蔡恩送上了一份 5 年 2.31 亿美元的提前续约合同。

2022/2023 赛季，鹈鹕高开低走。2022 年 12 月 12 日，鹈鹕战胜太阳，以 18 胜 8 负的战绩高居西部第一，创造队史开季前 26 场比赛的最佳胜场纪录。然而好景不长，随着蔡恩、英格拉姆、麦科勒姆接连受伤，鹈鹕的战绩开始下滑，尽管常规赛末段英格拉姆和麦科勒姆均同时出战，但是缺少了蔡恩，鹈鹕显然有些力不从心，虽然凭借着赛季末的一波连胜挤进附加赛，但最终还是负于雷霆，无缘季后赛。

2023/2024 赛季，鹈鹕击败掘金、快船、独行侠、76 人等强敌，杀进季中赛四强。虽然在季中赛半决赛被湖人淘汰，但鹈鹕的实力不容小觑。可惜"胖虎"蔡恩受伤，无缘 2024 年季后赛，实力大减的鹈鹕无奈在首轮即被雷霆横扫。

鹈鹕由"胖虎"蔡恩与英格拉姆联袂领衔，还有一位实力不俗的"三当家"麦科勒姆，只要全员健康，鹈鹕依旧在下赛季有望展翅高飞，成为崛起于西部的新势力。

特别链接：鹈鹕退役球衣

鹈鹕只有 1 件退役球衣，属于皮特·马拉维奇的 7 号。马拉维奇并没有为鹈鹕（黄蜂）效力过，只因为他曾在新奥尔良爵士打球的缘故，新奥尔良人还是在 2003 年为他举行了球衣退役仪式。马拉维奇的 7 号战袍同时在爵士和黄蜂的两座城市的球馆上空飘扬。

新奥尔良鹈鹕，算上前身新奥尔良黄蜂，从 2002 年到如今仅仅拥有 22 年的建队史。虽然家底薄弱，但鹈鹕选秀颇具慧眼。NBA 75 大球星就有两位来自鹈鹕选秀的球员，分别为克里斯·保罗与安东尼·戴维斯，而"胖虎"蔡恩更是天赋绝伦的篮球奇才，如果不是因为伤病以及人才流失等原因，鹈鹕应该取得更高的成就，其最佳阵容的风采也会更加耀眼。

鹈鹕历史最佳阵容				
控球后卫	**得分后卫**	**小前锋**	**大前锋**	**中锋**
克里斯·保罗	**拜伦·戴维斯**	**布兰登·英格拉姆**	**蔡恩·威廉森**	**安东尼·戴维斯**
这位钟灵毓秀的初代"蜂王"在新奥尔良黄蜂效力 6 个赛季，场均贡献 18.7 分、9.9 次助攻，成为联盟第一控卫。	他是哈登之前联盟中最著名的"大胡子"，是球风劲爆的双能卫。他在这里场均贡献 20 分、7 次助攻的准顶级后卫数据。	英格拉姆在鹈鹕成为全明星级小前锋，场均能贡献 23+5+5 的全面数据，面如冠湖，能攻善射，颇有几分杜兰特的风采。	一位体重达到 129 公斤的 NBA"状元"，蔡恩拥有庞大体重之余兼具顶级灵活与敏捷性，如果健康，就是纵横联盟的重型前锋。	早年间打后卫时培养的运控投射，加上 2.08 米身高与超长臂展以及超强运动能力，让 AD 迅速成为 20+10 顶级内线。
● Chris Paul	● Baron Davis	● Brandon Ingram	● Zion Williamson	● Anthony Davis
● 2005—2011 年	● 1999—2005 年	● 2019 年至今	● 2019 年至今	● 2012—2019 年
● 效力期间主要荣誉	● 效力期间主要荣誉	● 效力期间主要荣誉	● 效力期间主要荣誉	● 效力期间主要荣誉
4 届全明星 /2 届助攻王 /3 届抢断王	1 届抢断王 /2 届全明星 /1 届最佳阵容三阵	1 届全明星 / 最快进步球员奖	最佳新秀阵容一阵 /2 届全明星	1 届全明星 MVP/3 届盖帽王 /3 届最佳阵容

西北赛区
Northwest Division

俄克拉荷马雷霆 / 犹他爵士 / 波特兰开拓者
丹佛掘金 / 明尼苏达森林狼

西 部 联 盟

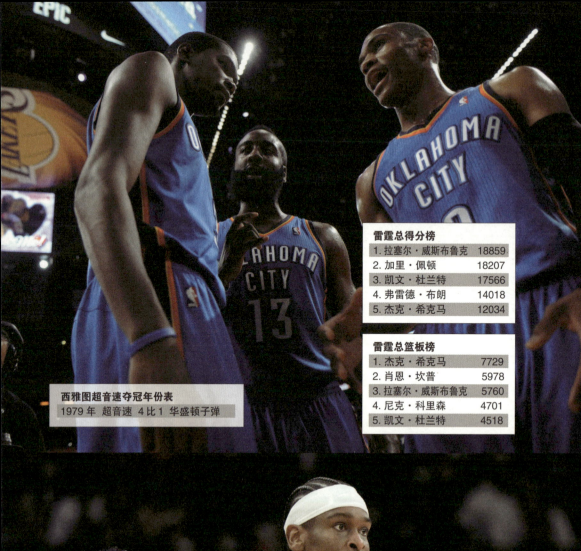

雷霆总得分榜	
1. 拉塞尔·威斯布鲁克	18859
2. 加里·佩顿	18207
3. 凯文·杜兰特	17566
4. 弗雷德·布朗	14018
5. 杰克·希克马	12034

雷霆总篮板榜	
1. 杰克·希克马	7729
2. 肖恩·坎普	5978
3. 拉塞尔·威斯布鲁克	5760
4. 尼克·科里森	4701
5. 凯文·杜兰特	4518

西雅图超音速夺冠年份表
1979 年 超音速 4 比 1 华盛顿子弹

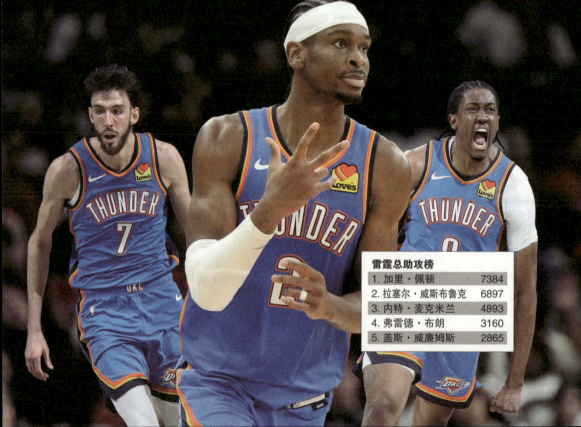

雷霆总助攻榜	
1. 加里·佩顿	7384
2. 拉塞尔·威斯布鲁克	6897
3. 内特·麦克米兰	4893
4. 弗雷德·布朗	3160
5. 盖斯·威廉姆斯	2865

俄克拉荷马雷霆

OKLAHOMA CITY THUNDER

> 这支球队成立于盛产波音飞机的航天名城西雅图，故命名"超音速"，2008年移址到俄克拉荷马，更名为"雷霆"。无论是超音速还是雷霆，都体现出球队对于速度的极致追求。无论是超音速时期的威尔肯斯、佩顿与坎普、雷·阿伦，还是到雷霆时期的杜兰特、威少、哈登及亚历山大，这支球队在每个时期都不乏名动一时的球星。
>
> 更令人惊叹的就是雷霆那无与伦比的选秀能力，他们亲选的"雷霆三少"的故事还余音未了，新"雷霆三少"（亚历山大、杰伦·威廉姆斯与霍姆格伦）的盛世就已经隐约浮现。

俄克拉荷马雷霆的前身是西雅图超音速。1967/1968赛季，作为两支新军之一的超音速参加了NBA的比赛，另一支新军是圣地亚哥火箭（如今的休斯敦火箭）。

西雅图超音速在NBA首个赛季仅取得23胜，与同级生火箭（赛季15胜）一起，成为联盟垫底的两支球队。为了在强队林立的NBA占据一席之地，超音速决定模仿八连冠的凯尔特人。凯尔特人成功的原因之一是拥有比尔·拉塞尔，拉塞尔不仅是"绿衫王朝"的核心球员，还以主教练的身份率领凯尔特人夺冠。

1968/1969赛季，超音速迎来史上第一位巨星，兰尼·威尔肯斯。威尔肯斯很快就成为主力控卫，场均贡献22.4分、8.2次助攻，率领超音速比上赛季多赢下7场比赛。

威尔肯斯不仅球技精湛，还运筹帷幄、善于思考，对于超音速而言无疑是宝贵财富。于是，威尔肯斯在1969/1970赛季开始拉塞尔式转型，成为超音速的核心球员兼主教练，也为他日后成为同时入选NBA 50大球星与10大名帅的唯一一人埋下伏笔。

威尔肯斯在1969/1970赛季完美诠释了球员与教练的双重角色，不仅以场均9.1次助攻加冕联盟助攻王，还以主帅的身份率领超音速取得36胜46负的战绩（西部第五）。

接下来的两个赛季，超音速渐入佳境，但年逾35岁的威尔肯斯还是被球队排在未来计划之外，不仅被卸去主教练一职，还在1972/1973赛季开始之前被送往克利夫兰骑士。

接下来的几个赛季，超音速不断变革，终于在1974/1975赛季第一次挺进季后赛，并打进第二轮。1977/1978赛季，超音速开局遭遇5胜17负，威尔肯斯火线救场，再次成为超音速主帅，并率队打出42胜18负的神奇战绩，挺进季后赛，并在季后赛连克强敌，杀进了总决赛。可惜最终抢七大战负于华盛顿子弹，无缘总冠军。

接下来，超音速又一次站上1979年总决赛的舞台，又一次对阵华盛顿子弹。这次超音速完成复仇，以4比1击败对手，成功夺冠，收获了队史唯一一尊总冠军奖杯。

1985/1986赛季，随着威尔肯斯的离去，超音速第一个辉煌时代就此落幕。

1990年NBA选秀大会，超音速在首轮第2顺位选中"手套"加里·佩顿，一位喋喋不休喷"垃圾话"的防守大师。加上超音速已在1989年选秀大会首轮第17顺位"淘宝"得到的肖恩·坎普，一支西部劲旅的核心"二人组"隐约浮现了。

肖恩·坎普总是以各种迅疾无比、势大力沉的扣篮轰炸篮网，如暴雨倾泻，"雨人"称号不胫而走。他与佩顿的配合日趋默契，1991/1992赛季，乔治·卡尔教练走马上任，超音速将帅齐心、兵精将勇，逐渐具备了冲击总冠军的实力。

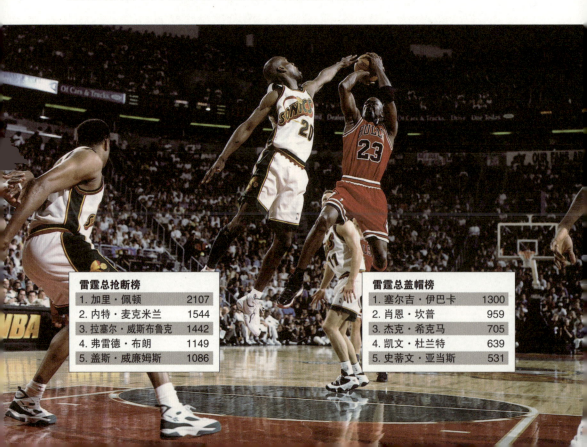

雷霆总抢断榜	
1. 加里·佩顿	2107
2. 内特·麦克米兰	1544
3. 拉塞尔·威斯布鲁克	1442
4. 弗雷德·布朗	1149
5. 盖斯·威廉姆斯	1086

雷霆总盖帽榜	
1. 塞尔吉·伊巴卡	1300
2. 肖恩·坎普	959
3. 杰克·希克马	705
4. 凯文·杜兰特	639
5. 史蒂文·亚当斯	531

1993/1994 赛季，佩顿与坎普率领超音速打出 63 胜 19 负的联盟第一战绩，却在季后赛成为掘金完成 NBA 首次"黑八"的注脚。接下来超音速在 1994/1995 赛季拿下 57 胜，又在季后赛首轮被湖人以 1 比 3 淘汰。彼时，高端局疲软成为超音速的痛。

1995/1996 赛季，超音速斩获队史最佳的 64 胜，终于在季后赛证明自己，灭国王、退火箭（上届总冠军），抢七淘汰爵士，横扫西部挺进总决赛。

1996 年总决赛，超音速虽然以 2 比 4 不敌乔丹领衔常规赛 72 胜的公牛，但"手套"佩顿的牛皮糖防守却让"篮球之神"吃到苦头，使乔丹的投篮命中率创总决赛新低。

超音速在 20 世纪 90 年代呼啸如风，连续 6 个赛季拿到 55 场以上的胜利，成为西雅图一张名副其实的篮球名片。然而，随着坎普在 1997 年远赴骑士以及佩顿的老去，超音速的第二个辉煌期也渐渐消逝。

2002/2003 赛季，西雅图的传奇、连续 9 次入选最佳防守一阵的佩顿也被超音速交换到雄鹿，换来了"96 黄金一代"的 5 号秀、密尔沃基的"火枪手"雷·阿伦。

历史级别三分射手的光环太过耀眼，其实雷·阿伦身手非常全面。即便如此，人们还是习惯将他和拉沙德·刘易斯的组合称为"超音速双枪"，这对"神射手组合"携手率领超音速冲击总冠军长达 5 个赛季无果，仅仅交出了一次季后赛的惨淡成绩单。

2006/2007 赛季，俄克拉荷马富商克雷·贝内特成为超音速的新老板，他心心念念地想将球队带回家乡，为此与西雅图有关方面展开一系列谈判与斡旋。

2007 年休赛期，雷·阿伦东赴凯尔特人，和加内特、皮尔斯组成"三巨头"，三人合作的首个赛季便夺冠。刘易斯也转战奥兰多魔术成为手握 6 年 1.18 亿美元合同的"亿元先生"，昔日"超音速双枪"为了名利远走，留下超音速成为无主之队。

好在命运之神眷顾这支风雨飘摇的球队，超音速在 2007 年 NBA 选秀大会首轮第 2 顺位选中了凯文·杜兰特，这是篮球史上最强得分手之一，以及多年后联盟大小王级别的球员。虽然杜兰特未来的上限无与伦比，但那时的他还很瘦弱青涩，无法担当起球队领袖的重任。2007/2008 赛季，这支超音速在西雅图的最后一季，仅取得 20 胜 62 负，创队史新低。当杜兰特在该赛季结束以场均 20.3 分捧起新秀奖杯时，可谓五味杂陈。

2008 年，经过 NBA 批准，这支超音速队终于迁到俄克拉荷马，更名为"俄克拉荷马雷霆"。原来的"超音速"队名以及队徽、队服依旧留给西雅图，以便将来这座城市再拥有新的 NBA 球队时使用。挥别过去，向新而生，雷霆在他城也迎来新的生机。

继 2007 年选中杜兰特之后，雷霆又在 2008 年选秀大会首轮第 4 顺位选中拉塞尔·威斯布鲁克，2009 年选秀大会首轮第 3 顺位选中詹姆斯·哈登。

自此，雷霆完成了 NBA 选秀史上最伟大的三连击，"雷霆三少"横空出世。

接下来这三位才华横溢的年轻人迅速成长。"大哥"杜兰特成为犀利无解的 NBA 历史最年轻得分王；"二弟"威斯布鲁克成为劲爆无双的全能控卫；"三弟"哈登则成

为少年老成的"最佳第六人"，颇有大将之风。此外，赛尔吉·伊巴卡也成为联盟盖帽王（场均3.7次），攻守兼备的雷霆也成为席卷联盟的"俄克拉荷马青年军"。

经过几个赛季的磨合，"三少"联袂率领雷霆终于在2012季后赛彻底爆发，一路击败小牛、湖人、马刺三支传统豪强，挺进总决赛。虽然最终以1比4不敌巅峰"三巨头"领衔的迈阿密热火，但所有人都认为，"三少"治下的雷霆未来不可限量。

2012年夏天，哈登去了休斯敦火箭，"雷霆三少"时代就此结束。我们不曾知道雷霆放走哈登是何心情，但在那一刻，命运的齿轮开始转动。

聚是一团火，散是满天星。本来"三少"如果不散，大概率能携手率领雷霆夺冠，甚至创建王朝，而分散后，虽然他们都书写了MVP华章，还是让人意难平。

2013/2014赛季，威斯布鲁克因伤缺席近半个赛季，杜兰特场均砍下31.5分，连续41场得分25+创NBA纪录，独自率领雷霆打出59胜，加冕常规赛MVP。季后赛，杜兰特率领雷霆终于迈过"黑白双熊"领衔的那支悍勇灰熊。虽然雷霆在西部决赛惜败于马刺，但杜兰特通过这一季的卓越表现奠定了NBA新一代超级巨星的江湖地位。

2014/2015赛季，杜兰特陷入伤病泥潭，轮到威少独自带队。威少迸发出火爆攻击力，以场均28.1分加冕得分王，可惜用力过猛，还是因伤倒在季后赛的征途之上。

2015/2016 赛季，杜兰特与威少终于能双双健康打满整个赛季，却也是他们并肩作战的最后一个赛季。2016 年，西决之巅那荡气回肠的七场大战之后，雷霆在手握 3 胜赛点的优势局之后，还是被那支常规赛豪取 73 胜的勇士击败。

2016 年夏天，杜兰特加盟了勇士，至此，昔日的"雷霆三少"去其二，唯有威斯布鲁克留守俄克拉荷马城。2016/2017 赛季，威少书写一个人的史诗，以场均 31.6 分、10.7 个篮板、10.4 次助攻赛季大三双的战绩加冕了常规赛 MVP。威少能比肩"大 O"完成赛季三双，身边的"卡锋"史蒂文·亚当斯功不可没，那位酷似"海王"的新西兰中锋无数次用伟岸的身躯为威少卡出抢板的有利位置。

2017/2018 赛季，威少再次豪取场均三双，但雷霆还是苦无寸进。在季后赛首轮，雷霆以 2 比 4 输给爵士，即便威少身边拥有卡梅隆·安东尼、保罗·乔治这样的好手。

2018/2019 赛季，威少场均得到 22.9 分、11.1 个篮板、10.7 次助攻，完成连续 3 个赛季场均三双的旷古壮举，但利拉德在季后赛的那记超远压哨绝杀，还是打散了雷霆。

成为三双空砍王？华丽的数据与冰冷的现实让倔强的威斯布鲁克决定要去远方实现夺冠的梦想，2019 年夏天，威少告别了效力 11 年之久的雷霆，加盟火箭，联手哈登，昔日"雷霆三少"的二哥与三弟，在休斯敦再次相聚，携手冲击总冠军。

自此，俄克拉荷马城彻底告别了"雷霆三少"时代，也是在 2019 年夏天，保罗·乔治告别了雷霆，加盟洛杉矶快船，选择与伦纳德的并肩作战。

然而，没有"三少"与乔治，看似雷霆进入"球星的真空"，但一颗极具潜力的超新星已经悄然降临，那就是谢伊·吉尔杰斯－亚历山大，简称 SGA。

作为乔治加盟的筹码之一，亚历山大来到王位空悬的雷霆之后便展示出新王潜质，而更幸运的是，这位年轻的加拿大后卫在雷霆遇到最睿智的控卫——克里斯·保罗，并学到了"CP3 式"突破中投以及控场节奏。虽然保罗在雷霆只一个赛季（2019/2020 赛季），但对于亚历山大的倾囊相授，让其受益匪浅。亚历山大在 2019/2020 赛季突飞猛进，场均拿下 19 分、5.9 个篮板和 3.3 次助攻，俨然成为准全明星球员。

进入 21 世纪 20 年代，亚历山大场均得分迅猛递增，蜕变成为突破迅疾且节奏怪异、

得分如麻的"攻筐大魔王"。同时，他指挥若定，少年老成，无论是个人单打还是串联全队，都能游刃有余，这位身高 1.98 米的高大控卫看起来潜力无限。2022/2023 赛季，亚历山大连续 7 场得分 30+，入选最佳阵容一阵，已经成为联盟最炙手可热的超新星。

2023/2024 赛季，亚历山大依旧锐利无双，而雷霆在 2022 年选中 12 号新秀的杰伦·威廉姆斯也展现出大将之风，其形神酷似当年的哈登。雷霆 2022 年的"探花"切特·霍姆格伦也终于披挂上阵，一登场便展现出新一代顶级全能内线的天赋与技巧，被看作能与不世出的状元中锋文班亚马一争长短的超级新秀。

"新三少"率领雷霆在 2023/2024 赛季豪取西部第一的 57 胜战绩，季后赛首轮横扫鹈鹕，可惜在西部半决赛以 2 比 4 不敌"东欧组合"领衔的独行侠。虽然就此止步，但"新雷霆三少"在首次季后赛之旅表现不俗，在最后一战，亚历山大轰下 36 分，杰伦·威廉姆斯贡献 22 分、8 次助攻，霍姆格伦也有 21 分入账，但对于这支雷霆而言，还缺乏在逆境下攻坚能力与内线攻守的硬度，失败是年轻人成长的必经之路。

命运轮回，新一代"雷霆三少"赫然浮现，令人不得不惊叹于俄克拉荷马"选秀造星梦工厂"的神奇，NBA 版图上又出现了一支才华横溢的"雷霆青年军"。

雷霆（超音速）历史最佳阵容				
控球后卫	得分后卫	小前锋	大前锋	中锋
加里·佩顿	拉塞尔·威斯布鲁克	凯文·杜兰特	塞尔吉·伊巴卡	肖恩·坎普
佩顿是 NBA 史上唯一获得最佳防守球员的控卫，曾率队挺进总决赛，保持着队史助攻、抢断等诸多纪录。	威少在雷霆曾连续三个赛季场均三双，开启全能劲爆后卫的新时代，考虑到最佳控卫有佩顿，所以由威少来担任最佳分卫。	杜兰特是队史首位常规赛 MVP，也是场均得分王。2.08 米身高、2.28 米臂展加上精湛的投射，让他在雷霆时斩获四个得分王。	伊巴卡拥有一手遮天封盖，效力雷霆期间蝉联盖帽王，并连续三年入选最佳防守阵容一阵，是"三少"身边最可靠的四弟。	坎普打法充满"暴力美学"，具有相当强的内线破坏力，他效力超音速 8 年，和佩顿联手一度率队称霸西部。
● Gary Payton ● 1990—2003 年 ◆效力期间主要荣誉 9 届最佳防守阵容一阵 /1 届最佳防守球员	● Russell Westbrook ● 2008—2019 年 ◆效力期间主要荣誉 1 届常规赛 MVP/2 届得分王 /2 届助攻王	● Kevin Durant ● 2007—2016 年 ◆效力期间主要荣誉 1 届常规赛 MVP/1 全明星 MVP/4 届得分王	● Serge Ibaka ● 2009—2016 年 ◆效力期间主要荣誉 2 届盖帽王 /3 届最佳防守阵容一阵	● Shawn Kemp ● 1989—1997 年 ◆效力期间主要荣誉 5 届全明星

雷霆（超音速）经典组合 / "西雅图双煞"
加里·佩顿 + 肖恩·坎普

"手套"佩顿曾连续9届入选最佳防守阵容一阵，其防守功力在一号位无出其右，在进攻端也毫不逊色，是一位背身技巧的集大成者和稳健中投手。

"雨人"坎普跑跳如飞，能在众多防守队员的仰望之下，从天空劈面而下，开始暴雨般扣篮。一个佩顿足以让对手疲于招架，更何况他还时常连线一个飞天遁地的"雨人"。佩顿与坎普联手率领超音速在西部雄极一时，1995/1996赛季斩获队史最佳64胜，却在总决赛不敌乔丹领衔的公牛。

虽然巅峰落败，但佩顿与坎普组成的"西雅图双煞"，一外一内，默契无比，联手演绎了一曲华丽奔放的超音速进攻曲，将"暴力美学"的童话永远定格在20世纪90年代。

雷霆（超音速）经典组合 / "雷霆三少"
凯文·杜兰特 + 拉塞尔·威斯布鲁克 + 詹姆斯·哈登

2012年10月，雷霆将哈登交易至火箭，合作仅三个赛季的"雷霆三少"宣告解体。

遥想2009年，当哈登在首轮第3顺位被雷霆选中时，"雷霆三少"的命运齿轮就开始启动。

杜兰特（2007年"榜眼"）和威斯布鲁克（2008年首轮第4顺位）与哈登组成的"雷霆三少"，竟然源自雷霆连续三年的选秀，这种现象级三连击堪称NBA选秀史上最伟大的杰作。

"雷霆三少"不仅场下亲密无间，而且场上风格互补。杜兰特的精准投篮、威少的犀利突破与哈登的出色组织，完美融合一起，成为俄克拉荷马球队克敌制胜的法宝。

2011/2012赛季，杜兰特场均得到28分、8个篮板，威斯布鲁克场均得到23.6分、5.5次助攻，哈登场均贡献16.8分、3.7次助攻，"雷霆三少"相得益彰，联手率队一路击败小牛、湖人、马刺三支昔日冠军豪强。虽然总决赛惜败热火，却收获了宝贵的经验与信心。正当"三少"欲卷土重来时，哈登却被雷霆送至火箭，2016年，杜兰特又远赴金州，唯有威少留守俄城，"雷霆三少"就此分道扬镳。

昔日的"雷霆三少"现都已成为手捧MVP奖杯的巨星，如果当初他们不分开……但没有如果。

"雷霆三少"如今都已告别雷霆，也在其他球队辗转两两相逢，可惜再无三人携手。

"大哥双手过膝，二哥忠义，三弟满脸大胡子……"无论何时，我们遥想"雷霆三少"形神兼备地复原了桃园结义三兄弟，都会不禁莞尔一笑。

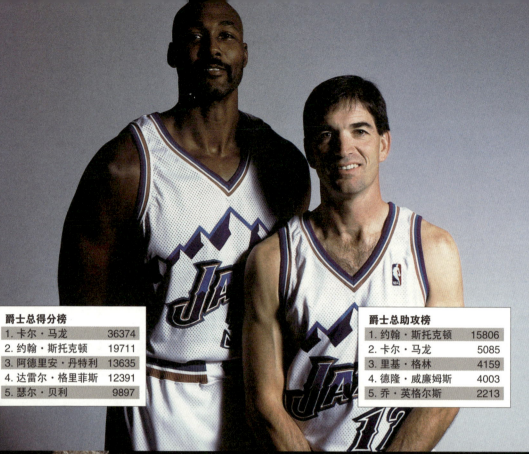

爵士总得分榜

1. 卡尔·马龙	36374
2. 约翰·斯托克顿	19711
3. 阿德里安·丹特利	13635
4. 达雷尔·格里菲斯	12391
5. 瑟尔·贝利	9897

爵士总助攻榜

1. 约翰·斯托克顿	15806
2. 卡尔·马龙	5085
3. 里基·格林	4159
4. 德隆·威廉姆斯	4003
5. 乔·英格尔斯	2213

爵士总篮板榜

1. 卡尔·马龙	14601
2. 鲁迪·戈贝尔	7119
3. 马克·伊顿	6939
4. 德里克·费沃斯	4626
5. 约翰·斯托克顿	4051

爵士总抢断榜

1. 约翰·斯托克顿	3265
2. 卡尔·马龙	2035
3. 里基·格林	1100
4. 安德烈·基里连科	960
5. 达雷尔·格里菲斯	931

爵士总盖帽榜

1. 马克·伊顿	3064
2. 安德烈·基里连科	1380
3. 鲁迪·戈贝尔	1357
4. 格雷格·奥斯特塔格	1253
5. 卡尔·马龙	1125

犹他爵士

UTAH JAZZ

这支“铁血之师”扎根在高原荒漠中的盐湖城，拥有分贝最高的恐怖主场，他们用万年如一日的机械挡拆，打出精准冷酷的战术执行。老帅斯隆执教23载为其奠定坚韧风骨，从新老两代“犹他双煞”，到戈贝尔与米切尔的“内外双雄”，爵士从不乏自己的明星，却总成为那些人气球队与超级巨星夺冠征途上的拦路者，因此被视为反派。

譬如马龙、斯托克顿遇到乔丹，德隆、布泽尔遇到科比和姚麦，米切尔、戈贝尔遇到库里和哈登。所以，爵士始终只因自己强大、冷峻、不近人情，才能拼下那些胜利，却始终不能成为最后的赢家。

1974年，爵士给NBA上交615万美元的会费之后，成为NBA第18支球队。新奥尔良是爵士乐发源地，因此他们把球队命名为“新奥尔良爵士”，虽然爵士在1979年搬到民风淳朴的犹他州盐湖城，却依然保留了浪漫优雅的“爵士”名称。

建队之初，新奥尔良爵士第一名球员便是后来名声大噪的“手枪”皮特·马拉维奇。彼时，爵士与老鹰交易获得马拉维奇时，后者还是郁郁不得志的篮球文艺青年，其炫酷不羁的球风以及摇滚明星的派头与恪守传统的亚特兰大格格不入，却与新奥尔良无比契合，于是，这位打法花哨、穿着前卫的得分后卫很快就成为爵士队的核心。

1974/1975赛季到1976/1977赛季，马拉维奇领衔爵士的前三个赛季，个人才华得到尽情展现，在第三个赛季便以场均31.1分斩获得分王，并以华丽球风吸引了无数球迷，但球队战绩却未见起色，以致“马拉维奇从不考虑身边队友”的言论甚嚣尘上。

尽管马拉维奇在1977年2月25日面对尼克斯防守悍将弗雷泽砍下队史最高的68分，但这把不断射击的“手枪”依然不能率领爵士杀出一条图强之路，甚至，球队战绩呈现一路下滑的趋势。1978/1979 赛季，爵士战绩只有 26 胜 56 负，在赛季末期，爵士告别了新奥尔良，迁到犹他州的盐湖城，名字不变，成了"犹他爵士"。

在这民风淳朴的西部苦寒之地，爵士蜕去浮华的外衣，逐渐养成了铁血、强硬、永不言败的风骨。而这一切转变的幕后操盘手是弗兰克·雷登，整个 20 世纪 80 年代的爵士总经理，而马拉维奇在 1980 年的离去也拉开了爵士转变的序幕。

1979 年休赛期，犹他爵士从湖人交易到建队基石——阿德里安·丹特利。这位身高 1.96 米的进攻型小前锋拥有领先那个时代的无解单打能力。1980/1981 赛季，丹特利在爵士的第二个赛季便以场均 30.7 分斩获得分王。此后三个赛季，丹特利场均得分都达到 30+，但直到 1983/1984 赛季，才率领爵士以 45 胜的西部第二佳绩挺进季后赛，并晋级西部半决赛，可惜被太阳淘汰，丹特利时代爵士的短暂辉煌期也就此戛然而止。

接下来两个赛季，丹特利场均得分滑落到 30 分以下，并在 1986 年休赛期远赴底特律活塞。然而，爵士并没有因为失去这位顶级得分手而沉沦，反而焕发勃勃生机，这得益于他们此前在 1984 年、1985 年选秀大会上的"超级两连选"。

1984 年选秀大会，犹他爵士在首轮第 16 位摘下约翰·斯托克顿，并在接下来 1985 年选秀大会上用首轮第 13 号签锁定了卡尔·马龙。自此，以后名震天下的挡拆二人组"犹他双煞"已经集结完毕，但他们彼时都还羽翼未丰。

斯托克顿在犹他爵士的第三个赛季才打上首发控卫，与此同时，卡尔·马龙成为后丹特利时代爵士的首席得分手。1987/1988 赛季，马龙场均得到 27.7 分、12 个篮板，斯托克顿场均也有 13.8 次助攻、3 次抢断入账，两人带领爵士杀入西部半决赛，与"ShowTime"时代的洛杉矶湖人大战七场，虽败犹荣。

1988 年 12 月，杰里·斯隆成为爵士新主帅，此后这位"硬鼻子"教练在爵士执教长达 23 载，将铁血、坚韧、团队协作以及纪律严明等特质深深植入爵士。

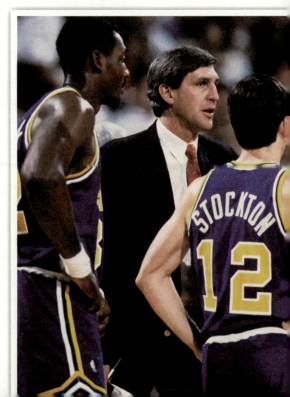

1988/1989 赛季，马龙和斯托克顿在斯隆教练的挡拆战术加持下，进攻威力大增，携手进入全明星，率领爵士打出 51 胜 31 负的优异战绩，却在季后赛首轮被勇士"RUN TMC"组合的初代跑轰战术横扫。

接下来几个赛季，爵士成为季后赛里的常客，却始终未从西部突围。

1996/1997赛季，马龙和斯托克顿率领爵士席卷联盟，以64胜18负西部第一的战绩挺进季后赛。彼时马龙与斯托克顿已经合作了12个赛季，默契无比。斯托克顿已经蝉联了9届助攻王，马龙更是加冕了该赛季的常规赛MVP。1997年季后赛，爵士一路连克快船、湖人和火箭，杀入总决赛对阵芝加哥公牛。

即便有"篮球之神"乔丹坐镇公牛，爵士全然不惧，前四场战成2比2平。其中还包括皮蓬用"邮差今天不上班"扰乱马龙最后两罚不中，乔丹借此绝杀爵士的第一场。换句话说，拥有乔丹的巅峰公牛在总决赛舞台上终于遇到了旗鼓相当的对手。

第五场"天王山"，乔丹在发烧40度时依然带病上阵，独得38分，率领公牛打破爵士主场（季后赛）不败金身。第六场，公牛"神射手"史蒂夫·科尔完成经典绝杀，爵士以2比4不敌对手，与总冠军金杯失之交臂。

接下来的1997/1998赛季，爵士卷土重来，再度杀入总决赛，成就了乔丹旷世无匹的"最后一投"以及公牛"六冠王朝"，爵士再度以2比4惜败于公牛，巅峰梦碎。

随着乔丹归隐，"犹他双煞"领衔的爵士也归于沉寂，仿佛他们巅峰期的强大只为衬托"篮球之神"，马龙和斯托克顿也成为乔丹统治时代的无冕之臣。

爵士此后沉寂了近7年。在此期间风云变幻，斯托克顿在2003年退役，马龙也在2003年为了总冠军梦想转战湖人。"犹他双煞"离开之后，斯隆教练就一直在找寻新的"犹他双煞"，直到2004年原骑士大前锋卡洛斯·布泽尔加盟，以及2005年选秀大会爵士在首轮第3顺位选中重型控卫德隆·威廉姆斯，"新犹他双煞"才浮出水面。

"新犹他双煞"德隆和布泽尔沉稳强硬，配合默契，身边还集结"AK-47"基里连科、"高炮手"奥库等一干青年才俊，兵强马壮的爵士又成为雄踞西北的铁血劲旅。

2007年与2008年季后赛首轮，爵士连续两次淘汰"姚麦组合"担纲的那支火箭，并且在2007年一路杀入西部决赛，那支挡拆精妙的爵士一度成为火箭球迷的梦魇。

从2008/2009赛季起的三个赛季，随着布泽尔的伤病不断以及德隆的增重无度，爵士出现危机，铁腕治军的老帅斯隆与爱徒德隆的关系也出现裂痕。2011年2月11日，执教爵士23年的斯隆教练宣布卸任，12天之后，爵士也把德隆交易到新泽西篮网，宣布重建。

自此，爵士进入漫长重建期，一度在2013/2014赛季仅取得25胜，西部垫底。

戈登·海沃德的成长一度让爵士看到复兴的希望，但他在2017年夏天选择转战凯尔特人，差点儿又让爵士回到重建的原点。好在这支盐湖城的球队有着强悍、铁血、永不言弃的传统，还有一批选秀或者交易得来的青年才俊。

2013年，爵士从掘金交易得到该年的23号新秀鲁迪·戈贝尔，那是一座身高2.16米的未来防守DPOY级别的"法兰西高塔"。2017年选秀大会，爵士又在首轮第13顺位选中"蜘蛛侠"多诺万·米切尔。自此，爵士又迎来复兴的希望。

米切尔在新秀赛季便斩获扣篮王、最佳新秀。凭借"蜘蛛侠"的强势发挥，爵士在2017/2018赛季拿下48胜，以西部第5战绩挺进季后赛，并且在季后赛首轮以4比2淘汰了雷霆。米切尔在第六场狂砍38分，创造自1987年以来新秀季后赛的单场得分新高。

虽然爵士在第二轮倒在了火箭的铁蹄之下（也算是中了火爵恩怨的"回旋镖"），但此刻的爵士已经汇聚而成铁血洪流，上升劲势不可当。

接下来的2018/2019赛季，爵士取得50胜32负，戈贝尔连续第二年当选最佳防守球员。季后赛首轮，爵士再度以1比4负于火箭，火爵"回旋镖"还在继续。

2019/2020赛季，经过漫长的新冠恢复期以及NBA停摆期，爵士最终以44胜28负排名西部第6。季后赛首轮，虽然爵士被掘金"抢七"逆转出局。但米切尔与穆雷"神仙打架"，留下首战爆砍57分，首轮两场得分50+的经典比赛。

2020年11月，米切尔以5年1.95亿美元的合同续约爵士。

2020/2021赛季因为缩水为72场，爵士豪取52胜20负的联盟第一战绩。但爵士在季后赛碾压过了年轻的灰熊，却在第二轮倒在快船脚下。

2021年夏天，老谋深算的丹尼·安吉作为爵士总裁，鉴于2021/2022赛季爵士排名西部第5再次跌倒在季后赛首轮的平庸表现，丹尼·安吉决定做出改变。

2022年休赛期，执教球队8个赛季的奎因·斯奈德辞职，绿军助教威尔·哈迪成为继任者。此后，爵士先将戈贝尔交易至森林狼，随后又把米切尔从骑士换来科林·塞克斯顿、劳里·马尔卡宁以及一堆选秀权。

在经历了如此大的阵容变动后，爵士在2022/2023赛季仅拿到37场胜利，自2015/2016赛季以来首次无缘季后赛。

2023/2024赛季是爵士重建的第二年，或许还不足以在竞争激烈的西部角逐季后赛席位，但老谋深算的丹尼·安吉为爵士积攒了一堆首轮签和一批优质的年轻球员，这支球队的未来看起来一片光明。

✝ **特别链接：爵士退役球衣**

爵士退役球衣共有 11 件，其中包括 7 件球员球衣，分别是 4 号（阿德里安·丹特利）、7 号（皮特·马拉维奇）、12 号（约翰·斯托克顿）、14 号（杰夫·霍纳塞克）、32 号（卡尔·马龙）、35（达雷尔·格里菲斯）、53 号（马克·伊顿）。4 件非球员球衣，分别是 1 号（弗兰克·雷登／前主教练）、9 号（拉里·米勒／球队老板）、1223 号（杰里·斯隆／前主教练）、3051 号（罗德·亨得利／解说员）。

爵士经典组合 / "犹他双煞"

约翰·斯托克顿 + 卡尔·马龙

斯托克顿与卡尔·马龙，NBA 历史前 5 控卫与前 5 前锋强强联手，加上斯隆教练为其打造的挡拆战术，成为威震联盟的"犹他双煞"。

斯托克顿主传，马龙主攻，二人分工明确，且风格互补，朴实无华却极为实用。"犹他双煞"携手 18 载（1985 年到 2003 年），为爵士赢得 906 场比赛的胜利，成为 NBA 史上胜场最多的二人组。

斯托克顿成为 NBA 历史总助攻王和总抢断王，马龙则高居历史总得分榜的第三名。"犹他双煞"率领爵士在 1997 年和 1998 年两进总决赛，可惜两度败给乔丹领衔的公牛。一生无冠，但不会影响他们的伟大。

他们都在各自位置书写自己的传奇，斯托克顿拥有超凡控球能力与传球视野，马龙利用强壮身体来低位背打与精准中投，更为关键的是，二人心有灵犀且珠联璧合的挡拆配合，足以让"犹他双煞"率领爵士横扫西部，成为"篮球之神"乔丹六冠时期的最大劲敌。

爵士历史最佳阵容

控球后卫	得分后卫	小前锋	大前锋	中锋
约翰·斯托克顿	**皮特·马拉维奇**	**阿德里安·丹特利**	**卡尔·马龙**	**马克·伊顿**
斯托克顿是联盟传统控卫的最佳模板，蝉联 9 个赛季助攻王，也是 NBA 历史助攻王和抢断王，将职业生涯都献给爵士。	"手枪"马拉维奇球风炫酷，为爵士增添一抹亮色。他在这里荣膺得分王、三进全明星，成为爵士为数不多的偶像型球星。	总能稳定高效地得分，作为 NBA 的"单打王"，丹特利把最好的自己都贡献给爵士，在这里六入全明星，两夺得分王。	"邮差"马龙是 NBA 史上最强大前锋之一，他拥有恐怖力量，又中投精准。效力 19 载，场均为爵士贡献 25 分、10 个篮板。	"猛犸象"伊顿在防守端极其出色，尤擅封盖，曾单赛季创下场均 5.56 个盖帽的 NBA 纪录，还四夺盖帽王。
● John Stockton	● Peter Maravich	● Adrian Dantley	● Karl Malone	● Mark Eaton
● 1984—2003 年	● 1974—1980 年	● 1979—1986 年	● 1985—2003 年	● 1982—1993 年
●效力期间主要荣誉 10 届全明星/9 届助攻王/2 届抢断王	●效力期间主要荣誉 3 届全明星/1 届得分王/2 届最佳阵容一阵	●效力期间主要荣誉 6 届全明星/2 届得分王/2 届最佳阵容二阵	●效力期间主要荣誉 2 届常规赛 MVP/11 届最佳阵容一阵	●效力期间主要荣誉 1 届全明星/4 届盖帽王/3 届最佳防守阵容一阵

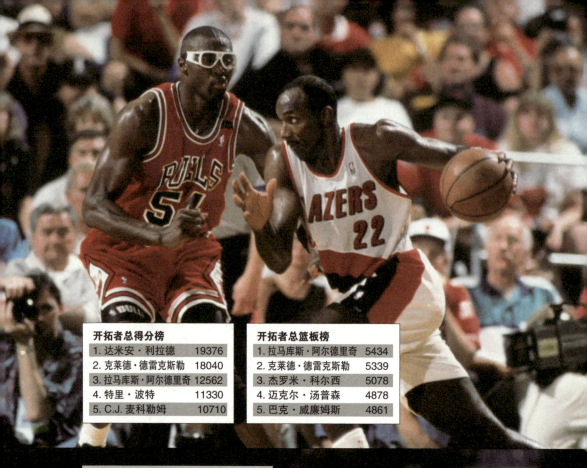

开拓者总得分榜		开拓者总篮板榜	
1. 达米安·利拉德	19376	1. 拉马库斯·阿尔德里奇	5434
2. 克莱德·德雷克斯勒	18040	2. 克莱德·德雷克斯勒	5339
3. 拉马库斯·阿尔德里奇	12562	3. 杰罗米·科尔西	5078
4. 特里·波特	11330	4. 迈克尔·汤普森	4878
5. C.J. 麦科勒姆	10710	5. 巴克·威廉姆斯	4861

波特兰开拓者夺冠年份表
1977 年 开拓者 4 比 2 费城 76 人

开拓者总助攻榜	
1. 特里·波特	5319
3. 达米安·利拉德	5151
2. 克莱德·德雷克斯勒	4933
4. 达蒙·斯塔德迈尔	3018
5. 罗德·斯特里克兰	2573

波特兰开拓者
PORTLAND TRAIL BLAZERS

波特兰的玫瑰花园从不缺少天才，却似乎永远摆脱不了伤病魔咒。从"空中建筑师"萨博尼斯到"黄曼巴"罗伊、"大帝"奥登，再到阿尔德里奇与努尔基奇，伤病阴霾令开拓者的"玫瑰"渐次凋零，这里也成为令波特兰球迷伤心欲绝的"撕裂之城"。

当年拓荒者们筚路蓝缕、不惧万难，成就波特兰逆风奋进的风骨，所以开拓者才有利拉德这样勇于逆天改命、坚毅无畏的领路人。

1970 年，波特兰开拓者加盟 NBA。作为"西部大开发"的中心，波特兰将自己城市的这支 NBA 球队命名为"开拓者"，也反映了那个拓荒开疆时代的特质。

波特兰开拓者在 NBA 的拓荒之路充满艰辛，前四个赛季他们单赛季都不足 30 胜，直到 1974 年选秀大会，开拓者用"状元签"摘得比尔·沃尔顿，才迎来振兴的希望。

沃尔顿是身手空前全面的天才中锋，除了容易受伤的体质，几乎没有短板。

1976/1977 赛季，沃尔顿终于摆脱伤病困扰，展现出"红色巨人"风采，不仅以场均 14.4 个篮板、3.3 次盖帽荣膺联盟篮板王和盖帽王，还率领开拓者以 49 胜首次挺进季后赛，并且在季后赛一马平川杀入总决赛。总决赛面对"J 博士"朱利叶斯·欧文领衔的费城 76 人，开拓者在先失两场的逆境中，连扳四场，一举夺得队史上首座总冠军奖杯。沃尔顿在总决赛场均得到 18.5 分、19 个篮板和 3.7 次盖帽，加冕总决赛 MVP。

1977/1978 赛季，虽然开拓者取得 58 胜 24 负的联盟最佳战绩，但志在卫冕的"波特兰军团"却意外负于超音速，止步在西部半决赛。雪上加霜的是，沃尔顿因伤缺席了整个 1978/1979 赛季。1979 年休赛期，沃尔顿告别开拓者，加盟圣地亚哥快船。

没有了内线擎天的"红色巨人"，开拓者陷入长达 4 年的沉寂期，直到 1983 年 NBA 选秀大会，开拓者在首轮第 14 顺位意外"淘宝"选中克莱德·德雷克斯勒，才再次复苏，开启了一个属于"滑翔机"时代的崭新篇章。

德雷克斯勒被誉为"篮筐之上打球的人"，其动作优美、飘逸，他与乔丹齐名，成为那个时代最强的得分后卫之一。其实，单论弹跳力，德雷克斯勒比乔丹更加优异。

德雷克斯勒的新秀赛季还未展示出超强即战力，但其巨星属性已给波特兰带来非凡气韵，开拓者在 1983/1984 赛季取得 48 胜 34 负的成绩，创近 7 年内最佳战绩。

德雷克斯勒在第二个赛季便场均贡献 17.2 分、6 个篮板、5.5 次助攻以及 2.2 次抢断的全面数据，此后数据更是一路飙升，率领开拓者成为西部豪强。

1989/1990 赛季，开拓者终于荡平西部，但在总决赛以 1 比 4 不敌"微笑刺客"伊赛亚·托马斯领衔的活塞，即便德雷克斯勒以 54.3% 的命中率场均砍下 26.4 分。

1990/1991 赛季，开拓者打出联盟最好的 63 胜 19 负，刷新队史最佳，可惜在西部决赛中以 2 比 4 不敌湖人。1991/1992 赛季，开拓者再次挺进总决赛，面对芝加哥公牛，德雷克斯勒与乔丹的"飞人镜像"对决成为经典，开拓者最终以 2 比 4 在总决赛败北。

接下来的两年，德雷克斯勒遭遇伤病侵袭，不复当年之勇。1994/1995 赛季中期，德雷克斯勒被交易到火箭，和"大梦"奥拉朱旺一起圆梦了总冠军。

"滑翔机"从波特兰飞走不久，开拓者就在 1996 年"黄金一代"选秀大会的首轮第 17 顺位上选中 17 岁的杰梅因·奥尼尔，一位身手全面的内线"璞玉"。同时，开拓者从华盛顿子弹交易得到 22 岁的"怒吼天尊"拉希德·华莱士。

两位才华横溢的年轻人奠定了开拓者下一个盛世开端。随着 1998 年"小飞鼠"达蒙·斯塔德迈尔的到来，以及斯科特·皮蓬在 1999 年夏天加盟，开拓者拥有了冲冠实力。1999/2000 赛季，开拓者连续第二年打进西部决赛，与湖人鏖战至第七场，并且在第七场第四节一度领先 15 分，可惜还是被"OK 组合"联手强行逆转，开拓者遗憾败北。

开拓者在 2001 年第 19 顺位选秀得到扎克·兰多夫，但彼时他还不是那头强悍的孟菲斯"黑熊"。熬了两个赛季之后，直到 2003 年季后赛，兰多夫才偶丁得到证明自己的良机，那是开拓者在 0 比 3 落后时连扳三场的经典名局，虽然开拓者最终"抢七"败北，但兰多夫在小牛内线翻江倒海，连着三场砍下 20+10 级数据导演绝地反击。

2003/2004 赛季，开拓者扶正兰多夫，后者以场均 20.1 分、10.5 个篮板荣膺进步最快球员。之后的三个赛季，虽然兰多夫始终保持着一流内线水准，但那几年波特兰队内部风波不断，战绩惨淡，作为球队核心，兰多夫"背锅"在所难免。

2007 年夏天，开拓者把兰多夫送到尼克斯，并且在同年用"状元签"选中旷世天才中锋"大帝"格雷格·奥登，为此错失了杜兰特。虽然奥登在此后因为反复膝伤而登场寥寥，没有兑现天赋，但回到那个时间重选，开拓者还是会选奥登。

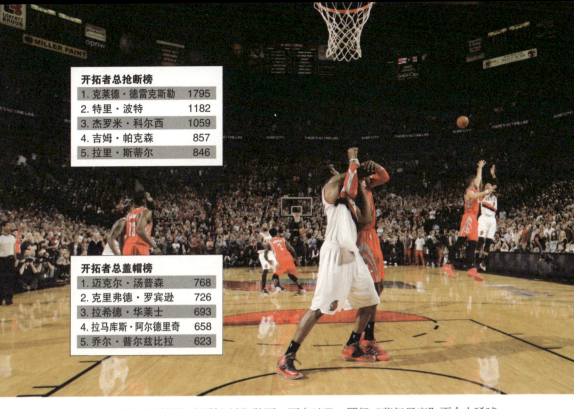

开拓者总抢断榜	
1. 克莱德·德雷克斯勒	1795
2. 特里·波特	1182
3. 杰罗米·科尔西	1059
4. 吉姆·帕克森	857
5. 拉里·斯蒂尔	846

开拓者总盖帽榜	
1. 迈克尔·汤普森	768
2. 克里弗德·罗宾逊	726
3. 拉希德·华莱士	693
4. 拉马库斯·阿尔德里奇	658
5. 乔尔·普尔兹比拉	623

奥登的倒下影射到"撕裂之城"队医，而布兰登·罗伊"英年早衰"更令人唏嘘。

作为 2006 年选秀互换来到开拓者的"黄曼巴"，罗伊在新秀赛季场均贡献 16.8 分、4 次助攻，表现出沉着冷静的大将之风。2007/2008 赛季，罗伊和阿尔德里奇这对内外线组合配合默契，联手率领开拓者打出一波 13 连胜。2008/2009 赛季，开拓者以 54 胜的骄人战绩打入季后赛，可惜季后赛他们以 2 比 4 遗憾败给姚明单核领军的火箭。

2009/2010 赛季，开拓者陷入伤病危机，罗伊因为右膝半月板撕裂而手术，在季后赛第一轮对阵太阳的第四场才回归，开拓者队以 2 比 4 输给太阳结束了季后赛之旅。

2010/2011 赛季，奥登、罗伊、坎比分别受伤。伤病满营的开拓者首轮面对强大的小牛时却异常顽强，在第四场完成 23 分大逆转，罗伊此战梦回巅峰，第四节独砍 18 分，但那只是回光返照，开拓者再度止步首轮，留下罗伊时代的最后一丝倔强。

2011 年 12 月，因为膝伤反复难以治愈，罗伊被迫退役，"黄曼巴"令人扼腕叹息。

2011/2012 缩水赛季，开拓者战绩惨淡，主教练麦克米兰下课，球队进入重建。

2012 年选秀大会，开拓者在首轮第 6 顺位选中达米安·利拉德，也许是上天眷顾这支命运多舛的球队，波特兰玫瑰花园终于迎来一位职业生涯还算健康的"王"。

2012/2013 赛季，利拉德在 NBA 的首个赛季场均便得到 19.0 分、6.5 次助攻，荣膺最佳新秀，他用犀利如刀的进攻穿透力，为开拓者杀出一片光明的前程。

2013/2014 赛季，开拓者重返季后赛，首轮第六场利拉德投入制胜三分球，开拓者以 4 比 2 击败火箭，"利指导"绝杀后指点手腕，宣布"利拉德时间"到来。虽然开拓者在西部半决赛被马刺以 4 比 1 淘汰出局，但前途看起来似乎一片光明。

然而，2015 年夏天发生骤变，开拓者以阿尔德里奇为首的 4 位首发球员悉数出走，首发球员中只剩下利拉德独守波特兰城，C.J.麦科勒姆也因此提上首发得分后卫。

2015/2016赛季，麦科勒姆场均砍下20.8分，他与场均贡献25分、6.8次助攻的利拉德组成名动天下的"开拓者双枪"，二人携手率领开拓者杀进季后赛，并成功晋级西部半决赛，可惜遇到巅峰勇士，以1比4惨遭淘汰。

2017/2018赛季，开拓者以49胜西部第三的高位进入季后赛，却被西部第六"浓眉"领衔的鹈鹕横扫，且攻防两端完全受制于对手，"双枪"的带队能力也备受质疑。

2018/2019赛季，开拓者以53胜卷土重来，并且季后赛首轮全面压制了雷霆。

2019年4月24日，第五战，利拉德砍下50分，并且在终场前0.4秒迎着保罗·乔治的防守，张手命中了一记超远距离的三分绝杀球，以总比分4比1淘汰雷霆。绝杀后，利拉德扬手再见、欢送对手的场面成为季后赛最经典的镜头之一。

西部半决赛与丹佛掘金大战七场，其中第三场鏖战四个加时。最终开拓者以4比3险胜掘金，麦科勒姆第三场独砍41分、抢七局中贡献37分，成为晋级的关键人物。

开拓者在2019年终于杀入西部决赛，又逢勇士那位不可逾越的高山，再次被横扫。

2019/2020赛季，开拓者再次陷入"撕裂之城"的魔咒，胡德跟腱撕裂导致赛季报销、科林斯肩膀受伤缺席63场、努尔基奇腿部骨折缺席66场……无奈之下，利拉德彻底释放火力，单赛季三次砍下60+，率领开拓者在这个疫情肆虐的赛季搭上季后赛的末班车。

虽然2020年季后赛开拓者被湖人淘汰，却无法阻挡利拉德越战越勇的步伐，他在接下来的2021年季后赛首轮与掘金的"天王山"一战中狂砍55分，命中12记三分球。

与此同时，麦科勒姆也偶露峥嵘，但随着2020/2021赛季左脚骨裂休战24场，归来之后状态平平。2022年2月，麦科勒姆被交易到鹈鹕，开拓者从此告别"双枪"时代。

又是利拉德独守波特兰，他原本可以书写"一人一城"的忠诚佳话，但在心中总冠军的无限渴望驱动下，利拉德还是决定在2023年休赛期加盟雄鹿，联手"字母哥"。

自此，利拉德在开拓者留下11载黄金岁月以及无数动人篇章。其中在2023年2月27日开拓者战胜火箭的比赛中，利拉德全场命中13记三分球，狂砍创个人与队史新高的71分，为开拓者球迷奉献最后一场飙分盛宴，也是最恢宏壮烈的一场。

2023/2024赛季，开拓者步入了后利拉德时代的重建期。比卢普斯教练执掌帅印，强调攻守平衡、内线兼备。安芬尼·西蒙斯已经成为场均得分20+的准全明星，身高臂长的运动型前锋杰拉米·格兰特的爆发令人欣喜，而太阳"状元"中锋德安德烈·艾顿与2023年新科"探花"斯库特·亨德森的加入，大大增强了开拓者的天赋上限与可塑性。

虽然开拓者还处在群龙无首的混沌岁月，但假以时日波特兰还会出现一支席卷联盟的劲旅，只是希望那时不再有"撕裂之城"的魔咒，让他们全员健康、尽情绽放。

开拓者经典组合 / "开拓者双枪"

达米安·利拉德 + C.J. 麦科勒姆

利拉德在进攻端无比自信，经常在超远距离毫无预兆地果断出手，又能甩开所有防守者，直杀篮下得分。然而，利拉德的进攻固然犀利，但不够稳定。性格沉静的C.J.麦科勒姆技术全面，尤擅中投，在利拉德身边形成完美补充，二人联袂坐镇开拓者后场，成为名动天下的"开拓者双枪"。

他与利拉德就是一对鸳鸯刀，方寸之间，连环进攻，威力大增。

从2013年到2022年，"开拓者双枪"携手近9个赛季，尤其在2015年夏天大多主力出走，麦科勒姆提上首发搭档利拉德之后，"双枪"驱动下开拓者战绩不俗，并在2018/2019赛季一路杀至西部决赛，惜败于勇士。虽然没能率队挺进总决赛，但"开拓者双枪"威力十足，利拉德侵略如火，麦科勒姆冷静如冰。2019年西部半决赛鏖战七场淘汰约基奇领衔的掘金，正是"开拓者双枪"联袂发威的杰作。

特别链接：开拓者退役球衣

开拓者共退役12件球衣，分别属于1号（拉里·韦恩伯格）、13号（大卫·塔沃德兹克）、14号（莱昂内尔·霍林斯）、15号（拉里·斯蒂尔）、20号（莫里斯·卢卡斯）、22号（克莱德·德雷克斯勒）、30号（特里·波特）、30号（鲍伯·格罗斯）、32号（比尔·沃尔顿）、36号（罗伊德·尼尔）、45号（乔夫·皮特里）和77号（杰克·拉姆齐）。

开拓者历史最佳阵容

控球后卫	得分后卫	小前锋	大前锋	中锋
达米安·利拉德	**布兰登·罗伊**	**克莱德·德雷克斯勒**	**拉马库斯·阿尔德里奇**	**比尔·沃尔顿**
利拉德多次率领开拓者挺进季后赛，还在2019年杀入西决。虽然没有完成一人一城的佳话，但留下无数神迹。	罗伊曾是波特兰意气风发的"黄曼巴"，技术全面、少年老成，如果不是伤病，他本有望成为科比式分卫，率领开拓者早日复兴。	德雷克斯勒经常在空中滑翔劈扣或上篮，飘逸出尘，"滑翔机"名副其实。他效力开拓者12个赛季，两度率队杀至总决赛。	阿尔德里奇是早有的古典型大前锋，无论背筐、面筐还是中投，都细腻娴熟。这位面容冷峻的四号位曾是开拓者复兴的希望。	作为开拓者亲选的"状元"中锋，沃尔顿率队夺冠，不负众望。他是自带攻防体系的"红色巨人"，除了伤病，不可阻挡。
● Damian Lillard	● Brandon Roy	● Clyde Drexlerc	● LaMarcus Aldridge	● Bill Walton
● 2012—2023 年	● 2006—2011 年	● 1983—1995 年	● 2006—2015 年	● 1974—1978 年
● 效力期间主要荣誉	● 效力期间主要荣誉	● 效力期间主要荣誉	● 效力期间主要荣誉	● 效力期间主要荣誉
7 届全明星/1 届最佳阵容一阵/最佳新秀	3 届全明星/1 届最佳阵容二阵/最佳新秀	8 届全明星/1 届最佳阵容一阵/2 届最佳阵容二阵	4 届全明星/1 届最佳阵容二阵	1 届总冠军/1 届总决赛MVP/1 届常规赛 MVP

掘金总得分榜
1. 阿历克斯·英格利什　21645
2. 丹·伊塞尔　16589
3. 尼古拉·约基奇　14139
4. 卡梅隆·安东尼　13970
5. 大卫·汤普森　11992

掘金总篮板榜
1. 尼古拉·约基奇　7249
2. 丹·伊塞尔　6630
3. 拜伦·贝克　5261
4. 迪肯贝·穆托姆博　4811
5. 阿历克斯·英格利什　4686

掘金总助攻榜
1. 尼古拉·约基奇　4667
2. 阿历克斯·英格利什　3679
3. 拉斐特·利弗　3566
4. 安德烈·米勒　2978
5. 泰·劳森　2745

丹佛掘金夺冠年份表
2023 年　掘金　4 比 1　迈阿密热火

丹佛掘金

DENVER NUGGETS

> 矗立在落基山脉 1609 米的丹佛高原之上，奠定了苍茫狂野的风骨，无论是场下写诗的优雅"刀客"英格利什，还是气凌九霄的"天行者"，抑或率队"黑八"的穆大叔，都不改草莽英雄的本色。
>
> "甜瓜"挥舞着亮银锤，率领掘金凿穿西北，却无法打破湖人的统治冲出西部，更别提后安东尼时代跑跳如飞的"田径大队"。
>
> 正当人们认为他们会偏安一隅时，约基奇率掘金异军突起，横扫联盟夺冠之后又波澜不惊，写就了平凡而卓越的丹佛童话。

美国西部科罗拉多州的丹佛市位于巍峨苍茫的落基山脉上，海拔高度为 1609 米，也被称为"美国之顶"。NBA 海拔最高的球场"丹佛百事中心"就坐落在此，那也是丹佛掘金的"魔鬼主场"，一个令联盟诸雄都望而却步的地方。

1967 年，丹佛火箭队（掘金的前身）创立，开始了 ABA 的征途。经过前两个战绩不俗的（45 胜、44 胜）赛季之后，在 1969 年迎来首位超级球星——斯潘塞·海伍德。1969/1970 赛季，海伍德在首个赛季场均便能贡献 30 分、19.5 个篮板，将全明星 MVP、最佳新秀和赛季 MVP 一并收入囊中，率领丹佛火箭打出西部最佳战绩。

1971 年，喜欢在聚光灯下生活的海伍德告别了低调的丹佛城，留下"出道即巅峰"的惊鸿一瞥。丹佛火箭从此陷入沉寂，直到 1974/1975 赛季，才迎来又一缕曙光。

1974/1975 赛季，卡尔·谢尔被任命为丹佛火箭总经理和主席，并将爱徒鲍比·琼斯招至麾下。作为未来最强大防守前锋之一，鲍比·琼斯到来让丹佛火箭实力陡升。

1974/1975 赛季中期，"丹佛火箭"更名为"丹佛掘金"，更名后的掘金越战越勇，最终在 1974/1975 赛季取得 65 胜 19 负的绝佳战绩，执掌掘金帅印的拉里·布朗成为联盟最佳教练。自此，掘金崛起于丹佛高原，成为一支极具竞争力的精锐之师。

1975 年，大卫·汤普森降临丹佛高原。这位踏空而行的"天行者"首个赛季场均就砍下 26 分，以新秀身份率领掘金杀入 ABA 总决赛，可惜输给了"J 博士"的纽约网。

1976 年 6 月 17 日，ABA 和 NBA 合并。汤普森在更大舞台上尽情绽放，在 1978 年 4 月 9 日对阵活塞时砍下 73 分。可惜气凌九霄的"天行者"并没有率领掘金取得突破，就因为伤病等原因急速陨落。1979/1980 赛季，汤普森遭遇韧带撕裂，只打了 39 场比赛。

从 1979/1980 赛季起，掘金开始低迷，直到 1981/1982 赛季，他们迎来奇奇·范德维奇，他和阿利克斯·英格利什组成掘金的初代"双枪"。然而，掘金凭借进攻火力强劲在 20 世纪 80 年代成为一方豪强，但缺乏团队进攻，而且防守稀松。攻强守弱的掘金注定沦为季后赛"高端局"的看客。从 20 世纪 80 年代末到 90 年代初，随着核心球员的渐次老去，掘金战绩愈发惨淡。1990/1991 赛季，掘金在常规赛只取下 20 胜。

痛定思痛的丹佛开始觉醒，花团锦簇的个人进攻不能夺冠，而团队作战才是根本。

所以，掘金在 1991 年选秀大会首轮第 4 顺位选中"非洲大山"迪肯贝·穆托姆博，一位年龄不详的完美团队防守型内线。1993/1994 赛季，穆托姆博率领掘金在季后赛首轮掀翻西部头号种子西雅图超音速，完成了 NBA 史上首次"黑八奇迹"。决胜的第五场，穆托姆博送出 8 记"火锅"，并留下一张躺在球场地板上抱球大笑的经典画面。

掘金的辉煌只是昙花一现，随着 1995 年穆托姆博远赴亚特兰大，掘金陷入长达 8 年的沉寂期，直到他们在 2003 年选秀大会首轮第 3 顺位选中卡梅隆·安东尼。

作为"白金一代"的"探花郎"，安东尼拥有万花筒般得分即战力，新秀赛季场均便砍下 21 分，率领掘金杀入季后赛，虽然被森林狼首轮淘汰，但掘金自此重回正轨。

2005 年 1 月，乔治·卡尔成为掘金新主帅，这位治军严谨的传奇名帅在丹佛高原一干就是 9 个年头，在这里他成为 NBA 的千胜教练，并把掘金打造成西北区劲旅。

正当丹佛球迷期盼笑容温煦的"甜瓜"率领掘金冉冉升起时，一场意外出现了。那是 2006 年 12 月 17 日掘金客场挑战尼克斯，安东尼因为参与"纽约麦迪逊花园斗殴"被联盟禁赛 15 场。燃眉之急，掘金交易来阿伦·艾弗森前来"救火"。

自此，"黄金双枪"时代正式开启。安东尼与艾弗森两大得分高手的组合令人不禁浮想联翩，但现实很残酷，2007/2008 赛季，"黄金双枪"完整合作的首个赛季，率领掘金搭上季后赛末班车，但首轮被科比领衔的湖人横扫出局。

2008/2009 赛季，安东尼身边的搭档由艾弗森换成比卢普斯——一位冷血睿智的球场指挥官，狂野的掘金终于找到掌舵者，瞬间成为横扫联盟的高原风暴。

2008 年 12 月 10 日，掘金主场 116 比 105 战胜森林狼，安东尼在第三节独得 33 分，追平了乔治·格文的 NBA 单节得分纪录。2009 年季后赛，安东尼与比卢普斯携手率领掘金挺进西部决赛，但遭遇巅峰时期科比领军的湖人，最终遗憾地以 4 比 2 被淘汰。此次折戟之后，给掘金造成重创，从此一蹶不振。

2011 年 2 月，安东尼东赴喧嚣热闹的纽约，加盟尼克斯，离开苍茫静寂的丹佛高原。

虽然失去了核心安东尼，但掘金依旧不失为一支西部劲旅。2010/2011 赛季，掘金以西部第五的战绩挺进季后赛，2012/2013 赛季更打出 57 胜西部第三的火爆战绩。

可惜掘金在这两个赛季均止步于季后赛首轮，接下来这支群龙无首的球队陷入低迷，加里内利、麦基以及"半兽人"法里德等人挑起这支掘金的重担。2013/2014 赛季，伤病满营的掘金仅取得 36 胜 46 负，时隔 9 年再次无缘季后赛。

命运之神似乎眷顾了这片雪域高原，2014 年选秀大会，丹佛掘金在第二轮总第 41 顺位选中尼古拉·约基奇，堪称选秀史上的奇迹。虽然后来约基奇成为 NBA 顺位最低的常规赛 MVP，但彼时的他还是一位爱喝可乐的塞尔维亚大男孩，纵然拥有柔和手感与非凡天分，也在微肥身躯掩盖下显得平平无奇，甚至一度还成为努尔基奇的替补。

掘金选秀好运还不止如此，2016 年选秀大会，掘金用 7 号签选中贾马尔·穆雷，一位球风华丽、多才多艺的加拿大籍控卫，他攻击火力强劲且效率惊人。

2017/2018 赛季，坐稳掘金首发中锋的约基奇用一手精妙的传球让"田径大队"灵气四溢，穆雷也跃升为首发控卫，二人配合默契，加上马克·马龙教练运筹帷幄，掘金露出蜕变的萌芽。但彼时是"宇宙勇"的天下，掘金只能默默成长，以待时变。

2019 年，丹佛掘金时隔 6 年重返季后赛，杀入西部半决赛，与波特兰开拓者鏖战七场，并在第三场大战四个加时赛，可惜在"抢七大战"不敌开拓者，无缘西部决赛。

2019 年休赛期，掘金增添了两大猛将：杰拉米·格兰特和小迈克尔·波特。2019/2020 赛季，掘金获得了 46 胜 27 负的成绩，排名西部第三。

2020 年季后赛，约基奇成为"约 G7"，掘金前两轮均在 1 比 3 落后的逆境下连扳三场，在"抢七"战中击败爵士、快船，成为 NBA 史上首支连续两轮系列赛在 1 比 3 落后时连扳 3 场完成逆转的球队。尤其是季后赛首轮，穆雷与米切尔携手创造了"神仙打架"的对飙名局。穆雷连续三场砍下 50 分、42 分和 50 分。虽然西部决赛被湖人淘汰，但经过 2020 年的锤炼，约基奇与穆雷都展现出大将之风。

2020/2021 赛季，掘金遭遇伤病危机。2021 年 4 月 13 日对阵勇士，穆雷遭遇左膝前十字韧带撕裂而长期缺阵。危急时刻，约基奇扛起掘金大旗，场均得到 26.4 分、10.8 个篮板、8.3 次助攻，率领掘金打出 47 胜的出色战绩。最终约基奇荣膺常规赛 MVP，成为有史以来选秀顺位最低的 MVP。缺少穆雷，掘金在西部半决赛被太阳横扫出局。

2021/2022 赛季，穆雷依旧养伤无法上阵，约基奇"单核"率队，场均砍下 27.1 分、13.8 个篮板和 7.9 次助攻，蝉联了常规赛 MVP。但在季后赛中，孤军奋战约基奇率领掘金迈不过季后赛首轮，以 1 比 4 不敌勇士。

掘金总抢断榜	
1. 拉斐特·利弗	1167
2. T.R. 邓恩	1070
3. 阿历克斯·英格利什	854
4. 尼古拉·约基奇	822
5. 丹·伊塞尔	798

掘金总盖帽榜	
1. 迪肯贝·穆托姆博	1486
2. 马库斯·坎比	1126
3. 维恩·库珀	830
4. 鲍比·琼斯	625
5. 阿历克斯·英格利什	624

2022/2023 赛季，掘金终于迎来了健康的穆雷，他与约基奇刀剑合璧，联袂率领掘金在 2023 年季后赛呈现独一档的战力。首轮掘金以 4 比 1 轻取森林狼，西部半决赛以 4 比 2 击落太阳，西部决赛以 4 比 0 横扫湖人，总决赛又以 4 比 1 淘汰热火，掘金仅用 20 场比赛便夺得总冠军，是（16 胜 4 负）NBA 史上夺冠战绩第三好的球队。

2023 年 6 月 13 日，总决赛第五场，掘金在主场击败热火，终于迎来建队 56 年来的首冠。约基奇总决赛场均豪取 30.2 分、14 个篮板和 7.2 次助攻，荣膺了总决赛 MVP。

2023/2024 赛季，作为上届冠军掘金偶露峥嵘。他们在北岸花园以 102 比 100 逆转凯尔特人，终结对手主场 20 连胜；2024 年 1 月 5 日，约基奇在大通中心势若奔象般完成超远三分绝杀；3 月 3 日，掘金又在湖人的地盘儿搅了詹姆斯的四万分盛宴。

在西部，雷霆、森林狼与快船风起云涌，城头变幻大王旗之际，掘金似乎并不在意西部头名的位置。他们不疾不徐，打出自己的节奏与风格，成为"乱世"之中一股清流。

约基奇坐镇内线指挥全军，高效而又全面，堪称"中锋万花筒"，身边还有穆雷这位能突善投的顶级后卫，二人相得益彰。周围还集结着跑跳如飞的侧翼悍将小波特、阿隆·戈登，板凳上还坐着乱战高手雷吉·杰克逊、小乔丹……加上马龙教练以内外结合为核心并提速的"现代化"打法，掘金变成一支战术丰富、执行力强的超级劲旅。

然而，丹佛掘金没有以"连冠"为目标而对其羸弱的替补进行补强，这也给这支冠军之师的卫冕之路埋下隐患。2024 年季后赛，掘金虽然在首轮以 4 比 1 淘汰老对手湖人，却在西部半决赛以 3 比 4 不敌森林狼，上届冠军就此意外爆冷出局。新科常规赛 MVP约基奇虽然倾尽全力，也无法挽回全队低迷的颓势，掘金的卫冕之路就此戛然而止。

静水流深，掘金虽然被淘汰出局，但只要约基奇坐镇内线，穆雷健康无虞，先发五虎依然聚齐，那么这支球队依然是夺冠热门，拥有深不可测的实力。

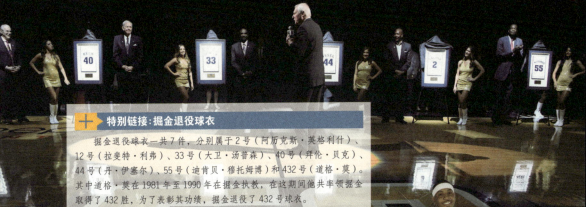

特别链接：掘金退役球衣

掘金退役球衣一共7件，分别属于2号（阿历克斯·英格利什）、12号（拉费特·利弗）、33号（大卫·汤普森）、40号（拜伦·贝克）、44号（丹·伊塞尔）、55号（迪肯贝·穆托姆博）和432号（道格·莫）。其中道格·莫在1981年至1990年在掘金执教，在这期间他共率领掘金取得了432胜，为了表彰其功绩，掘金退役了432号球衣。

掘金经典组合 / "黄金双枪"
阿伦·艾弗森 + 卡梅隆·安东尼

2006年底，艾弗森来到丹佛联手安东尼，当时得分榜前二的双星组成"黄金双枪"轰动联盟，媒体称其为史上最恐怖的得分组合。

2006/2007赛季，"黄金双枪"率领掘金打起火力凶猛的跑轰。二人都牺牲了一些出手权，来维系球权的平衡。2007/2008赛季，艾弗森与安东尼合力场均砍下52.1分，列联盟（二人组得分）第一。2008年季后赛，掘金暴露出攻强守弱、轮流单打缺乏配合等弊端，在首轮被湖人横扫。2008年11月，艾弗森远奔赴底特律，"黄金双枪"的进攻乐章戛然而止，徒留下丹佛球迷们的无数唏嘘……

掘金经典组合 / "丹佛双星"
贾马尔·穆雷 + 尼古拉·约基奇

2023年掘金夺冠之后，"丹佛双星"约基奇与穆雷也成为当今联盟最好的内外线二人组。

约基奇是双MVP+FMVP的全能中锋，穆雷是拥有极强得分爆发力和硬解能力的明星级后卫。他们合作多年，彼此心意相通，无论是持球得分还是策动队友，都做到了行云流水、默契无比。

2023年西部决赛对阵湖人，"丹佛双星"大放异彩。穆雷在第二场末节独砍23分、第三场上半场轰下30分，在对手包夹约基奇时给予致命一击。而约基奇在首战豪取34分、21个篮板、14次助攻的梦幻三双。2023年总决赛第三场，"丹佛双星"还同时完成30+及三双的壮举。

掘金历史最佳阵容

控球后卫	得分后卫	小前锋	大前锋	中锋
贾马尔·穆雷	**大卫·汤普森**	**卡梅隆·安东尼**	**阿历克斯·英格利什**	**尼古拉·约基奇**
穆雷是双能卫，他投射精准、突破犀利，球风华丽。虽然速度一般，但依靠出色技术和球商，砍分效率极高。	"天行者"为掘金效力7个赛季，三进全明星，场均得分25+，演绎了踏天而行的戏码。他的33号球衣在掘金退役。	安东尼效力掘金7个赛季，率队7进季后赛，并在2009年杀入西部决赛。这个"得分万花筒"场均为掘金高效砍下24.8分。	英格利什是掘金总得分王，也是20世纪80年代力压"魔术师""大鸟"的NBA总得分王。他效力掘金11年，率队9进季后赛。	约基奇是得分、传球、策应无一不精的六边形内线，在2023年率掘金夺冠并夺得FMVP之后，便成为制霸联盟的全能中锋。
● Jamal Murray	● David Thompson	● Carmelo Anthony	● Alex English	● Nikola Jokic
● 2016年至今	● 1976—1982年	● 2003—2011年	● 1979—1990年	● 2015年至今
●效力期间主要荣誉	●效力期间主要荣誉	●效力期间主要荣誉	●效力期间主要荣誉	●效力期间主要荣誉
1届总冠军/1届全明星新秀挑战赛MVP	2届最佳阵容一阵/1届全明星MVP/最佳新秀	4届全明星/1届最佳阵容二阵/最佳新秀阵容	8届全明星/1届得分王/3届最佳阵容二阵	1届总冠军/1届总决赛MVP/3届常规赛MVP

森林狼总得分榜

1. 凯文·加内特	19201
2. 卡尔－安东尼·唐斯	13121
3. 安德鲁·威金斯	8710
4. 萨姆·米切尔	7161
5. 凯文·乐福	6989

森林狼总篮板榜

1. 凯文·加内特	10718
2. 卡尔－安东尼·唐斯	6216
3. 凯文·乐福	4453
4. 戈尔吉·迪昂	3068
5. 萨姆·米切尔	3030

森林狼总助攻榜

1. 凯文·加内特	4216
2. 里基·卢比奥	3424
3. 首尔·理查德森	1973
4. 卡尔－安东尼·唐斯	1815
5. 特里尔·布兰登	1681

森林狼总抢断榜

1. 凯文·加内特	1315
2. 里基·卢比奥	845
3. 科里·布鲁尔	502
4. 卡尔－安东尼·唐斯	452
5. 萨姆·米切尔	449

森林狼总盖帽榜

1. 凯文·加内特	1590
2. 卡尔－安东尼·唐斯	721
3. 戈尔吉·迪昂	489
4. 拉休·内斯特洛维奇	373
5. 艾尔·杰弗森	300

明尼苏达森林狼

MINNESOTA TIMBERWOLVES

明尼苏达森林狼历史上从不乏天赋异禀的球星，却始终无法打出与之匹配的战绩，即便他们曾拥有 NBA 历史最全能的大前锋加内特，也只有集齐"三头怪"之后杀进过一次西部决赛，其他时候始终都无法突破季后赛首轮，更有连续 13 年无缘季后赛的尴尬经历。

失去加内特之后，森林狼也曾拥有"两双机器"乐福、"双状元组合"唐斯与威金斯，但不温不火的战绩与明尼苏达的天气一样，寒意逼人。好在，新一代重型后卫爱德华兹的到来让森林狼有了咆哮山谷的勇气，他的每一记重扣都能激发出群狼内心中最凛冽的斗魂。

早在 1947 年，明尼苏达州就诞生了一支强大的 NBA 球队——明尼阿波利斯湖人。在初代超级中锋乔治·麦肯率领下，于 1949 年到 1955 年 6 年内 5 夺总冠军，创建了璀璨的"明尼阿波利斯湖人王朝"。随着湖人于 1960 年搬到洛杉矶，明尼苏达州就再也没有 NBA 球队，直到 1989 年，随着 NBA 扩军计划的实施，以及乔治·麦肯不断努力推动下（麦肯所有这些辉煌都是在明尼阿波利斯创造，所以他对这里饱含深情，并积极为这里争取到一支 NBA 球队），明尼苏达森林狼诞生了，与奥兰多魔术、迈阿密热火以及夏洛特黄蜂一起加入 NBA 大家庭。

作为 NBA 新军，明尼苏达森林狼在第一个赛季只有 22 胜 60 负，却是四支新军中战绩最好的球队。随着 1992 年黄蜂选到莫宁、魔术选到奥尼尔、热火等到帕特·莱利，1989 级的三位都成为联盟新贵，唯有森林狼还在末尾区域苦苦徘徊，默默等待。

森林狼在 NBA 前 7 年里最好的战绩只有 29 胜，熬过"七年之痒"之后，他们决定在 1995 年选秀大会上搏一次，于是在首轮第 5 顺位上选中凯文·加内特。彼时的 KG 还

只是一名身材瘦削的高中生球员，远非 NBA 最全能的"六边形战士"、21 世纪 TOP 前三的传奇大前锋，而且那个时代高中生球员在选秀大会上并不被人看好。

森林狼这次选秀豪赌很快就得到丰厚回报，加内特在新秀赛季便展现出异乎寻常的身体天赋与全能才华，在第二个赛季便入选全明星，并率领森林狼获得 40 胜，历史首次杀入季后赛。加内特的成功也让高中生球员成为选秀大会的香饽饽，自他之后，NBA 陆续涌现了科比、麦迪、詹姆斯与霍华德等一批天赋异禀的高中生球员。

森林狼在 1996 年选秀时，幸逢成才率最高的"黄金一代"，在第 4 顺位选中了斯蒂芬·马布里，一位才华横溢的双能卫，他与加内特一外一内，相得益彰。

1997/1998 赛季，森林狼队取得 45 胜 37 负的优异战绩，其中包括一波 7 连胜，加内特成为全明星赛首发，率领森林狼挺进季后赛，可惜在首轮以 2 比 3 败给超音速。

1997 年 10 月，森林狼与加内特签下一份 6 年 1.26 亿美金的巨额合同，震惊全联盟。当时 NBA "工资帽"才 3000 万美金出头，加内特一个人占据全队约 2/3 的薪金空间。

森林狼薪金有限，难以留住球星。马布里在 1998 年休赛期转投篮网，古格利奥塔也离开明尼苏达。森林狼重任全部落在加内特身上，KG 成为名副其实的"狼王"。

从 1999 年到 2003 年的四个赛季里，森林狼成为加内特的"独角戏"，他把"全能战士"属性拉到了极致。加内特拥有 2.11 米的中锋身高、顶级小前锋的娴熟技巧以及运动能力，还具备一流后卫的中投与控球技术，能在森林狼人手不足时胜任场上五个位置。

那些年，加内特每个赛季都率领森林狼打入季后赛，但每年都止步于首轮。

2003/2004 赛季，森林狼终于为加内特找来得力帮手。"三头怪"（加内特、"外星人"卡塞尔与"狂人"斯普雷维尔）闪亮登场，成为该赛季火力最猛的三人组，联手场均轰下 60.8 分。有了两大全明星级球员做助手，加内特如鱼得水，打出最巅峰表现，场均贡献 24 分、14 个篮板、5 次助攻以及 2.2 次盖帽，加冕常规赛 MVP。

也是在 2003/2004 赛季，狼哮西巅，可惜未过"紫金关"。加内特率领森林狼一路杀入西部决赛，而卡塞尔的受伤让"三头怪"顿失一首，森林狼没有了登顶西部的气韵，六场战罢，不敌 F4 领衔的湖人，空留加内特的震谷咆哮与落寞背影。

巅峰梦碎，落寞成殇，西决兵败之后的森林狼一蹶不振。加内特大合同的"回旋镖"还在继续，由于森林狼薪金有限，而卡塞尔和斯普雷维尔打出身价，在薪金上与球队出现分歧。因此，森林狼"三头怪"仅仅辉煌了一个赛季，就在 2005 年分道扬镳了。

又只剩"狼王"独守明尼苏达，又是颗粒无收的两年。2007 年夏天，年逾三十的加内特对于总冠军极度渴望，于是告别了坚守 12 年的森林狼，远赴波士顿，与皮尔斯和雷·阿伦组成"凯尔特人三巨头"。森林狼虽然失去"狼王"，却在加内特交易中得到"绿衫"筹码，其中艾尔·杰弗森、杰拉德·格林等实力战将以及两个首轮选秀权和部分现金，也为后"狼王"时代的森林狼崛起打下坚实基础。

2008 年选秀大会，森林狼通过选秀互换得到 5 号秀凯文·乐福，一个球风儒雅的"两双机器"。乐福在新秀赛季场均砍下 11.1 分、9.1 个篮板。此后，森林狼通过选秀得到"金童"里基·卢比奥、科里·布鲁尔等青年才俊，却始终未能崛起。2007 年之后的十多年里，森林狼只在 2017/2018 赛季打过一次季后赛，且匆匆首轮五场出局。

在这十年里，最有可能成为"狼王"的乐福在 2014 年远赴骑士，而乐福也为森林狼换回一个丰厚筹码——天赋绝顶的 2014 年"状元"安德鲁·威金斯。

2015 年选秀大会，森林狼用"状元签"选中卡尔－安东尼·唐斯，这是一位拥有极其出色三分投射能力的大个子、在进攻端非常全能的新生代中锋。

唐斯在 NBA 首个赛季便场均得到 18.3 分、10.5 个篮板，毫无悬念地夺得最佳新秀，他与威金斯组成"双状元"组合，曾被人们视为引领森林狼复兴的希望。

2016/2017 赛季，唐斯的场均数据飙升到 25.1 分、12.3 个篮板，威金斯场均也达到 23.6 分。然而，数据光鲜的"双状元"组合率领森林狼仅取得 31 胜的尴尬战绩，无缘季后赛。

2017/2018 赛季，巴特勒成为这支年轻森林狼的带头大哥，锡伯杜教练希望这位爱徒能够引领威金斯、唐斯等年轻球员走上正轨。巴特勒以其铁血防守和强悍气质给年轻的队伍带来前所未有的坚韧属性，森林狼时隔 14 年再次杀入季后赛。

巴特勒对胜利充满偏执与渴望，让他与某些懈怠的队友心生嫌隙。2018 年 11 月，巴特勒远赴 76 人，缺少这位"硬汉"的森林狼又恢复成不温不火的寻常球队，而唐斯与威金斯联手始终没有打出预期望值，"双状元"的天赋固然卓越，但并没有取得与之匹配的战绩。他们甚至还一度被人诟病为缺少取胜心。

2018/2019 赛季，威金斯开启"养生"模式，杰夫·蒂格难堪大任，刚刚加盟的德里克·罗斯挺身而出，打出昔日 MVP 风采。2018 年 11 月 1 日，森林狼主场以 128 比 125 战胜爵士，罗斯狂砍 50 分，那支饱受风霜的"风城玫瑰"终于在明尼苏达尽情怒放。然而，手握 1 年 210 万美元底薪合同的罗斯终成不了森林狼的救世主，随着他右肘骨折而长期伤停，森林狼再度无缘季后赛。2019 年 7 月，罗斯加盟活塞。

接下来的 2019/2020 赛季，森林狼遭遇两波（11 场、13 场）连败，改变势在必行。

2020 年 2 月 7 日，森林狼与勇士达成交易，威金斯与德安吉洛·拉塞尔互换东家。

拉塞尔与唐斯，2015 年的"榜眼"与"状元"的组合也算相得益彰，但无法率领森林狼走出困境，2019/2020 赛季仅取得西部倒数第二的惨淡战绩。

2020 年选秀大会，森林狼用手中的"状元签"选中安东尼·爱德华兹，一位拥有雄浑力量的重型得分后卫。爱德华兹在新秀赛季场均得到 19.3 分、4.7 个篮板，用势若奔虎的长驱突进，迅速成为外线新核心，加上全能中锋唐斯坐镇内线，森林狼终于迎来了实力不俗的内外线二人组，明尼苏达复兴在望。

2021/2022 赛季，森林狼场均轰下联盟最高的 115.9 分，以 46 胜 36 负排名西部第七。并在附加赛击败快船，时隔四年重返季后赛。虽然首轮以 2 比 4 惜败于灰熊，但爱德华兹打出巨星级表现，场均得到 25.2 分。

2022 年休赛期，森林狼在从爵士换来两届最佳防守球员鲁迪·戈贝尔，与唐斯组成攻守兼备的"双塔"组合。然而，2022/2023 赛季唐斯因伤缺席了 52 场比赛，"双塔"威力不得施展，森林狼岌岌可危之际，爱德华兹单核领军，表现不俗。

森林狼"抢八"挺进季后赛。季后赛首轮，森林狼以 1 比 4 不敌掘金，伤愈归队的唐斯与戈贝尔"双塔"组合并没有发挥应有的威力，反倒是爱德华兹少年英雄，在季后赛场均得到 31.6 分、5 个篮板和 5.2 次助攻，俨然成为森林狼的新领袖。

2023/2024 赛季，一支全员健康的森林狼横扫西部，前 62 场取得 43 胜 19 负的优异战绩，高居西部第一。球队的外线由神勇骁锐的爱德华兹与稳健持重的老将迈克·康利联袂坐镇，轻灵飘逸的杰登·麦克丹尼尔斯在小前锋位置上攻防俱佳，内线"双塔"唐斯与戈贝尔一攻一守，肆虐内线。替补席还有我们熟悉的"大锤"凯尔·安德森（李凯尔）以慢打快，诠释着独有的篮球智慧……森林狼发生了奇妙的化学反应。

2024 年 4 月，森林狼以 56 胜 26 负西部第三的战绩挺进季后赛，首轮便一鸣惊人，横扫了"菲尼克斯三巨头"领衔的太阳，爱德华兹在偶像杜兰特面前大放异彩。

西部半决赛，森林狼又一次惊诧世人，竟然"抢七"淘汰新科 MVP 约基奇领衔的上届冠军掘金。此时的爱德华兹连续 3 场砍下 35+，充分展现出新一代得分后卫的风采，他与唐斯组成"双状元组合"，率领森林狼时隔 20 年终于重返西部决赛。

虽然最终被"东欧组合"领衔的独行侠以 4 比 1 淘汰，止步于西部决赛，但这支年轻的森林狼展现出绝佳的天赋与潜质。正所谓，"幼狼"啸谷，百兽震惶，假以时日，年轻的爱德华兹一定会率领森林狼卷土重来。

如今，森林狼露出峥嵘，伴随着标靶中心那清利凛冽的狼嚎声，这支明尼苏达的球队终于剑指奥布莱恩金杯的方向，开启了属于自己的夺冠征程。

特别链接：森林狼退役球衣

森林狼退役球衣目前只有1件，属于2号马里克·希利，加内特的21号球衣还未退役。

森林狼经典组合/"三头怪"

凯文·加内特＋拉特里尔·斯普雷维尔＋萨姆·卡塞尔

"狼王"加内特坚毅果敢，"狂人"斯普雷维尔桀骜不驯，"外星人"卡塞尔行事乖张。三位性格迥异的球员只合作了短短两个赛季，一个赛季风光无限，另一个赛季彷徨迷茫。

2003年夏，34岁的卡塞尔和33岁的斯普雷维尔加盟森林狼，两位已过巅峰，但经验丰富的全明星球员与加内特组成名动一时的森林狼"三头怪"组合。2003/2004赛季，加内特场均贡献24.2分，卡塞尔场均贡献19.8分，斯普雷维尔场均贡献16.8分。"三头怪"联手场均贡献60.8分，成为联盟火力最强"三人组"，率领森林狼取得58胜24负的西部第一成绩，力压拥有"F4"的湖人和上届冠军马刺，加内特也因此加冕常规赛MVP，成为继摩西·马龙之后首位高中生常规赛MVP。

2004年季后赛，"三头怪"率领森林狼扳倒掘金，迈过首轮。西部半决赛"抢七"战，加内特在自己28岁生日夜豪取32分、21个篮板和5次封盖，率领森林狼击败国王，挺进西部决赛。

可惜，卡塞尔受伤让"三头怪"缺其一，阵容不整的森林狼在西部决赛被湖人淘汰出局。

辉煌过后是落寞，"三头怪"昙花一现，2004/2005赛季，斯普雷维尔与卡塞尔因为伤病等原因状态急剧下滑，加内特苦苦支撑下的森林狼战绩低迷，自1996年以来首次无缘季后赛。

2005年夏天，斯普雷维尔以不能养家糊口为由拒绝森林狼的3年2100万美元的续约合同，年事已高的卡塞尔也去了洛杉矶快船，"三头怪"从此不复存在。

森林狼历史最佳阵容

控球后卫	得分后卫	小前锋	大前锋	中锋
里基·卢比奥	**安东尼·爱德华兹**	**凯文·乐福**	**凯文·加内特**	**卡尔-安东尼·唐斯**
卢比奥传球颇有创造力，抢断精准，突破犀利。这位西班牙"金童"效力森林狼7年，送出队史第二的3424记助攻。	爱德华兹秉承老派球员的球风，是新一代重型后卫的杰出代表。在效力森林狼的第4年，他成为新"狼王"不二人选。	乐福效力森林狼6年，巅峰赛季场均拿到26分、13个篮板。3次入选全明星，并在2010/2011赛季夺得进步最快球员奖。	加内特是明尼苏达永恒的"狼王"，他累计效力森林狼14年，保持队史总得分、篮板和助攻三项纪录。	唐斯多才多艺，是现代全能中锋的杰出代表。作为唯一的内线全明星三分王，他过多在外线投篮但也准头十足。
● Ricky Rubio ● 2011—2017年 ● 效力期间主要荣誉 最佳新秀阵容一阵	● Anthony Edwards ● 2020年至今 ● 效力期间主要荣誉 2届全明星/最佳新秀阵容一阵	● Kevin Love ● 2008—2014年 ● 效力期间主要荣誉 4届全明星/1届篮板王/2届最佳阵容二阵	● Kevin Garnett ● 1995—2007年、2015—2016年 ● 效力期间主要荣誉 1届常规赛MVP/1届最佳防守球员/4届篮板王	● Karl-Anthony Towns ● 2015年至今 ● 效力期间主要荣誉 4次全明星/最佳新秀/2次最佳阵容三阵

太平洋赛区

The Pacific Ocean Division

金州勇士 / 洛杉矶湖人 / 洛杉矶快船
菲尼克斯太阳 / 萨克拉门托国王

西　部　联　盟

金州勇士历史夺冠年份表

1. 1947 年　勇士 4 比 1　芝加哥牡鹿
2. 1956 年　勇士 4 比 1　福特韦恩活塞
3. 1975 年　勇士 4 比 0　华盛顿子弹
4. 2015 年　勇士 4 比 2　克利夫兰骑士
5. 2017 年　勇士 4 比 1　克利夫兰骑士
6. 2018 年　勇士 4 比 0　克利夫兰骑士
7. 2022 年　勇士 4 比 2　波士顿凯尔特人

＊费城勇士在 1947 年、1956 年夺冠，其余夺冠均为金州勇士。

勇士总得分榜	
1. 斯蒂芬·库里	23668
2. 威尔特·张伯伦	17783
3. 里克·巴里	16447
4. 保罗·阿里金	16266
5. 克里斯·穆林	16235

勇士总助攻榜	
1. 斯蒂芬·库里	6119
2. 盖伊·罗杰斯	4855
3. 德雷蒙德·格林	4565
4. 蒂姆·哈达威	3926
5. 里克·巴里	3247

金州勇士
GOLDEN STATE WARRIORS

作为 NBA 首冠的持有者，勇士在最近十年又成为独特的统治者。在 2015 年之前，你永远无法想象一支球队可以依靠三分球和跳投的小球打法夺得总冠军。但勇士拥有库里这位"一画开天"的创造者，他率领金州勇士完成 8 年 4 冠，统治 NBA 的同时，开启了骑射如风的三分球大时代，再一次激活了勇士骨子里的进攻因子。

勇士从不缺乏极致进攻的缔造者，无论是"大北斗"张伯伦的百分传奇，还是"科学家"唐·尼尔森的疯狂实验，都属于勇士出品。

1946 年，位于宾夕法尼亚州的费城诞生了一支 BAA（全美篮球协会）球队。费城是美国历史最悠久的城市之一，也是《独立宣言》的签署地，为了致敬那些在美国独立战争中牺牲的勇士们，这支球队被命名为"费城勇士"。

1946/1947 赛季，费城勇士的主力小前锋乔·福尔克斯以场均 23.2 分成为 BAA 历史上的首届得分王，比第二名整整高出 6.4 分。凭借福尔克斯的出色发挥，费城勇士也一举夺得 BAA 的首届总冠军。在那个篮球节奏缓慢的"远古"时代，得分并非易事，作为总冠军的费城勇士，场均也只得 68 分，福尔克斯场均能砍下 23.2 分，殊为不易，他不仅是勇士的初代巨星，也是 BAA 屈指可数的得分高手。

1949 年，BAA 与 NBL 合并为 NBA。超级中锋的鼻祖乔治·麦肯率领明尼阿波利斯湖人从 1949 年起 6 年间 5 夺总冠军，福尔克斯与费城勇士也随之沉寂。

1955 年乔治·麦肯退役，后"明尼阿波利斯王朝"时代群龙无首，历兵秣马的费城勇士开始憧憬总冠军。他们早在 1954/1955 赛季就开启"双抢"模式，尼尔·约翰斯顿（场均 22.7 分）和保罗·阿里金（场均 21 分），分别是该赛季联盟得分榜前二的存在。

阿里金被称为"跳投之父"，因为他发明了跳投这种在如今司空见惯的基本投篮方式。在那个时代，当阿里金首次使用跳投时被人啧啧称奇，惊呼为"就像脚下踩着冲浪板"。凭借划时代的"跳投"，阿里金在 1955/1956 赛季场均轰下 24.2 分，率领费城勇士在季后赛中也所向披靡，一举夺得 1956 年 NBA 总冠军。

费城勇士夺冠之后，从 1957 年到 1969 年，凯尔特人缔造了 13 年 11 冠的丰功伟绩，其中包括一波旷古绝今的"八连冠"。在"绿衫王朝"的漫长统治期里，联盟诸雄不断向凯尔特人发起挑战，其中费城勇士是对凯尔特人最具威胁的球队。

那个时代，凯尔特人独霸联盟的"基石"是比尔·拉塞尔，NBA 史上最强大的防守型中锋，也是后来手握 11 枚总冠军戒指的"指环王"。而费城勇士在 1955 年用《地域选秀规条》选中的"大北斗"威尔特·张伯伦更是百年难遇的天才进攻型中锋。

直到 1959 年，张伯伦才登陆 NBA，他在首个赛季场均为勇士贡献 37.6 分、27 个篮板，荣膺了最佳新秀、常规赛 MVP、全明星 MVP、得分王和篮板王等荣誉。

出道即巅峰，张伯伦几乎包揽了个人荣誉，唯缺总冠军，他率领勇士在冲冠之路上被拉塞尔领军的凯尔特人击败，"大北斗"与"指环王"宿敌对决就此开始。

1961/1962 赛季，张伯伦场均轰下 50.4 分、25.7 个篮板，并在 1962 年 3 月 2 日对阵尼克斯时独砍 NBA 历史个人最高的 100 分。然而，达到生涯巅峰的张伯伦依旧没能率领费城勇士染指总冠军，他们在东部决赛被拉塞尔领衔的凯尔特人击败。

"大北斗"与"指环王"的球队在东巅七场大战之后，又以拉塞尔的胜利而告终。

1961/1962 赛季结束，勇士从费城移址到加利福尼亚州的旧金山，来了一个横贯美国东西部的大迁徙，球队也更名为"旧金山勇士"，归属为西部赛区。

1962/1963 赛季，张伯伦场均依旧能轰下 44.8 分、24.3 个篮板，但勇士在乔迁新址的首个赛季无缘季后赛。1963/1964 赛季，张伯伦蝉联五年得分王，然而勇士在季后赛第二轮以 1 比 4 还是败给凯尔特人，张伯伦面对拉塞尔，依旧一胜难求。

1963 年，勇士在选秀大会首轮第 3 顺位上选中内特·瑟蒙德，一位（在詹姆斯与库里之前）出生于阿克伦的篮球巨星。瑟蒙德强悍勇猛，之后曾创下单节狂揽 18 个篮板的壮举，但守强攻弱的特性让他在得分方面贡献有限。瑟蒙德与张伯伦的"双塔组合"没有持续太久，1964/1965 赛季中期，张伯伦告别勇士，加盟家乡球队费城 76 人。

命运开了个黑色玩笑：当旧金山勇士在 1967 年重返总决赛时，站在他们对面的正是张伯伦领衔的费城 76 人，后者击败勇士，张伯伦收获了职业生涯第一枚总冠军戒指。

张伯伦在拥抱冠军的这个赛季，失去了霸占七年之久的得分王宝座，取代他的人正是里克·巴里——勇士在 1965 年选中的"榜眼秀"，巴里在 1966/1967 赛季场均轰下 35.6 分，成为继张伯伦之后勇士的又一位得分王。

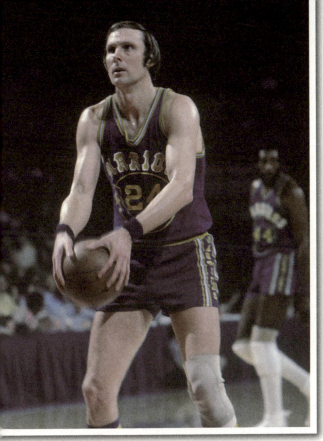

1967 年，巴里转战 ABA 赛场，成就总冠军 & 得分王的一番功名之后，于 1972/1973 赛季重返 NBA，回归勇士。经过 5 年 ABA 历练，巴里从纯粹得分手蜕变为全能战术大师。此时勇士已于 1972 年迁址到奥克兰，由于所在地加利福尼亚州别称"金州"，所以这支球队也更名为"金州勇士"。

1974/1975 赛季，瑟蒙德远赴芝加哥公牛，巴里成为勇士唯一的王牌，率队以 48 胜 34 负的成绩成为太平洋赛区冠军，并在总决赛中横扫华盛顿子弹，夺得总冠军。

1975 年夺冠之后，金州勇士开始从巅峰迅速滑落。在"黑白双雄"争霸的 80 年代以及"乔丹六冠"独尊的 90 年代，勇士只能偏安一隅，毫无波澜。

1985 年选秀大会，金州勇士在首轮第 7 顺位选中"金左手"克里斯·穆林，这位被视作下一位"大鸟"的神投手却险些陷入酗酒风波，不过他用篮球救赎了自己。

20 世纪 80 年代末，勇士在"科学怪人"唐·尼尔森的疯狂实验下，创立了由（蒂姆·哈达威、米奇·里奇蒙德与克里斯·穆林）"RUN-TMC"三人组领衔的"快打旋风"，但随着 1991 年西部半决赛被湖人以 4 比 1 淘汰，风靡一时的"快打旋风"就此销声匿迹。

虽然"快打旋风"浅尝辄止，但痴迷进攻的因子已经融入勇士的血脉，经过漫长的蛰伏期之后，勇士终于在 2007 年夏天再次掀起金色狂潮。

那是充满魔幻现实主义色彩的 2006/2007 赛季，勇士以 42 胜西部第八战的绩搭上季后赛末班车，首轮却以 4 比 2 击败（常规赛豪取联盟第一 67 胜）达拉斯小牛，完成 NBA 史上第三次"黑八奇迹"。伴随着新科 MVP 诺维茨基的落寞身影，是"大胡子"拜伦·戴维斯领衔的"金州匪帮"狂欢群像，斯蒂芬·杰克逊、蒙塔·埃利斯、贾森·理查德森、马特·巴恩斯们骑射如风，甲骨文球馆的"WE BELIEVE"欢呼响彻天际。

勇士在 2007 年的"黑八奇迹"只是惊鸿一瞥，随着西部半决赛以 1 比 4 不敌爵士，"金州匪帮"风流云散，拜伦·戴维斯也在 2008 年夏天离开勇士，加盟快船。

2009 年选秀大会，金州勇士在首轮第 7 位选中斯蒂芬·库里，一位以神准三分球给 NBA 带来划时代变革的球员。这位身材纤细、容貌清秀的控卫初入 NBA 时，还被伤病所禁锢，并没有实现"时来天地皆同力"的三分球统治。但随着克莱·汤普森（2011 年首轮 11 号秀）和德雷蒙德·格林（2012 年次轮总第 35 号秀）的到来，勇士也初步完备了一个外线主导、攻防兼备的现代篮球体系。

2014/2015 赛季，摆脱伤病困扰的库里上演王者登基，当选常规赛 MVP，并率领勇士在总决赛以 4 比 2 击败骑士，夺得总冠军。2015/2016 赛季，勇士打出 NBA 历史最佳的 73 胜，库里一共命中创纪录的 402 记三分球，全票卫冕常规赛 MVP。

勇士在 2016 年西部决赛第六场被雷霆逼到绝境，危急时刻，是汤普森命中 11 记三分球挽救了勇士。此后勇士艰难淘汰雷霆进入总决赛，却在总决赛被骑士以 4 比 3 逆转，憾失总冠军。2016 年夏天，最强单打手杜兰特加盟勇士，并很快融入战术体系，弥补了勇士在阵地攻坚战的短板，自此联盟中再也没有与他们抗衡的球队了。

2017 年总决赛，勇士和骑士连续三次在总决赛相遇，而现在库里身边有了杜兰特，最终勇士以 4 比 1 轻取骑士，"死神降临"成为骑勇对决最大的变数与砝码。

勇士在 2017/2018 赛季志在卫冕，却在西部决赛遇到最大"拦路虎"火箭，火勇鏖战至第六场，此前勇士 2 比 3 落后火箭，处在悬崖边。又是汤普森稳稳投进 9 记三分球，把比赛拖入"抢七"，自此，"G6 汤"的威名传于世间。

迈过火箭这道坎儿，勇士一马平川，总决赛以 4 比 0 横扫骑士，即便是詹姆斯打出个人最强的季后赛表现，依旧无法阻挡勇士夺得 2018 年总冠军。

一个 4 年 3 冠的"金州王朝"呼之欲出，值得一提的是，虽然杜兰特包揽 2017 年、2018 年总决赛 MVP，依然无法平息世人对他的质疑，杜兰特极度渴望证明自己。

2019 年，勇士志在三连冠，然而他们在季后赛首轮便遭遇快船强硬抵抗，杜兰特被迫提前进入"六月死神"模式，半场砍下创个人新高的 38 分，提前透支了身体，在接下来西部半决赛对阵火箭时，在无对抗的情况下不幸右小腿受伤离场。

杜兰特缺阵，库里接管比赛，率领勇士连赢 6 场挺进总决赛，对阵猛龙。伦纳德统领的那支猛龙从"地狱"杀出，首战便赢下没有杜兰特的勇士。勇士第二战虽然取胜，但克莱·汤普森的意外受伤让金州人损失惨重。

杜兰特在第五场火线复出，却在第二节还剩 9 分钟时跟跄跌倒，跟腱断裂。杜兰特用极其悲壮的方式赌上一切，只为证明自己是位"勇士"，可惜结局令人唏嘘。

"死神"伤退，汤普森又在第六场轰然倒下，赛后诊断为十字韧带撕裂，勇士不仅以 2 比 4 输给猛龙，无缘三连冠，显赫一时的"金州王朝"也随之坍塌覆灭。

2019 年夏天，杜兰特远走纽约加盟篮网，汤普森也因伤缺席整个 2019/2020 赛季，库里在该赛季初便遭遇了左手骨折，只出战 5 场比赛，后王朝时期的勇士无限低迷。

2020/2021 赛季开始之前，汤普森又因跟腱断裂再度缺席整个赛季。库里独自带队，场均砍下 32 分，加冕得分王，可惜勇士在附加赛不敌灰熊，无缘季后赛。

2021/2022 赛季，库里迎来生涯又一个高光时段，他首先在对阵尼克斯的比赛中超

勇士总篮板榜

1. 内特·瑟蒙德	12771
2. 威尔特·张伯伦	10768
3. 拉里·史密斯	6440
4. 克莱德·李	6416
5. 保罗·阿里金	6129

越雷·阿伦，加冕历史三分王，又在2021年初等到汤普森（时隔941天）伤愈归来。"水花兄弟"再现江湖，勇士变得不可阻挡，一路挺进总决赛。在总决赛第六场，库里砍下34分，率领勇士在客场以103比93击败凯尔特人，以总比分4比2淘汰对手，时隔四年再夺总冠军，完成8年4冠的壮举，库里也以总决赛场均31.2分、5次助攻的完美表现，捧起那座也许早就属于他的总决赛MVP奖杯。

库里以神乎其技的三分球起笔，加上汤普森机器般精密投射、格林坐镇中军串联攻守，共同勾勒出一个8年4冠的勇士王朝。"水花兄弟"与"追梦"格林，合在一起有了一个充满诗意的组合名字——"水花追梦"。从2012年到2022年，他们携手十年，走过高峰低谷，彼此成就更好的自己，联袂写就"兄弟不离"的现实童话。

2022/2023赛季，勇士志在卫冕，现实却异常"骨感"。"水花追梦"又老了一岁，尤其是大伤之后的汤普森大部分时候都失去神奇手感。签下大合同的普尔似乎有了接班库里的可能，但他起伏不定的状态与野心无法匹配，执拗于单打又让他游离在勇士的体系之外。此外，威金斯长期缺阵也一定程度上破坏了勇士阵容的完整性与化学反应。

最终，勇士在2022/2023赛季以44胜西部第六战绩挺进季后赛，首轮对阵萨克拉门托国王。由布朗教练（原勇士首席助教）执教的国王几乎成为另一支勇士，但更年轻。国王率先在主场赢下两场，危急时刻，库里在第三场独砍36分，止住勇士颓势，又在"抢七"大战轰下50分，创NBA"抢七"得分纪录，率领勇士击败国王挺进第二轮。

勇士总抢断榜		勇士总盖帽榜	
1. 斯蒂芬·库里	1473	1. 阿多纳尔·福伊尔	1140
2. 克里斯·穆林	1360	2. 乔伊－巴里·卡罗尔	836
3. 德雷蒙德·格林	1084	3. 德雷蒙德·格林	818
4. 里克·巴里	929	4. 埃里克·丹皮尔	728
5. 蒂姆·哈达威	821	5. 马努特·波尔	592

西部半决赛，勇士对阵湖人，库里与詹姆斯两位"阿克伦男孩"又一次对决将情怀拉满，然而比赛并未呈现均势。汤普森与普尔双双失准，库里孤掌难鸣，勇士又无法匹配"浓眉"的内线攻势，最终以 2 比 4 不敌湖人，卫冕之路止步于西部半决赛。

2023 年休赛期，金州勇士把普尔交易到奇才，又把克里斯·保罗招至麾下。

2023/2024 赛季，勇士在上半程跌跌撞撞。格林因为恶意犯规遭到无限期禁赛，而汤普森时常因手感低迷而陷入挣扎。库里虽然依旧神勇，但独木难支，即便他对阵老鹰砍下 60 分，依然无法率队取胜。昔日冠军之师勇士，已经跌出季后赛附加区之外。

痛定思痛，科尔教练帅旗一挥，让状态不佳的汤普森出任替补，大胆起用库明加、波齐姆斯基、穆迪等新人，勇士焕然一新。汤普森也在替补席上提供充足的得分续航。38 岁的保罗宝刀未老，而禁赛归来的格林专注打球，他还是勇士那个进攻轴心与防守大闸，当然，库里神勇依旧，扛起勇士进攻的大旗。变阵之后的勇士终于在 13 场比赛中取得 11 场胜利之后，于 2024 年 3 月初期重新冲到季后赛的附加赛区。

2023/2024 赛季战罢，勇士最终取得 46 胜 36 负，西部排名第十，跻身附加赛末席。

2024 年 4 月 17 日，"九十"大战，勇士以 94 比 118 大败于没有蒙克的国王，就此无缘季后赛。如果说惨败于对手是自己亲手拉上"四冠王朝"帷幕的话，那么背后的原因其实是如今群雄并起，随着"水花追梦"年华老去，勇士失去了领袖群伦的硬实力。

但勇士依然拥有"8 年 4 冠"的王朝底蕴，依然拥有时刻都能创造奇迹的库里，依然是那支令群雄忌惮的骑射之师。即便偶尔坠入低谷，但一定还会强势崛起。

正所谓，金州子弟多才俊，卷土重来未可知。

✝ **特别链接：勇士退役球衣**

　　金州勇士有 6 件退役球衣，分别属于 13 号（威尔特·张伯伦）、14 号（汤姆·梅切里）、16 号（阿尔·阿特尔斯）、17 号（克里斯·穆林）、24 号（里克·巴里）、42 号（内特·瑟蒙德）。

勇士经典组合 /"水花兄弟"

斯蒂芬·库里＋克莱·汤普森

　　纵观 NBA 浩瀚史卷，如此擅长远射的二人组前所未见。"水花兄弟"出手如电，伴随着篮球频繁命中，带动白色篮网向上卷起，真如湖中飞溅的水花一般美妙。而"水花兄弟"这样轻灵曼妙、饱含诗意的绰号，也如风吹涟漪，在 NBA 之湖荡漾开来。

　　勇士在 2009 年与 2011 年，分别通过选秀摘得第 7 顺位的库里和第 9 顺位的汤普森，从他们联手的那一刻起，联盟的历史改写了。作为驰骋联盟的超级射手，两人的三分球技艺堪称出神入化，而且彼此保持了多项联盟三分球纪录。

　　库里的三分球灵动飘逸，出手极快，对手永远无法想到他会在何时何地出手，可又不敢贸然包夹，因为这又给了另一位"杀手"汤普森以空间。更为可怕的是，库里以一手精准三分球给 NBA 带来颠覆性变革，此外，库里有球无球兼备，并能随意切换。

　　汤普森堪称传统型射手的终极形态：教科书般的走位路线，机器般稳定的出手姿势。一旦他找到手感，就无法阻挡。2016 年西部决赛第六场，以 11 记三分球创造了季后赛单场三分球命中纪录，对国王的单节 37 分，对步行者的三节 60 分，以及对决公牛单场 14 记三分球命中纪录。这些近乎神迹的表演，都是他启动"汤神"模式时留下的传说。

　　此外，汤普森作为顶级锋线防守者以及接球投篮大师，并不占有球权，他与库里堪称天作之合。两位超级射手联手将勇士打造成了一支控弦如神的不败之师。

勇士历史最佳阵容

控球后卫	得分后卫	小前锋	大前锋	中锋
斯蒂芬·库里	**克莱·汤普森**	**里克·巴里**	**凯文·杜兰特**	**威尔特·张伯伦**
库里是勇士"8 年 4 冠王朝"的基石。作为历史三分王，他用一手精准无比的三分投射为 NBA 开启了划时代的变革。	汤普森是传统射手的天花板、顶级 3D，拥有不输于库里的得分爆炸力，和库里组成了 NBA 历史投射最强二人组"水花兄弟"。	里克·巴里是唯一一位将 NBA、ABA 和 NCAA 三大联赛得分王集于一身的球员，1975 年曾率勇士夺得 NBA 总冠军。	杜兰特虽然仅为勇士效力 3 个赛季，但两夺总冠军及总决赛 MVP。他拥有无解的单打能力，无限提高了"宇宙勇"的上限。	作为"远古"时期的得分"大神"，张伯伦在勇士留下场均 41.5 分、25 个篮板的炸裂数据以及单场 100 分的神迹。
● Stephen Curry	● Klay Thompson	● Rick Barry	● Kevin Durant	● Wilt Chamberlain
● 2009 年至今	● 2011 年至今	● 1965—1967 年/1972—1978 年	● 2016—2019 年	● 1959—1965 年
● 效力期间主要荣誉	● 效力期间主要荣誉	● 效力期间主要荣誉	● 效力期间主要荣誉	● 效力期间主要荣誉
4 届总冠军/1 届总决赛 MVP/2 届常规赛 MVP	4 届总冠军/5 届全明星/1 届最佳防守阵容二阵	1 届总冠军/1 届总决赛 MVP/8 届全明星	2 届总冠军/2 届总决赛 MVP/3 届全明星	1 届常规赛 MVP/6 届得分王/4 届篮板王

洛杉矶湖人历史夺冠年份表

1. 1949 年　湖人　4 比 2　华盛顿国会
2. 1950 年　湖人　4 比 2　塞拉库斯民族
3. 1952 年　湖人　4 比 3　纽约尼克斯
4. 1953 年　湖人　4 比 1　纽约尼克斯
5. 1954 年　湖人　4 比 3　塞拉库斯民族
6. 1972 年　湖人　4 比 1　纽约尼克斯
7. 1980 年　湖人　4 比 2　费城 76 人
8. 1982 年　湖人　4 比 2　费城 76 人
9. 1985 年　湖人　4 比 2　波士顿凯尔特人
10. 1987 年　湖人　4 比 2　波士顿凯尔特人
11. 1988 年　湖人　4 比 3　底特律活塞
12. 2000 年　湖人　4 比 2　印第安纳步行者
13. 2001 年　湖人　4 比 1　费城 76 人
14. 2002 年　湖人　4 比 0　新泽西网队
15. 2009 年　湖人　4 比 1　奥兰多魔术
16. 2010 年　湖人　4 比 3　波士顿凯尔特人
17. 2020 年　湖人　4 比 2　迈阿密热火

明尼阿波利斯湖人在1949年、1950年、1952年、1953年、1954年夺冠，其余夺冠均为洛杉矶湖人。

洛杉矶湖人
LOS ANGELES LAKERS

湖人曾缔造过三次王朝盛世，留下令人望峰息心的 17 冠紫金神话。无论是 NBA 第一个"明尼阿波利斯"王朝，还是 20 世纪 80 年代的"SHOWTIME"时代，抑或 21 世纪之初的三连冠，都不乏超级巨星坐镇。麦肯、韦斯特、贝勒、"魔术师""天勾"、奥尼尔、科比、詹姆斯、"浓眉"……一位位巨星如王朝皇冠上的宝石般璀璨。

湖人承袭着优雅、绚丽的华贵风格，曾打出 NBA 历史第一的 33 连胜神迹，是洛杉矶这座"天使之城"的骄傲。

面对底蕴悠长的"紫金军团"，任何球队都心怀敬畏。

1947 年 NBL（美国国家篮球联盟）出现了一支新军，那是由本·伯格与莫里斯·查尔芬一起出资 15000 美金买下底特律宝石队（解散后）经营权，然后在明尼苏达州明尼阿波利斯组建的球队。由于水系密布的明尼苏达州有"万湖之州"的别称，所以这支球队被命名为"明尼阿波利斯湖人"。

1947 年 11 月，明尼阿波利斯湖人迎来他们的初代巨星——乔治·麦肯，篮球史上第一位超级中锋，在他之前，篮坛还从未有过拥有如此灵活身手的 2.08 米大个子。

1948 年，湖人离开 NBL，转战 BAA（全美篮球协会、NBA 的前身），麦肯随即在 BAA 展开歌利亚般巨人统治，在 1948/1949 赛季以场均为 28.3 分斩获联盟得分王，并率领湖人在总决赛以 4 比 2 击败华盛顿国会大厦队，夺得总冠军。

1949 年，BAA 与 NBL 合并成为 NBA。接下来 1949/1950 赛季，麦肯又率领湖人在总决赛以 4 比 2 击败锡拉求兹民族队，成功卫冕总冠军。

虽然在 1950/1951 赛季，麦肯因伤缺阵，湖人止步于西部决赛，无缘三连冠，但很快重回正轨，一个健康的麦肯堪称是一头横扫联盟的"巨无霸"，他率领湖人在1952年总决赛上通过七场大战击败纽约尼克斯，重新夺回总冠军。接下来又连续夺得1953年、1954年两届总冠军，"三连冠"就此达成。自此，湖人6年5次夺冠，缔造盛况空前的"明尼阿波利斯王朝"，那也是NBA历史上的第一个王朝。

也许是创建"王朝"太耗心力，31岁的麦肯在1954年率领湖人夺得第5冠之后，带着满身伤病宣布退役。后麦肯时代的湖人陷入低谷，一度沦为西部垫底。1958年选秀大会成为湖人幽暗岁月中的一束高光，因为他们首轮第1顺位选中埃尔金·贝勒。

贝勒是那个时代罕见的集顶级身体天赋与全面技术于一身的进攻型小前锋，湖人得此，中兴可待。为了更好地发展壮大，湖人决定离开明尼阿波利斯，在1960年迁址到加利福尼亚州的"天使之城"洛杉矶，更名为"洛杉矶湖人"。

1960年选秀大会，洛杉矶湖人在首轮第2顺位选中了杰里·韦斯特，一位优雅华丽的得分后卫，他的姿势后来成为NBA的标志，所以他有了"LOGO男"的雅号。此外，将来他还是"关键先生""湖人教父"，足以说明韦斯特对于湖人的杰出贡献。

1960/1961赛季，贝勒与韦斯特组成了火力强大的锋卫二人组，湖人也因此一跃成为争冠级别的劲旅，可惜生不逢时，他们遇到一个凯尔特人实现王道统治的时代。

整个20世纪60年代，凯尔特人夺得NBA10冠中的9冠，其中包括一波八连冠中的7个总冠军，赢得所有的赞美与荣耀，而湖人成为最大的背影帝，收获的7个总亚军中6次都是输给凯尔特人，其中还包括张伯伦加盟湖人，与贝勒、韦斯特组成"三巨头"的1968/1969赛季。1969年总决赛，"绿衫军"抢七击败"紫金军"之后，拉塞尔留下了一句"这世上什么都可能，唯独湖人战胜凯尔特人，不可能"。这句掷地有声的宣言为凯尔特人与湖人NBA两大豪门对决增加了一重浓烈的恩怨。

虽然在凯尔特人的统治下，湖人未尝一冠，但不可否认紫金将士的强大，否则，韦斯特就不会成为NBA唯一加冕总决赛MVP的亚军队球员。1969年总决赛"抢七大战"，韦斯特豪取42分、13个篮板、12次助攻"大三双"的壮举永载史册。还有，贝勒在1962年总决赛"天王山之战"爆砍创NBA纪录的61分，堪称"无冕之王"的典范。

1971/1972赛季，湖人终于在总决赛中以4比1轻取尼克斯，夺得来到洛杉矶之后的首冠，并且在这个赛季还创下NBA历史最长的33连胜。然而，胜利背后伴随着遗憾，埃尔金·贝勒因为腿伤难愈，在这个赛季初期被迫退役，可惜一生无冠。

湖人在1972年登顶只是昙花一现，随着在1973年总决赛输给尼克斯，以及张伯伦（1973年）与韦斯特（1974年）先后退役，后"三巨头"时代的湖人跌入谷底。

1975年休赛期，"天勾"贾巴尔空降"天使之城"，加盟湖人，这位NBA史上TOP前二的中锋，在洛杉矶之前，已经率领雄鹿夺冠并实现荣耀大满贯。然而，正值巅峰的贾巴尔也无法独自率领湖人夺冠，"天勾"治下的"紫金军团"仅在西部中游徘徊。

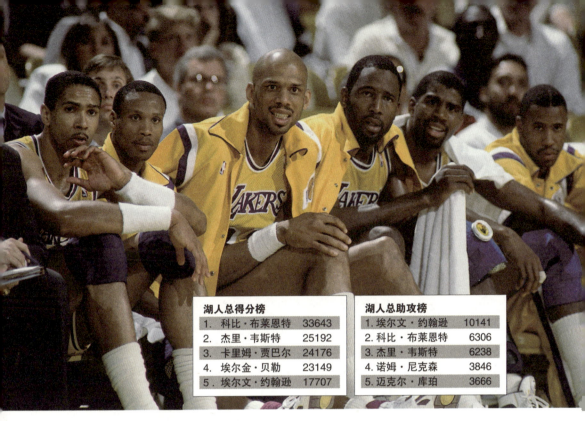

湖人总得分榜		湖人总助攻榜	
1. 科比·布莱恩特	33643	1. 埃尔文·约翰逊	10141
2. 杰里·韦斯特	25192	2. 科比·布莱恩特	6306
3. 卡里姆·贾巴尔	24176	3. 杰里·韦斯特	6238
4. 埃尔金·贝勒	23149	4. 诺姆·尼克森	3846
5. 埃尔文·约翰逊	17707	5. 迈克尔·库珀	3666

　　20 世纪 70 年代后半程，NBA 进入"战国时期"，没有一支球队能蝉联总冠军，群雄乱战，在纷乱无序中不知蹉跎了多少天才。直到 1978 年，ABA 并入 NBA，壮大后的 NBA 海晏河清，一个双星闪耀的黄金年代将呼之欲出。

　　1979 年，湖人在选秀大会上用"状元签"选中埃尔文·约翰逊。这位降临"天使之城"的"魔术师"在首个（1979/1980）赛季便上演了"出道即巅峰"的大戏，率领湖人夺冠并荣膺总冠军 MVP。他还在总决赛第 6 场顶替受伤休战的贾巴尔客串中锋，拿下 42 分、15 个篮板、7 次助攻，最终用一记"小小天勾"将"J 博士"领军的 76 人斩于马下。

　　还未满 20 岁的"魔术师"手捧 FMVP 奖杯笑容灿烂，率领湖人在西部异军突起，而在东部，力压他收获最佳新秀的"大鸟"拉里·伯德也率领凯尔特人虎视眈眈。一个横贯整个 80 年代的"魔鸟争霸"拉开序幕，也为湖凯豪门对决书写新篇。

　　"魔术师"约翰逊以 2.06 米身高出任控卫史无前例，他似乎拥有神奇魔法，用眼花缭乱的助攻来驱动队友前进，打出 NBA 史上最绚丽的团队进攻，SHOWTIME 盛宴将篮球的观赏性提升到一个新高度。约翰逊身边除了"天勾"贾巴尔，还有"眼镜蛇"詹姆斯·沃西这样的大场面先生，以及拜伦·斯科特、迈克尔·库帕这样的冠军拼图球员，而斯台普斯场边还站着如标枪般笔挺的帕特·莱利教练，他西装革履、背头锃亮，风度翩翩地指挥着"紫金军团"打出行云流水般梦幻进攻，收获酣畅淋漓的胜利。

　　如此湖人本可独霸天下，但东部出现了一个势均力敌的凯尔特人，双雄争霸成为 NBA 整个 80 年代的主旋律。洛杉矶湖人在 20 世纪 80 年代一共收获 5 个总冠军，分别是 1980 年、1982 年、1985 年、1987 年和 1988 年。波士顿凯尔特人也将 1981 年、1984

年、1986 年 3 个总冠军奖杯收入囊中。随着 1987 年总决赛"魔术师"率领湖人以 4 比 2
击败凯尔特人夺冠，那支伯德和"绿衫军"已经师老兵疲，无力再卷土重来。

湖人又在 1988 年成功卫冕，成为"20 世纪 80 年代的最佳球队"，也成为全联盟的
公敌，每到客场都会回荡起"Beat LA"的呼声。

"魔鸟双雄"在 80 年代可谓平分秋色，"魔术师"约翰逊集齐了五枚总冠军戒指，
三个常规赛 MVP 与三个总决赛 MVP 奖杯，"大鸟"伯德也有三枚总冠军戒指以及两个
总决赛 MVP 奖杯，还完成了常规赛 MVP 的三连庄。一个强大的对手成就更好的自己，
他们联手演绎了史诗般对决，也挽救了 20 世纪 80 年代 NBA 江河日下的收视率。

1991 年总决赛，"魔术师"约翰逊治下的湖人在总决赛中败给了迈克尔·乔丹领衔
的公牛，开启了一个乔丹和公牛实现六冠统治的 90 年代。在公牛两个三连冠以及火箭
两连冠的 8 年间，其他球队均成陪跑，湖人随着群星的渐次归隐而坠入至暗年代。

1996 年，洛杉矶湖人将"大鲨鱼"沙奎尔·奥尼尔招至麾下，又用自家主力中锋弗
拉德·迪瓦茨与夏洛特黄蜂进行交易，得到"黄金一代"首轮 13 号秀科比·布莱恩特，
自此，"紫金王朝"的血脉开始觉醒，湖人中兴的命运齿轮开始启动。

1998/1999 赛季，科比成为湖人的首发后卫，他与"大鲨鱼"奥尼尔的"OK 组合"
也日渐默契。随着"禅师"菲尔·杰克逊在 1999 年执教湖人，"紫金军团"开始了"三
连冠王朝"的征程。从 2000 年至 2002 年，"OK 组合"带领湖人在总决赛分别击败步行者、
76 人与篮网，豪取三连冠（21 世纪迄今为止唯一一个三连冠）。

相比于总决赛的波澜不惊，湖人冲出西部的过程更加惊心动魄。2000 年西部决赛湖
人与开拓者大战七场，2002 年西部决赛湖人与国王同样鏖战七场，都是毫厘险胜，胜负
只在伯仲之间。当然，湖人也有一骑绝尘的时刻，譬如 2001 年季后赛，湖人横扫西部，
以 15 胜 1 负的战绩狂飙夺冠，如果不是艾弗森在总决赛第一场砍下 48 分率领 76 人赢下
一场，那么湖人很可能以全胜战绩夺冠，创造 NBA 的不败神话。

"OK 组合"成为湖人三连冠的基石，他们一内一外，这种内线超级中锋加外线顶
级后卫的组合将两个人威慑力都发挥到极限。三次总决赛，奥尼尔场均都砍下 30+10 以
上的统治型数据，三度蝉联总决赛 MVP。而在 2002/2003 赛季，科比在季后赛场均砍下
32.1 分，已经超越奥尼尔，成为湖人第一得分点。

科比光速崛起，威胁到"大鲨鱼"的老大位置，"OK 组合"的关系开始变得微妙。

2004 年夏天，随着 F4（科比、奥尼尔、佩顿与马龙）领衔的湖人在总决赛中被活塞击败，
"OK 组合"也分道扬镳，奥尼尔东游迈阿密，加盟热火。

没有了奥尼尔，科比独自领军，开启了狂飙模式，曾轰下三节 62 分、单场 81 分、
连续四场 50+ 的神迹，也曾单赛季场均轰下 35.4 分加冕得分王。然而，纵然科比神勇无
匹，也无法独自率领湖人在季后赛突破首轮，更难以再现"紫金王朝"的荣光。

湖人总篮板榜	
1. 埃尔金·贝勒	11463
2. 卡里姆·贾巴尔	10279
3. 科比·布莱恩特	7047
4. 埃尔文·约翰逊	6559
5. 威尔特·张伯伦	6524

　　2008 年 2 月，湖人一番神级操作，通过交易得到保罗·加索尔。随着这位手感柔和、技术细腻的全能大前锋到来，科比终于迎来全明星级得力帮手。彼时，湖人内线有（加索尔和拜纳姆）"双塔"坐镇，外线有科比、"老鱼"费舍尔与阿里扎，还有"左手魔术师"奥多姆指挥调度，俨然成为一支争冠级别的超级强队。

　　然而，2008 年总决赛，湖人以 2 比 4 不敌凯尔特人，痛失冠军。

　　2009 年总决赛，湖人卷土重来，以 4 比 1 击败魔术，夺得总冠军。手捧总决赛 MVP 奖杯的科比意犹未尽，因为他还没有亲手击败凯尔特人。

　　2009/2010 赛季，湖人得到"野兽"阿泰斯特，实力更上层楼。2010 年总决赛，经过惊心动魄的七场大战之后，湖人终于报了一箭之仇，以 4 比 3 击败凯尔特人，夺得总冠军，科比蝉联 FMVP，并率领湖人终结了总决赛第七场逢凯尔特人不胜的宿命。

　　进入 2010 年代之后，随着科比因伤病等原因统治力开始下滑，湖人也渐渐离开争冠球队的序列。2011 年休赛期，"禅师"归隐，带走了他的三角进攻。从此湖人频繁更换主帅与球员，陷入混乱的战术体系与多变的风格更迭之中，彻底看不到希望。

　　虽然有"魔兽"霍华德、纳什等球星加入，但随着当年夺冠功臣奥多姆、大加索尔等人离去，湖人已经变成一支陌生的球队，唯一不变的是——他们还拥有科比。

　　2016 年 4 月 14 日，科比用一场独砍 60 分并率队逆转爵士的比赛告别 NBA，留下二十载波澜壮阔的湖人生涯，写就了"一世紫金"与"黑曼巴"的双重神话。

　　后科比时代的湖人陷入群龙无首的尴尬境地，虽然他们曾连续 3 年用"榜眼签"选中德安吉洛·拉塞尔、布兰登·英格拉姆、朗佐·鲍尔，但这些青年才俊还无法挑起湖人的大梁。球队一度陷入连续 5 年无缘季后赛的尴尬境地，这对于手握 16 冠的"紫金"

豪门而言，简直无法接受，他们急需一位引领球队中兴的领袖。

2018 年 7 月，勒布朗·詹姆斯入主湖人。当世最强篮球巨星和 NBA 最显赫的豪门终于结为一体。2019 年 7 月，湖人送出鲍尔、英格拉姆、哈特和 3 个首轮签给鹈鹕，交易得到"浓眉"安东尼·戴维斯，詹姆斯与戴维斯组成"詹眉组合"可谓天作之合。

2019/2020 赛季，"詹眉组合"在合作的首个赛季便打出"王炸"威力，率领湖人一路过关斩将，最终在总决赛以 4 比 2 击败热火，夺得总冠军。二人在季后赛都以超过 55% 命中率场均得分 25+，詹姆斯更以总决赛场均 29.8 分、8.5 次助攻荣膺 FMVP。

2020 年是灾祸接踵而至的一年：科比突然离世，新冠疫情肆虐，NBA 被迫停摆。在这个命运多舛的赛季，湖人以夺下队史第 17 冠的方式致敬了"天上的黑曼巴"。

2020/2021 赛季，詹姆斯深受脚踝等伤病困扰，"浓眉"戴维斯遭遇腹股沟拉伤，两大核心轮番受伤，湖人在季后赛以 2 比 4 不敌太阳，卫冕之路止步于首轮。

2021 年休赛期，詹姆斯告别 23 号，穿回 6 号球衣，并与 3 号"浓眉"戴维斯、0 号威斯布鲁克组成"360 组合"，2021/2022 赛季，"360 组合"引领下的湖人却仅获得 33 胜 49 负，意外跌出附加赛区，无缘季后赛。以威少为持球大核心的打法在湖人无法施展，而他蹩脚投射的缺点却被无限放大。

2022/2023 赛季，湖人在开局仅取得 2 胜 10 负的惨淡战绩，一度被认为进入季后赛的概率只有 0.3%，但他们还是通过后半程绝地逆袭，杀入附加赛，并在"抢七大战"击退森林狼挺进季后赛。詹姆斯也在 2023 年 2 月 8 日对阵雷霆的比赛中，用一记跳投将总得分推到 38388 分，超越贾巴尔的 38387 分，加冕 NBA 历史总得分王。

2023 年 2 月 9 日，拉塞尔·威斯布鲁克被交易至犹他爵士，随后被买断又签约洛杉矶快船。也是 2 月 9 日，昔日紫金"榜眼秀"德安吉洛·拉塞尔重回洛杉矶湖人。

湖人走了一个拉塞尔，又来了一个拉塞尔。虽然没有威少的劲爆与全能属性，但这个拉塞尔却拥有更精准的投射与更娴熟的运控技巧，其团队配合更自如圆润。此外，奥斯汀·里夫斯也完成了从一名落选秀到湖人炙手可热新星的蜕变，他聪明、狡黠却又灵气十足的高球商打法，颇有几分吉诺比利"妖刀"的风采。

随着德安吉洛·拉塞尔的到来，以及奥斯汀·里夫斯的快速成长，湖人在本赛季最后冲刺阶段展现出强队属性，为挺进季后赛创造了先决条件。

2023 年季后赛，湖人在首轮以总比分 4 比 2 淘汰灰熊，完成"黑七"之后，又在西部半决赛，以 4 比 2 的相同比分淘汰上届冠军勇士。

虽然之后西部决赛，湖人被掘金横扫。"詹眉组合"偶露峥嵘，譬如首战"浓眉"轰下 40 分、10 个篮板，第四战，詹姆斯上半场砍下季后赛个人新高的 31 分。可惜，在掘金超一流的整体实力与约基奇无比全能表现的面前，湖人还是束手无策。

2023/2024 赛季，湖人卷土重来，成为联盟诸雄率先发力的一支球队，一马当先斩

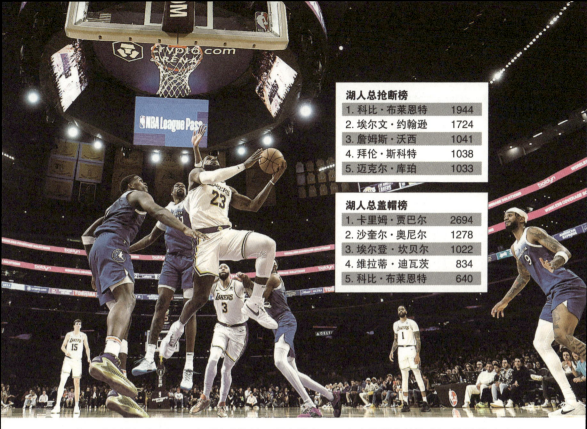

湖人总抢断榜	
1. 科比·布莱恩特	1944
2. 埃尔文·约翰逊	1724
3. 詹姆斯·沃西	1041
4. 拜伦·斯科特	1038
5. 迈克尔·库珀	1033

湖人总盖帽榜	
1. 卡里姆·贾巴尔	2694
2. 沙奎尔·奥尼尔	1278
3. 埃尔登·坎贝尔	1022
4. 维拉蒂·迪瓦茨	834
5. 科比·布莱恩特	640

获了季中锦标赛冠军。杀到单败淘汰四强赛阶段，一支全队拼命的湖人还是展现了不可阻挡的气质，他们射落太阳、轻取鹈鹕，最终在季中总决赛击败步行者，"浓眉"更是狂揽 41 分、20 个篮板，而詹姆斯凭借季中赛场均 26.8 分、7.5 个篮板和 8.2 次助攻的全面数据，荣膺了首届季中赛 MVP 先生。

湖人收获 NBA 首届季中赛冠军之后，似乎志得意满，在如狼似虎的西部联盟"摸鱼"的结果，导致战绩低迷，排名跌出季后赛附加赛区之外。

2024 年 3 月 3 日，詹姆斯也在对阵掘金的比赛中将总得分推过 40000 分大关，将历史第一人的境界提高一个层级。终于摆脱被交易困扰的拉塞尔也开始爆发，不仅场均得分 20+，还在对阵雄鹿的比赛中轰下 44 分并命中准绝杀。而火线加盟的丁威迪也奉献盖帽绝杀。湖人跌跌撞撞，重回附加赛区。最终，湖人在 2023/2024 赛季以 47 胜 35 负，排名西部第八，通过附加赛击败鹈鹕，以西部第七身份晋级季后赛。

2024 年季后赛，湖人又一次被老对手掘金（4 比 1）击败。虽然止步于首轮，但"詹眉组合"表现依旧强劲。"浓眉"戴维斯场均豪取 27.8 分、15.6 个篮板，与约基奇内线比拼可谓不分伯仲。詹姆斯场均贡献 27.8 分、8.8 次助攻，最后一战豪取 30 分、9 个篮板与 11 次助攻……可惜湖人攻防两端唯有依仗"詹眉组合"，让二人疲于奔命。

两队胜负只在毫厘之间，所以，当穆雷两度奉献绝杀，让湖人之败颇为悲壮。

洛杉矶湖人，NBA 史上最显赫的豪门之一，如今虽然陷入低谷，但拥有"詹眉组合"的"紫金军团"，依然拥有续写 17 冠王朝辉煌的底蕴与实力。

湖人经典组合 / "OK 组合"

沙奎尔·奥尼尔 + 科比·布莱恩特

2000 年至 2002 年，科比与奥尼尔携手率领湖人豪取三连冠，这对天才后卫和超级中锋的二人组有个响亮名字——"OK"，顾名思义，好！当他们精诚合作时的确 OK（天下无敌）。

"O"——O'Neal——奥尼尔，一位在内线翻江倒海的禁区霸主。2000 年到 2002 总决赛，奥尼尔场均分别豪取 38 分、16.7 个篮板、33 分、15.8 个篮板和 36.3 分、12.3 个篮板，三度蝉联总决赛 MVP，展现出无与伦比的内线统治力。

在奥尼尔大杀四方之时，作为"OK"中的"K"（Kobe）也迅速成长为联盟顶级得分后卫。2002/2003 赛季，科比在季后赛场均豪取 32.1 分，超越奥尼尔，成为湖人首席得分手。

一山难容二虎，强势崛起的科比不甘于人下，与奥尼尔的老大之争甚嚣尘上。随着奥尼尔在 2004 年东游迈阿密，天下无敌的"OK 组合"却自行瓦解了。强盛一时的"湖人王朝"也随之崩塌。

2009 年，当科比与奥尼尔在菲尼克斯全明星赛珠联璧合，携手共举 MVP 奖杯时，是一种"度尽劫波兄弟在，相逢一笑泯恩仇"的释然。

2020 年初，科比离世，惊闻噩耗，奥尼尔老泪纵横，追思说道："如果我们在一起，会夺得 10 个总冠军，我们是最有统治力的内外线双人组。"这也许是"OK 组合"真正威力之所在。

湖人经典组合 / "詹眉组合"

勒布朗·詹姆斯 + 安东尼·戴维斯

2019/2020 赛季，詹姆斯与新近加盟的"浓眉"戴维斯组成联盟最具统治力的双人组"詹眉组合"，他们合作的首个赛季便默契十足，配合完美，携手率领湖人夺得总冠军。

整个 2020 年季后赛，戴维斯（582 分）与詹姆斯（580 分）雄霸联盟总得分榜的前两名，他们也超越"OK 组合"成为总决赛史上首对场均得分均超过 25 分、命中率超过 55% 的双人组。

詹姆斯传控、得分均已臻化境，戴维斯的持球单打以及内线攻防都近乎"无解"，他们都具有历史级别的大局观，戴维斯甚至能与詹姆斯比肩，成为湖人"双核"之一。

"浓眉"戴维斯因为身高猛长才去打内线。但年少时打后卫时培养的精准射术、运控技术已被他牢牢掌握，技术全面而又敏捷迅疾的戴维斯在如今"小球"时代予求予取。

詹姆斯在赛场展现出无人能及的比赛智慧以及掌控力，他总能在瞬息万变的场上局势中找到制胜玄机。虽然湖人因为伤病与阵容等原因，在 2020 年夺冠之后稍显沉寂，2023 年杀入西部决赛遭掘金横扫，但只要"詹眉组合"保持健康，他们依然是联盟最强双人组之一，这一点毋庸置疑。

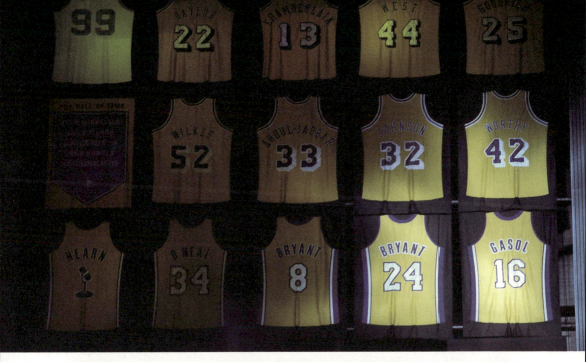

✚ 特别链接：湖人退役球衣

2023 年 3 月 8 日，湖人对阵灰熊的比赛中场休息时，举行了保罗·加索尔 16 号球衣的退役仪式。自此，加密网竞技场（原斯台普斯球馆）上空高悬着 14 件金光熠熠的紫金战袍，如同 14 面旗帜一般记述着湖人的荣耀。

这 14 件退役球衣分别属于乔治·麦肯（99 号）、埃尔金·贝勒（22 号）、威尔特·张伯伦（13 号）、杰里·韦斯特（44 号）、盖尔·古德里奇（25 号）、贾马尔·威尔克斯（52 号）、卡里姆·阿布杜尔－贾巴尔（33 号）、埃尔文·约翰逊（32 号）、詹姆斯·沃西（42 号）、沙奎尔·奥尼尔（34 号）、科比·布莱恩特（8 号、24 号）、保罗·加索尔（16 号）和"湖人之声"奇克·赫恩（金话筒），此外，湖人还悬挂着一块绣有明尼阿波利斯辉煌时期的六位名人堂球员姓名及号码的锦旗，包括约翰·昆德拉（教练）、吉姆·波拉德（17 号）、沃恩·米克尔森（19 号）、斯雷特·马丁（22 号）。

湖人历史最佳阵容

控球后卫	得分后卫	小前锋	大前锋	中锋
埃尔文·约翰逊	**科比·布莱恩特**	**勒布朗·詹姆斯**	**保罗·加索尔**	**沙奎尔·奥尼尔**
"魔术师"率湖人 5 夺总冠军，并 3 夺总决赛 MVP。这位身高 2.06 米的高控卫用魔术般传球开启了 SHOWTIME 盛宴。	科比将 20 年职业生涯全部奉献于湖人，率队 5 夺总冠军、拿到 2 届总决赛 MVP。他也写就了偏执、坚韧的"曼巴精神"。	詹姆斯拥有 NBA 史上最长的巅峰期，即使在湖人过了 35 岁的年纪，依旧率队夺得 2020 年总冠军，并加冕了总决赛 MVP。	大加索尔技术细腻而又全面，擅长内线策应与指挥调度，是湖人 2009 年、2010 年两冠时代科比身边完美的"二当家"。	奥尼尔是 NBA 史上最具统治力的中锋，巅峰时横勇无敌，和科比联手率领湖人完成三连冠，并个人 3 夺总决赛 MVP。
● Earvin Johnson ● 1979—1991 年 / 1995—1996 年 ●效力期间主要荣誉 5 届总冠军 /3 届常规赛 MVP/3 届总决赛 MVP	● Kobe Bryant ● 1996—2016 年 ●效力期主要荣誉 5 届总冠军 /1 届常规赛 MVP /2 届总决赛 MVP/4 届全明星 MVP	● LeBron James ● 2018 年至今 ●效力期间主要荣誉 1 届总冠军 /1 届总决赛 MVP/1 届季中赛冠军 &MVP/6 届全明星	● Pau Gasol ● 2008—2014 年 ●效力期间主要荣誉 2 届总冠军 /3 届全明星 /1 届最佳阵容二阵	● Shaquille O'Neal ● 1996—2004 年 ●效力期间主要荣誉 3 届总冠军 /3 届全明星 MVP/1 届常规赛 MVP

快船总得分榜

1. 兰迪·史密斯	12735
2. 布雷克·格里芬	10863
3. 鲍勃·麦卡杜	9434
4. 埃尔顿·布兰德	9336
5. 科里·马盖蒂	8835

快船总篮板榜

1. 德安德鲁·乔丹	7988
2. 埃尔顿·布兰德	4710
3. 布雷克·格里芬	4686
4. 劳伊·奥特	4471
5. 鲍勃·麦卡杜	4229

快船总助攻榜

1. 克里斯·保罗	4023
2. 兰迪·史密斯	3498
3. 加里·格兰特	2810
4. 诺姆·尼克森	2540
5. 布雷克·格里芬	2133

洛杉矶快船
LOS ANGELES CLIPPERS

乘风驾云，九天巡航，这里曾是名满天下的"天空之城"。

在保罗、格里芬与小乔丹的率领下，快船一度升级为超级战舰，他们掌控着联盟的制空权。如此豪华的"战舰"本该纵横四海、笑傲宇内、成就霸业，然而"大航海时代"充满无数未知与凶险，他们还未触及总冠军金杯，就在征途中风流云散，徒留一声慨叹……

2019 年，伦纳德与乔治组成攻防一体的锋线"双子星"，欲率领快船乘风破浪，但频繁陷入伤病阴霾，在风雨如晦的岁月中蹉跎。

随着哈登的加入，这位前得分助攻王释放出策动全队进攻的非凡创造力，终于找到舵手的快船开启新一轮的"大航海时代"。

1970 年，NBA 为了与 ABA（美国篮球协会）竞争，开疆拓土，扩充了三支新军，分别为克利夫兰骑士、波特兰开拓者和布法罗勇敢者（洛杉矶快船的前身）。

布法罗勇敢者在 NBA 的头几个赛季苦苦挣扎无果，直到 1973/1974 赛季才见起色。勇敢者在传奇教练杰克·拉姆齐和"跳投型中锋鼻祖"鲍勃·麦卡杜的带领下，打出 40 胜 42 负，首次尝到季后赛滋味。麦卡杜也 1973/1974 赛季以场均 30.6 分加冕得分王。

可惜勇敢者在首轮以 2 比 4 不敌凯尔特人，1974 年季后赛之旅就此戛然而止。

接下来麦卡杜也完成得分王三连庄，并加冕了常规赛 MVP，以一己之力将勇敢者打造成季后赛常客，却始终无缘总冠军。1976/1977 赛季，急功近利的勇敢者为了 300 万美金的收益，将麦卡杜送往纽约尼克斯，球队实力因此大打折扣。

后麦卡杜时代的勇敢者连续两个赛季仅取得 30 胜、27 胜，为了摆脱困境，勇敢者在 1977/1978 赛季之后迁址到圣地亚哥。圣地亚哥是太平洋沿岸的海港名城，也是风起云涌的"大航海时代"的美洲明珠，所以布法罗勇敢者也更名为"圣地亚哥快船"。

快船在圣地亚哥的第一个赛季就取得 43 胜，但在强敌环伺的西部联盟仍然无法闯入季后赛。之后这支球队又连续 3 年没能迈进季后赛门槛，雪上加霜的是，快船在圣地亚哥几乎被人遗忘，更令人郁闷的是，天才"状元"中锋比尔·沃尔顿在快船的 6 年里（从 1979 年到 1985 年）伤病始终如影随形，并没有为球队崛起做出突出贡献。

1982 年，唐·斯特林以 2000 万美金收购快船，这支球队再次迁址到洛杉矶。

1984 年 11 月 1 日，洛杉矶快船在洛杉矶体育馆初次亮相，以 107 比 105 击败来访的纽约尼克斯。自此，洛杉矶体育馆成为快船的主场，一直延续了 15 个赛季。

洛杉矶是湖人的天下，初来乍到的快船只有陪太子读书的份儿，而他们缺兵少将、星味寡淡的阵容以及持续暗淡的战绩，让他们在"天使之城"始终缺乏存在感。

1996/1997 赛季，快船以 36 胜 46 负首次踏入季后赛，却被爵士无情横扫。

1999 年 6 月，快船在首轮第 4 顺位摘到拉马尔·奥多姆，一位天赋超群、身手全能的"左手魔术师"。1999/2000 赛季，快船将主场搬到斯台普斯中心。乔迁新址后的快船又深陷伤病阴霾，战绩依然踱步不前。虽然奥多姆首秀即完成 30+ 三双，惊诧世人，但他高开低走，放任自流，缺乏成为快船当家球星的必要条件。

2001 年 6 月，快船用"榜眼秀"泰森·钱德勒与公牛交易，得到联盟一流实力派大前锋埃尔顿·布兰德。自此，洛杉矶快船终于有了引领球队破浪前行的首任船长。

虽然相貌平平、朴实无华，但这位"车轱辘汉子"却拥有扎实细腻的中投技巧以及不俗的低位杀伤力，在"蓝领"球员外表下拥有一个"白领"球星的内核。

2001/2002 赛季，布兰德入选全明星，但快船仅取得 39 胜，无缘季后赛。此后三年即便布兰德成为场均 20+10 的全明星大前锋，依然无法率领快船挺进季后赛。

2005/2006 赛季，快船终于以 47 胜的战绩重返季后赛，并闯入西部半决赛。虽然与太阳大战七场之后遗憾败北，但快船的迅速崛起已经抢了湖人在洛杉矶的风头。

接下来三个赛季，快船一路沉寂，"船长"布兰德也在 2008 年夏天黯然离去。

2009 年选秀大会，快船用"状元签"选中天赋惊人的"狮鹫兽"布雷克·格里芬，似乎燃起了复兴曙光。可惜这位野兽派大前锋还没在 NBA 展示自己，就因为膝伤缺席了整个 2009/2010 赛季。2010/2011 赛季，格里芬在迟到的"菜鸟赛季"用 242 记扣篮畅快淋漓地诠释飞天遁地的暴力美学，率快船收获 32 胜，当选该赛季的最佳新秀。

2011 年 11 月，快船迎来克里斯·保罗。保罗与格里芬、德安德烈·乔丹组成"快船三巨头"，用一次次完美空接惊艳联盟，从此洛杉矶惊现"空接之城"。彼时，保罗经常灵犀一闪、送出高抛妙传，格里芬和小乔丹轮番跃起，将球砸进篮筐，快船凭此成为联盟最具观赏性的球队，也升级成豪华战舰，向总冠军的方向拔锚起航。

2011/2012 缩水赛季，快船取得 40 胜 26 负，以西部第 5 的身份重返季后赛，首轮

快船总抢断榜		快船总盖帽榜	
1. 兰迪·史密斯	1072	1. 德安德鲁·乔丹	1277
2. 克里斯·保罗	902	2. 贝诺特·本杰明	1117
3. 加里·格兰特	747	3. 埃尔顿·布兰德	1039
4. 罗恩·哈珀	606	4. 克里斯·卡曼	707
5. 丹尼·曼宁	548	5. 鲍勃·麦卡杜	614

轮艰难淘汰灰熊，然后被老辣的马刺横扫出局，止步于西部半决赛。

2012/2013 赛季，快船在洛杉矶"德比"战横扫湖人，豪取 17 连胜，以 56 胜的不俗战绩再战进季后赛。但在首轮以 2 比 0 领先的情况下，被灰熊连扳四场，惨遭逆转。

2013/2014 赛季，快船再上层楼，豪取 57 胜，克劳福德以场均 18.6 分荣膺最佳第六人。快船在季后赛首轮以 4 比 3 险胜库里领衔的勇士，却在西部半决赛以 2 比 4 被雷霆击败，保罗场均贡献 22.5 分、11.8 次助攻，付出一切的 CP3 依旧没有摸到西决的地板。

2014 年 5 月 27 日，微软前 CEO 史蒂夫·鲍尔默成为快船新老板，这位超级富豪是一名狂热的篮球迷，他为了打造"超级巨舰"不惜一掷千金，以后会淋漓展现。

2014/2015 赛季，快船取得 56 胜，连续 4 年挺进季后赛。首轮快船与马刺"抢七"大战，保罗拖着伤腿迎着邓肯投入制胜球。快船将上届冠军马刺淘汰，士气正盛，但在西部半决赛以 3 比 1 领先时，却被火箭连扳三场淘汰，道格·里弗斯教练的履历薄上又添一次"被逆转"经历，而保罗与"西决地板"似乎永隔一道天堑。

作为一艘"海陆空"兼备的"航空母舰"屡次被逆转，快船在 2015 年休赛期再度招兵买马，招来兰斯·史蒂文森以及老牌球星保罗·皮尔斯，力求增加侧翼火力。

然而，补强之后快船不进反退，在 2015/2016 赛季首轮以 2 比 4 不敌开拓者。

2016/2017 赛季，保罗年过三十，状态下滑，接过大旗的格里芬也陷入伤病泥潭，虽然快船以 51 胜的战绩依旧挺进季后赛，但这支球队还是倒在首轮里。

2017 年夏天，保罗远赴休斯敦火箭。2018 年夏天，小乔丹转投独行侠。因为伤病坠入凡尘的格里芬也在这一年被快船交易到活塞。昔日风光一时的"空接之城"也在风流云散中辗转成尘，成为那个霁月光风时代的一个美丽童话。

后空接时代的快船战绩下滑到 50 胜以下，成为一支季后赛边缘平民球队，但斗志昂扬。2019 年首轮，他们几乎把那支天下无敌的"宇宙勇"逼到绝境，贝弗利对于杜兰特的撕咬式盯防；路易斯·威廉姆斯手术刀式突破；加里纳利轻舒猿臂般远射，还有快船老板鲍尔默组合拳庆祝，都成为快船留给 2019 年夏天的一抹亮色。

虽然快船依旧倒在"五星"勇士脚下，但他们的"平民励志"故事足以令人起敬。2019 年夏天，快船手握重金招募天下英雄。不仅将当下联盟最炙手可热的巨星、2019 年新科总决赛 MVP 科怀·伦纳德招至麾下，还为他配齐争冠搭档——保罗·乔治，为了达成这笔交易，快船不惜向雷霆付出丰厚的交易筹码，其中包括"希望之星"亚历山大。

伦纳德联袂乔治，两位均是攻防一体的侧翼小前锋。他们虽然率队打出不俗的攻防战力，但缺乏稳定与延续性，加上二人此起彼伏的连绵伤病，快船始终没有打出令人期待的战绩。2020 年西部半决赛，快船在以 3 比 1 领先后，被掘金连扳三场强行逆转。

2021 年西部半决赛，伦纳德膝盖十字韧带撕裂离场，之后虽然乔治带领快船击退爵士杀入西部决赛，但还是不敌布克与保罗领衔的太阳。之后两个赛季，因为伦纳德与乔治伤病不断，"双子星"同时闪耀几近奢望，快船始终无法在季后赛有所突破。

2023 年 10 月 31 日，昔日 MVP、得分王 & 助攻王詹姆斯·哈登加盟快船，与伦纳德、乔治和威斯布鲁克组成"四巨头"。经过一波磨合阵痛期以及低迷六连败之后，快船发生脱胎换骨的改变，威少以替补出战依旧出色，快船布阵攻防更为均衡合理。

哈登坐镇中军、指挥若定，身边还有两位攻防一体的顶级球员（伦纳德与乔治），曼恩在攻防两端提供无限能量，鲍威尔拥有"平民版科比"的得分爆发力，而祖巴茨在哈登的频频挡拆助攻之下，成为准全明星级中锋。

在六连败之后，快船豪取一波九连胜，终于成为天下球迷憧憬的"超级战舰"，争冠命运的齿轮也开始转动，他们沿着目标总冠军的航线，迎风破浪，拔锚起航。

2023/2024 赛季战罢，群星璀璨的快船最终以西部第四战绩驶进季后赛航道，首轮对阵独行侠。不幸的是快船的"船长"伦纳德又遭遇伤病困扰，虽然在第二、三场尝试复出，但实力大打折扣，快船也因此连折两阵。

最终，快船在彻底失去"头牌"伦纳德的逆境中，通过哈登与乔治联袂发威，赢下第四场之后，再也难求一胜，最终以 2 比 4 不敌独行侠，止步于季后赛首轮。

豪华"四巨头"版洛杉矶巨舰就此搁浅，令人无限唏嘘，快船只能在风雨如晦的岁月中再次停泊靠岸，默默期待着新一轮的"大航海时代"。

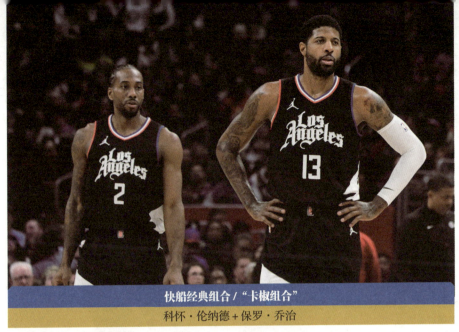

快船经典组合 / "卡椒组合"

科怀·伦纳德 + 保罗·乔治

2019 年 7 月，刚刚率领猛龙夺得总冠军的新科总决赛 MVP 伦纳德加盟洛杉矶快船。与此同时，保罗·乔治也从雷霆来到这里。两大攻防一体的顶级小前锋并肩作战，每人场均都能贡献 20+5+5 的全面数据，组成威震联盟的锋线"双子星"。因为中国球迷习惯将伦纳德叫"小卡"（卡哇伊），给乔治起绰号为"泡椒"，所以他们的组合也被中国球迷称为"卡椒组合"。

伦纳德巨掌遮天、臂展超长，以"死亡缠绕"名动江湖，成为顶级外线防守悍将，又凭"生死一杀"得到升华，率猛龙击败勇士夺冠，其攻击力也堪称联盟顶级。更多时候，强悍霸道的伦纳德就像一个冷静严密、高效锋锐的"机器人"，在攻守两端令对手胆寒。

乔治球风优雅飘逸。他以科比为偶像，却似 T—MAC 的翻版，以防守起步，日趋全能。出手大气且精准，凭借全能身手和柔顺手感，这位顶级侧翼球员总能面对各种防守从容得分。

如果"卡椒组合"保持健康，双星闪耀的快船的确拥有冲击总冠军的实力。然而，他们此起彼伏地陷入伤病阴霾，而且年年如此，让快船在每个赛季总是虎头蛇尾，倒在季后赛的征途。

2021 年季后赛，快船虽然杀入西部决赛，但伦纳德在西部半决赛伤退，让独自领军的乔治孤掌难鸣，以 2 比 4 不敌太阳，快船惨遭淘汰，乔治连续 18 场季后赛得分 20+ 的纪录也戛然而止。

2023/2024 赛季，哈登加盟快船，这位得分助攻王带来澎湃的得分创造力以及策动全队进攻的能力，很大程度释放"卡椒组合"的进攻火力，一波 9 连胜之后，快船再次变成夺冠大热门。

快船历史最佳阵容

控球后卫	得分后卫	小前锋	大前锋	中锋
克里斯·保罗	**保罗·乔治**	**科怀·伦纳德**	**布雷克·格里芬**	**鲍勃·麦卡杜**
保罗把快船从鱼腩球队变成了连续六进季后赛的劲旅。他用绝妙传球把洛杉矶变成"空接之城"，并两夺助攻王与抢断王。	虽然经历过大伤，但乔治在快船场均依旧能砍下 23 分，他跳投精准，攻防一体，是一位球风优雅的顶级侧翼球员。	巨掌遮天，面沉似水，看似木讷的眼神却令对手恐惧。伦纳德如"机器人"般冷静稳定，在攻防两端都具备非凡统治力。	格里芬是野兽派大前锋的翘楚，巅峰时扣篮诠释了美轮美奂的暴力美学，当他不再飞天遁地时，又变成全能实力派球员。	麦卡杜是跳投型中锋鼻祖，三度蝉联得分王。作为快船唯一获得常规赛 MVP 的球员，场均为球队贡献 28.2 分、12.7 个篮板。
● Chris Paul	● Paul George	● Kawhi Leonard	● Blake Griffin	● Bob McAdoo
● 2011—2017 年	● 2019 年至今	● 2019 年至今	● 2009—2018 年	● 1972—1976 年
●效力期间主要荣誉	●效力期间主要荣誉	●效力期间主要荣誉	●效力期间主要荣誉	●效力期间主要荣誉
1 届全明星 MVP/2 届助攻王 /3 届抢断王	1 届最佳阵容三阵 /3 届全明星	1 届最佳阵容一阵 /1 届全明星 MVP/3 届全明星	5 届全明星 /3 届最佳阵容二阵	1 届常规赛 MVP/3 届得分王 /3 届全明星

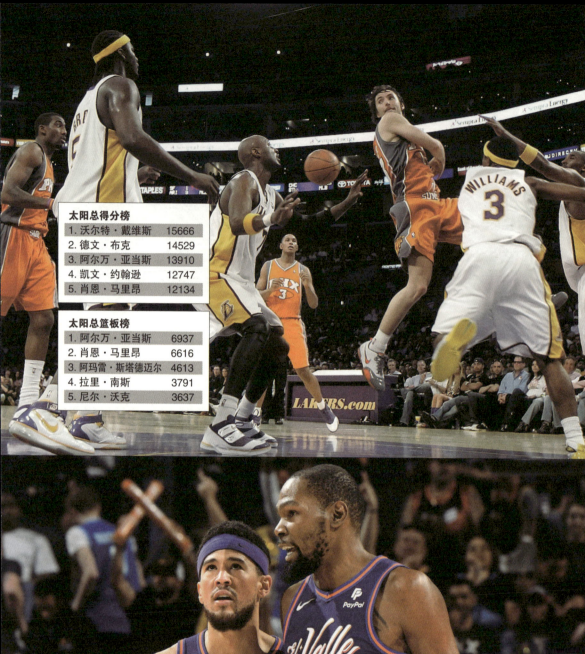

太阳总得分榜

1. 沃尔特·戴维斯	15666	
2. 德文·布克	14529	
3. 阿尔万·亚当斯	13910	
4. 凯文·约翰逊	12747	
5. 肖恩·马里昂	12134	

太阳总篮板榜

1. 阿尔万·亚当斯	6937	
2. 肖恩·马里昂	6616	
3. 阿玛雷·斯塔德迈尔	4613	
4. 拉里·南斯	3791	
5. 尼尔·沃克	3637	

太阳总助攻榜

1. 史蒂夫·纳什	6997	
2. 凯文·约翰逊	6518	
3. 阿尔万·亚当斯	4012	
4. 沃尔特·戴维斯	3340	
5. 贾森·基德	3011	

菲尼克斯太阳

PHOENIX SUNS

菲尼克斯拥有亚利桑那州最绚丽瑰奇的大漠落日，这也是太阳名字的由来。太阳对于进攻的渴望就如同万物追逐阳光，实属天性。

"闪电"凯文·约翰逊与"风之子"史蒂夫·纳什，"凤凰城"的两代指挥官，风格迥异，但都率领太阳打出闪耀时代的华丽进攻。而巴克利就像热烈奔放的重金属乐手，肆无忌惮、张狂不羁地演绎着抽象派狂欢曲，让菲尼克斯太阳一度光芒万丈。

如今"三巨头"杜兰特、布克与比尔领衔的太阳依旧如日中天，虽然历经风雨，但太阳依旧会照常升起，依旧会释放炙热光芒。

1968年，亚利桑那州首府菲尼克斯拥有了一支NBA球队。因为这座沙漠之中的"凤凰城"常年干旱少雨、阳光充足，所以他们将这支球队命名为"菲尼克斯太阳"。

1968/1969赛季，菲尼克斯太阳只取得16胜66负，在NBA首个赛季即联盟垫底。之后他们浑浑噩噩度过一个赛季，直到1970/1971赛季，太阳才确立稳扎稳打的风格，战绩提升至48胜，成为一支季后赛球队。之后，太阳一直在季后赛边缘徘徊。

1976年，太阳终于在季后赛中突破自己，一路杀入总决赛。总决赛六场战罢，太阳以2比4不敌凯尔特人，与总冠军失之交臂，双方留下一场三加时的"天王山鏖战"。

巅峰梦碎，菲尼克斯太阳似乎也坠入谷底，随后又"暗无天日"许多年。

20世纪80年代初期，太阳在季后赛连续倒在湖人脚下，中期又跌入"乐透"区，直到1988年2月，他们通过交易得到凯文·约翰逊，"凤凰城"才又见旭日升起。

凯文·约翰逊绰号"闪电"，他迅疾无比而又犀利多变，这位1.85米的全能控卫很快就擎起菲尼克斯的进攻大旗。1988/1989赛季，他场均掠下20.4分、12.2次助攻，荣膺该赛季"进步最快球员奖"，率领太阳打出55胜27负的联盟第二佳战绩，并在季后赛一路杀入西部决赛，可惜依然越不过湖人"天堑"，被"紫金军"横扫出局。

此后3个赛季，虽然约翰逊场均贡献20分、10次助攻，却无力率领太阳冲出西部。

1992/1993赛季，菲尼克斯太阳与76人交易得到查尔斯·巴克利，这是NBA史上最有个性、最具杀伤力的矮壮型大前锋。彼时太阳阵容鼎盛，除了巴克利与汤姆·钱伯斯在内线翻江倒海之外，外线还有凯文·约翰逊指挥若定，以及"神射手"丹·马尔利百步穿杨。于是，菲尼克斯太阳在1992/1993赛季狂揽联盟第一的62胜，巴克利加冕了常规赛MVP，让"飞人"乔丹MVP三连庄成为泡影。1993年季后赛，太阳挟62胜之勇荡平西部，却在总决赛以2比4不敌乔丹领衔的芝加哥公牛。

接下来两个赛季，巴克利饱受伤病困扰，太阳实力下滑，且欠缺运气。1994年和1995年季后赛，太阳两次被火箭逼进第七场然后被逆转，留下"大梦"的神勇片段和马里奥·埃里的"死亡之吻"，以及约翰逊生死局的46分、10次助攻，徒添一丝悲壮。

1996年，巴克利加盟火箭，携手奥拉朱旺、德雷克斯勒追逐总冠军梦想。而太阳也在1996年"黄金一代"选秀大会以第15顺位选中史蒂夫·纳什，并且在1996年12月从小牛交易得到贾森·基德。自此，太阳云集了三大殿堂级控卫。

凯文·约翰逊迅疾如风、投传俱佳；贾森·基德运筹帷幄、算无遗策；史蒂夫·纳什华丽奔放，拥有海龙兴波般进攻创造力。如果三人巅峰相遇，那么太阳将呈现无比壮观的盛景，可惜此时约翰逊已年过而立，基德是一位只有两年NBA球龄的新人，纳什更是初出茅庐的"菜鸟"。1996/1997赛季，约翰逊与基德联袂组成"双控卫"后场，替补席上坐着纳什，就此奠定了菲尼克斯喜欢天才控卫来引领绚丽进攻的基调。

1998年，江河日下的约翰逊宣布退役，纳什也被太阳交易到达拉斯小牛。1999年3月25日，基德重伤退赛，约翰逊火线复出救驾，可惜太阳依旧被湖人挡在西部半决赛。

凯文·约翰逊退役后，和基德搭档的人变成了"便士"哈达威。虽然后卫线依旧鼎盛，虽然太阳依然是季后赛球队，但无力从湖人与马刺轮番统治的"狂野西部"突围。

2001年太阳与篮网达成交易，基德和马布里互换东家，2001/2002赛季，太阳仅获得36胜46负，惨淡战绩为太阳带来不错的选秀签，因此他们能在2002年选秀大会首轮第9顺位选中阿马雷·斯塔德迈尔，这位势若奔雷、刚猛无俦的"小霸王"为"凤凰城"带来新的生机。迈克·德安东尼在2003/2004赛季中期执教太阳，更为球队带来质变。

2004年夏天，30岁的纳什离开达拉斯，白衣独行，再回菲尼克斯太阳。

德安东尼确立纳什为战术核心，推出7秒甚至更快的"跑轰战术"。于是"风之子"从"凤凰城"从容起手，驱动全员不停奔跑、不断快攻。2004/2005赛季，太阳凭借超前整个NBA时代的"跑轰战术"席卷联盟，飙到62胜，纳什加冕常规赛MVP，德安

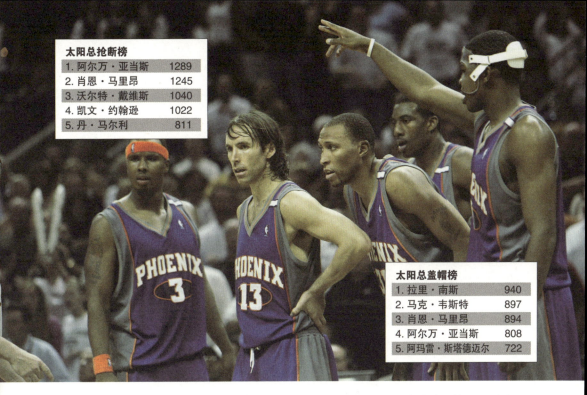

太阳总抢断榜	
1. 阿尔万·亚当斯	1289
2. 肖恩·马里昂	1245
3. 沃尔特·戴维斯	1040
4. 凯文·约翰逊	1022
5. 丹·马尔利	811

太阳总盖帽榜	
1. 拉里·南斯	940
2. 马克·韦斯特	897
3. 肖恩·马里昂	894
4. 阿尔万·亚当斯	808
5. 阿玛雷·斯塔德迈尔	722

东尼成了年度最佳教练，昆廷·理查德森整个赛季命中 225 记三分球联盟第一，而马里昂与斯塔德迈尔、纳什组成 "MSN" 组合成为联盟最炙手可热的三人组。

接下来的 2005/2006 赛季与 2006/2007 赛季，太阳依旧火爆，分别取得 54 胜、61 胜。纳什点燃了全队的进攻灵魂，他那神出鬼没的传球也成就了队友的功名，拉加·贝尔进了年度防守第一阵容，迪奥当选进步最快球员，巴博萨成为年度最佳第六人，而纳什也在 2005/2006 赛季再次蝉联了常规赛 MVP。

虽然太阳在常规赛火凤燎原，但到了 "防守至上、内线为王" 的季后赛，却屡次折戟沉沙。2005 年西部决赛，太阳以 1 比 4 输给内线拥有邓肯的马刺。2007 年西部半决赛再次被马刺击败。在那个偏重内线的慢节奏时代里，太阳队拉空内线、高位挡拆，崇尚速度和射术的打法虽然独树一帜，却不能夺冠立派，毕竟他们不是 10 年之后的勇士。

痛定思痛，太阳放弃了这种意识超前的 "跑轰" 风格，找来奥尼尔对抗邓肯。纳什的魔法棒依旧神奇，但天地间却已没有了足够的魔法元素供他驱使。

2009 年，年迈的 "大鲨鱼" 奥尼尔离开 "凤凰城"。2010 年，纳什与斯塔德迈尔率领太阳再次挺进西部决赛，以 2 比 4 不敌科比领衔的湖人。西决之旅更像是太阳的回光返照，之后菲尼克斯日薄西山。2011 年，斯塔德迈尔东游纽约，纳什也在 2012 年夏天去了湖人，搭档科比追求总冠军梦想。随着太阳的三位纳什接班人德拉季奇、布莱德索、小托马斯相继离去，菲尼克斯的落日渐渐沉入了地平线，而且很多年没能再度升起。

2015 年，太阳队用 13 号签摘走 18 岁的德文·布克，"凤凰城" 又迎来一丝曙光。13 号新秀、得分后卫、跳投美如画，布克让人想起科比。2017 年 3 月 25 日，太阳对阵凯尔特人，布克独自轰下 70 分，更展现出堪比 "黑曼巴" 的得分爆炸力。

2018年，太阳又用"状元签"选中德安德烈·艾顿，一位来自巴哈马的天才中锋。

一位锋锐凛冽的得分后卫，一位身高臂长的"状元中锋"，布克与艾顿的组合固然威力十足，但不足以率领太阳在狂野西部杀入季后赛，即便他们率队在2019/2020赛季复赛阶段8战全胜，即便布克场均轰下30.5分，因为球队还缺少一名正印指挥官。

2020年11月，昔日"第一控卫"克里斯·保罗来到"凤凰城"，太阳完美补强。

虽然35岁的CP3已过巅峰，但还拥有出色的大局观以及阅读比赛能力，很快就梳理好全队进攻，让身边的布克、艾顿均打出上佳表现。2020/2021赛季，NBA因为疫情原因只有72场比赛，太阳取得51胜21负的优异战绩，高居西部第二，时隔11年后重返季后赛。此时的太阳阵容鼎盛，保罗与布克联袂组成超级后场，艾顿在内线倒海翻江，侧翼还有"大桥"米卡尔·布里奇斯这样的顶级3D骁将。

2021季后赛，太阳首轮以4比2淘汰上届冠军湖人，西部半决赛又横扫掘金，西部决赛以4比2击败快船，一举打进总决赛。总决赛太阳先在足迹中心球馆赢下两场，与金杯近在咫尺，但此后风云突变，雄鹿竟然连下四城，一路逆袭夺得总冠军。

太阳虽然与总冠军失之交臂，但依旧收获颇丰，主将布克证明了自己的"高端局"即战力，在首次季后赛之旅总得分就创下NBA纪录（601分）。

2021/2022赛季，太阳照常升起，创造队史最佳战绩64胜18负。但作为总冠军最大热门的太阳却止步于西部半决赛，被东契奇领衔的独行侠以4比3淘汰。

2023年2月9日，太阳与篮网达成重磅交易，送出米卡尔·布里奇斯、卡梅隆·约翰逊、杰·克劳德以及未来四个首轮签，得到杜兰特，组成（艾顿+布克+保罗+杜兰特）"四巨头"组合，风头可谓一时无两，却以2比4不敌掘金，依旧止步于西部半决赛。

2023年休赛期，太阳与蒙蒂教练分道扬镳，请来冠军教头沃格尔。保罗与艾顿相继离去，太阳招募到奇才的超级得分手布拉德利·比尔，与杜兰特、布克组成进攻版"三巨头"。如果三人健康，仅凭单打便能赢下70%的比赛，可惜比尔长期因伤缺阵。

杜兰特挥舞镰刀拔高太阳的上限，布克得分如麻，动辄砍下50+、60+，维系着太阳的基本盘。此外，努尔基奇、戈登各怀绝技，阵中还有投出联盟第一三分命中率的"鹰眼"格雷森·阿伦，如果比尔健康归来，太阳的未来值得期待。

可惜事与愿违，太阳勉强以西部第六跻身季后赛，但在季后赛首轮却被森林狼以4比0横扫出局。"神射手"阿伦因伤缺阵与比尔在季后赛低迷表现成为太阳失利的主要因素，而太阳脆弱不堪的防守以及（防守型）沃格尔单调至极的进攻战术也是失利的原因之一。也许，沃格尔执教太阳本身就是彼此错误的选择。

太阳总会照常升起，但杜兰特又将年华老去，他在青春逼人的爱德华兹面前露出那一抹无奈的微笑，如菲尼克斯的残阳一般，虽然壮丽却有着转瞬即逝的结局。

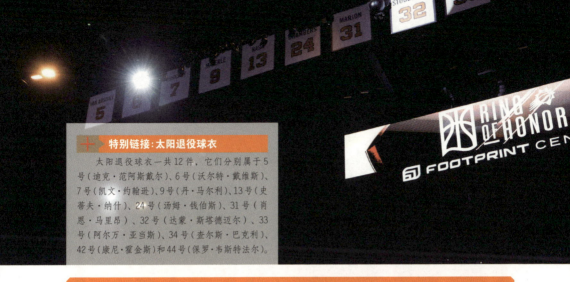

特别链接：太阳退役球衣

太阳退役球衣一共12件，它们分别属于5号（迪克·范阿斯戴尔）、6号（沃尔特·戴维斯）、7号（凯文·约翰逊）、9号（丹·马尔利）、13号（史蒂夫·纳什）、24号（汤姆·钱伯斯）、31号（肖恩·马里昂）、32号（达豪·斯塔德迈尔）、33号（阿尔万·亚当斯）、34号（查尔斯·巴克利）、42号（康尼·霍金斯）和44号（保罗·韦斯特法尔）。

太阳经典组合 / "MSN"

史蒂夫·纳什 + 阿马雷·斯塔德迈尔 + 肖恩·马里昂

2004年，纳什回到菲尼克斯太阳，马里昂（Marion）、斯塔德迈尔（Stoudemire）与纳什（Nash）三人联手，组成"MSN"组合，联手率领太阳刮起席卷联盟的进攻风暴。

在德安东尼的跑轰战术催动下，在纳什海龙兴波的策动中，太阳在2004/2005赛季就打出赏心悦目的华丽快攻，豪取联盟最佳的62胜。他们那7秒进攻就像一把快刀，将原本秉持凝重防守风格的联盟划出一道血痕。"MSN"在那个赛季均大放异彩。纳什场均贡献15.5分、11.5次助攻，荣膺常规赛MVP，斯塔德迈尔场均劈下26分，马里昂场均贡献19.4分、11.3个篮板的华丽两双。

当时经典场景是，"纳什穿针引线，'小霸王'力劈华山。马里昂伺机而动，等到纳什一个回头望月，然后扬手一记'白猿献果'式三分球"，那是一代人的青春。

"小霸王"斯塔德迈尔刚猛无俦，是攻城拔寨的一把利器，他和纳什的传切配合繁花似锦。"骇客"马里昂长臂如猿，拥有顶级运动天赋与全面身手，是太阳无所不能的全能战士。

从2004到2008年，"MSN"率领太阳高举"跑轰"大旗，在常规赛打得风生水起，可惜在季后赛因为防守端赢弱等原因，三度倒在马刺铁军之下，始终未能染指总冠军。

太阳屡次跌倒在拼防守的季后赛，决心求变。2008年2月，太阳将马里昂送到热火，换来"大鲨鱼"奥尼尔，开启另一个篇章。曾风光一时的"MSN"就此解体，跑轰风暴也随之落幕。

太阳跑轰虽然没有形成风潮，却为十年之后勇士开启小球时代做了一次预演。

太阳历史最佳阵容

控球后卫	得分后卫	小前锋	大前锋	中锋
史蒂夫·纳什	**德文·布克**	**肖恩·马里昂**	**查尔斯·巴克利**	**阿玛雷·斯塔德迈尔**
"风之子"海龙兴波般推动太阳华丽绽放，用流苏般的7秒进攻掀起席卷联盟的跑轰狂潮。	布克曾单场砍下70分，是现役罕见的古典型得分后卫，这位偏执锋锐、跳投美如画的13号新秀，似乎承袭了科比风格。	这位投篮姿势怪异的"骇客"，曾是那支"盛世骄阳"弹跳如簧的全能战士，也是能在场上防守五个位置的锋线鬼才。	巴克利是矮壮型大前锋的翘楚，进攻全面，背打无解。效力太阳4个赛季，曾率队打出单赛季最佳的62胜，并杀入总决赛。	"小霸王"不仅擅长劲爆扣篮，还有一手精准中投，效力太阳8个赛季，他与纳什的挡拆成为太阳进攻的经典起手式。
● Steve Nash	● Devin Booker	● Shawn Marion	● Charles Barkley	● Amare Stoudemire
● 1996—1998年 / 2004—2012年	● 2015年至今	● 1999—2008年	● 1992—1996年	● 2002—2010年
●效力期间主要荣誉 2届常规赛MVP/5届助攻王/3届最佳阵容一阵	●效力期间主要荣誉 1届最佳阵容一阵/4全明星/最佳新秀阵容一阵	●效力期间主要荣誉 4届全明星/2届最佳阵容三阵	●效力期间主要荣誉 1届常规赛MVP/1届全明星MVP/4届全明星	●效力期间主要荣誉 5届全明星/1届最佳阵容一阵/最佳新秀

萨克拉门托国王夺冠年份表
1951年 罗切斯特皇家（国王前身）4比3 纽约尼克斯

国王总得分榜
1. 奥斯卡·罗伯特森　22009
2. 杰克·特威曼　15840
3. 米奇·里奇蒙德　12070
4. 内特·阿奇博尔德　10894
5. 达龙·福克斯　9940

国王总篮板榜
1. 萨姆·拉西　9353
2. 杰里·卢卡斯　8876
3. 奥斯卡·罗伯特森　6380
4. 维恩·恰布里　OG5T
5. 杰克·特威曼　5424

国王总助攻榜
1. 奥斯卡·罗伯特森　7731
2. 萨姆·拉西　3563
3. 内特·阿奇博尔德　3499
4. 达龙·福克斯　2870
5. 雷吉·托伊斯　2809

萨克拉门托国王

SACRAMENTO KINGS

回溯漫长的国王队史,不乏"大O"罗伯特森、"小精灵"阿奇博尔德这样的篮球天才,但国王在绝大多数时期都籍籍无名,只有在21世纪初叶异军突起,成为那个时代华丽优雅的"无冕之王"。

在阿德尔曼的"普林斯顿"战术体系加持下,国王打出水银泻地般华丽进攻,内线有韦伯与迪瓦茨这对最会传球的内线组合,外线有佩贾那个时代最准的三分射手以及冷血杀手毕比……

他们在那些年自成一派,开启团队艺术篮球之先河,却在西决惜败于湖人,没能赢得总冠军,但这并不妨碍世人对他们的偏爱。

随着小萨博尼斯与福克斯这对顶级内外线双人组的确立,国王终于结束连续16载无缘季后赛的窘境,迎来崛起的一道曙光。

1948/1949赛季开始之前,原来隶属NBL的罗切斯特皇家正式并入BAA(美国篮球协会、NBA的前身)。那个赛季,他们取得45胜15负,并在主场拿下33胜1负的绝佳战绩。1948/1949赛季赛季结束不久,BAA与NBL合并成为NBA。

1949/1950赛季,罗切斯特皇家凭借顽强防守和团队协作一骑绝尘,取得了51胜17负的显赫战绩,和当时不可一世的明尼阿波利斯湖人并肩而立。

1950/1951赛季,罗切斯特皇家在季后赛连克活塞、明尼阿波利斯人,最后在总决赛经过七场大战,将尼克斯斩落马下,成功捧得队史第一座总冠军奖杯。

1954/1955赛季,NBA确立"24秒进攻限时"的规则,习惯慢节奏"防守至上"的罗切斯特皇家有些无所适从,在那个赛季只拿下29场胜利,接下来两个赛季又无缘季后赛,显然已跌出豪强之列。

1957/1958 赛季之初，罗切斯特皇家搬迁到辛辛那提。1958/1959 赛季，成为辛辛那提皇家的这支球队只拿下 19 胜。否极泰来，跌入谷底的皇家很快就迎来转机。

1960 年，辛辛那提皇家用本地选秀权选中奥斯卡·罗伯特森，一位身手极其全面的高大型控卫。在"大 O"罗伯特森之前，NBA 还没有如此全能的高后卫。

1960/1961 赛季，"大 O"在新秀赛季场均得到 30.5 分、9.7 次助攻，不仅夺得助攻王，终结了鲍勃·库西连续 8 届助攻王垄断，还一举荣膺全明星赛 MVP。

1961/1962 赛季，罗伯特森场均贡献 30.8 分、12.5 个篮板、11.4 次助攻，打出前无古人的赛季场均"三双"，在罗伯特森的带领下，辛辛那提皇家慢慢回到正轨。

1962 年，辛辛那提皇家用"地域新秀选择权"将杰里·卢卡斯招至麾下，这是一位拥有 NBA 顶级篮板技巧的大前锋，并且拥有不俗的进攻能力。1964/1965 赛季，卢卡斯和罗伯特森双星闪耀，罗伯特森场均拿下 30.4 分、11.5 次助攻，而卢卡斯场均贡献 20 个篮板，皇家拿下 48 胜，高居东区第二。但季后赛，缺乏经验的皇家输给了费城。

之后的几个赛季，卢卡斯和罗伯特森表现依然惊艳，但辛辛那提皇家却止步不前，甚至连续 5 年未能杀入季后赛，唯一让球迷欣慰的是，辛辛那提皇家在 1970 年选秀大会第二轮 19 顺位收获了内特·阿奇博尔德，一个以 1.85 米瘦小身躯勇闯 NBA 的"小精灵"，之后更成为唯一一位在同一赛季将得分王与助攻王集于一身的球员。

彼时，卢卡斯和罗伯特森双双离去，阿奇博尔德在鲍勃·库西悉心指导下，成为皇家的首席指挥官。1971/1972 赛季结束后，皇家从辛辛那提搬迁到了堪萨斯，更名为堪萨斯城奥马哈国王，赛区归属也从东部转为西部。

1972/1973 赛季，阿奇博尔德场均贡献 34 分、11.4 次助攻，加冕得分王的同时问鼎助攻王，但"小精灵"的个人高光无法为球队打开季后赛大门。直到 1974/1975 赛季，堪萨斯城奥马哈国王才时隔 8 年重返季后赛，却在西部半决赛倒在公牛的脚下。

之后，堪萨斯又进入漫长的沉寂期。1984 年，球队决定搬迁到萨克拉门托，希望新的城市能给球队带来新的气象。然而，事与愿违，更名为萨克拉门托国王之后球队没有任何转好的气象，甚至陷入更长、更深的"十年沉沦期"。

1995/1996 赛季，萨克拉门托国王勉强凭着常规赛 39 胜 43 负的战绩杀入季后赛，不过很快，在 1996/1997 赛季，他们就再度被关了季后赛的大门之外。

1998/1999 赛季，萨克拉门托国王终于迎来"王"——克里斯·韦伯，这位 NBA 史上最华丽优雅的大前锋在阿科球馆一片紫色人海与漫天欢呼声中翩然起舞，展现出优雅超凡的创造力与攻击力。在那个缩水赛季，国王"咸鱼翻身"，在韦伯、贾森·威廉姆斯和弗拉德·迪瓦茨领军下完成蜕变，开始成为季后赛的常客。

1999/2000 赛季，萨克拉门托国王在常规赛赢下 44 场胜利，却在季后赛首轮输给如日中天的湖人。接下来的 2000/2001 赛季，国王常规赛豪取 55 胜，连续第 3 年杀入季后

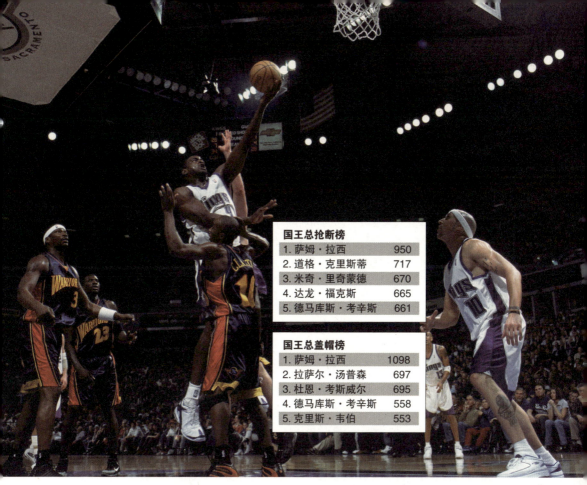

国王总抢断榜	
1. 萨姆·拉西	950
2. 道格·克里斯蒂	717
3. 米奇·里奇蒙德	670
4. 达龙·福克斯	665
5. 德马库斯·考辛斯	661

国王总盖帽榜	
1. 萨姆·拉西	1098
2. 拉萨尔·汤普森	697
3. 杜恩·考斯威尔	695
4. 德马库斯·考辛斯	558
5. 克里斯·韦伯	553

赛，不过季后赛他们再度败给湖人。经过屡次季后赛失利，国王终于迎来绽放的曙光。

2001/2002 赛季，国王豪取 61 胜。彼时，这支球队在阿德尔曼的"普林斯顿"战术体系加持下，打出水银泻地般华丽进攻。韦伯攻防有度、指挥若定，毕比冷血稳健、一剑封喉，迪瓦茨中轴策应，加上杰克逊等一众"板凳匪徒"，国王成为联盟顶级劲旅。

国王球员在场上不停地跑动、空切，加上韦伯和迪瓦茨两位传球艺术大师的调度策应与敏锐嗅觉，将"普林斯顿"的全员进攻演绎到了极致。2002 年季后赛，国王一路杀入西部决赛，面对老对手湖人以 3 比 2 领先拿下赛点，还是被湖人以 4 比 3 淘汰。

西巅落败，华丽成殇。铩羽而归的国王本希望卷土重来，并且在 2002/2003 赛季拿下 59 胜。可惜韦伯在季后赛伤退，国王以 3 比 4 不敌小牛，止步于西部半决赛。

2003/2004 赛季，国王取下 55 胜，连续第 6 次挺进季后赛。随着西部半决赛抢七大战惜败于森林狼，那支如紫花般绚丽的萨克拉门托国王开始渐次凋零。2005 年 2 月，伤病缠身的韦伯被国王交易至费城 76 人。2005/2006 赛季，国王又送走佩贾。

从 2006/2007 赛季起，国王就像一个熙熙攘攘的客栈。阿泰斯特、凯文·马丁、泰瑞克·埃文斯、德马库斯·考辛斯、扎克·兰多夫、比永博、托马斯·罗宾逊、本·麦克莱默等球员来来往往，无论是通过选秀还是交易得到的球员，无论天赋异禀还是资质平平之辈，都无法率队重返季后赛，国王陷入长达十数年的"至暗时光"。

其中，顶着"第一中锋"名头来到国王的考辛斯最令人唏嘘。虽然"考神"数据爆棚，但其火暴脾气也触及国王的底线，万般无奈，国王在 2017 年初将考辛斯送到鹈鹕。

以长年积弱代价换来优质选秀权，让国王有了复兴的可能。2017 年 NBA 选秀大会，国王在首轮第 5 顺位选中"灵狐"达龙·福克斯，一位速度奇快的"刺客型"后卫。

2018/2019 赛季，顶着爆炸头闯入 NBA 的福克斯经过一年蛰伏之后，在生涯第二个赛季迎来华丽蜕变，场均能得到 17.3 分、7.3 次助攻。2019/2020 赛季，福克斯换成干练的寸头，按照 NBA "头发越短表现越牛"的传统，福克斯正式开启球星升级之路。

2020 年选秀大会，国王在首轮第 12 顺位选中泰里斯·哈利伯顿，来辅佐才华横溢但缺乏稳定感的福克斯。哈利伯顿迅速展现出堪比"魔术师"的华丽助攻，其上升势头迅猛，大有与福克斯"一争瑜亮"之势。一山难容二虎，几经权衡，国王决定留下拥有更符合当下潮流的刺客型后卫福克斯。2022 年 2 月，国王将哈利伯顿交易到印第安纳步行者，换来多曼塔斯·萨博尼斯这位全明星中锋，与福克斯组成联盟一流的内外双人组。

2022 年 5 月，国王又聘请迈克·布朗来担任主教练。这位原勇士四冠时期的首席助教将独领"小球时代"风骚的金州跑轰战术移植到国王，他将小萨博尼斯当作进攻加强版的格林；将福克斯视为三分弱化版但更年轻的库里；将三分球高手赫尔特当作平民版的"汤神"，力求将国王打造成一支更快更年轻的勇士。

2022/2023 赛季，福克斯场均贡献 25 分、6.1 次助攻，小萨博尼斯场均得到 19.1 分、12.3 个篮板，二人双双入选全明星。这对风华正茂的内外线双人组联手率领国王成为 NBA 场均得分第一的"进攻大队"，最终取得 48 胜 34 负，以西部第三名的佳绩挺进季后赛，结束萨克拉门托国王连续 16 年无缘季后赛的窘境。

2023 年季后赛，国王与勇士展开镜像对决。第一场，福克斯砍下 NBA 历史首秀第二高的 38 分，率领国王赢得开门红，接下来国王再胜一场，2 比 0 领先。经过七场较量，最终国王以 3 比 4 不敌勇士，福克斯在第四场遭遇左手食指骨折成国王的败因。

2023/2024 赛季，国王卷土重来。蒙克在冲击季后赛的关键时刻（2024 年 3 月底）因伤休战，让国王实力受损。最终仅取得 46 胜 36 负，排名西部第九。

国王虽然在"九十"附加赛中击败勇士，报了上赛季被金州淘汰的一箭之仇，但随后输给鹈鹕，萨克拉门托国王最终还是跌倒在 2024 年的季后赛门外。

虽然无缘 2024 年季后赛，但这支积弱多年的国王已经踏上复兴之路。阵中拥有面如平湖而胸有激雷的"灵狐"福克斯，拥有联盟前三的全能中锋小萨博尼斯，也拥有瞬息间摧敌斩将的马利克·蒙克、老当益壮的"黑鹰"巴恩斯，可谓阵容豪华，有望重现 21 世纪之初那段繁花似锦的萨克拉门托"五虎"时光。

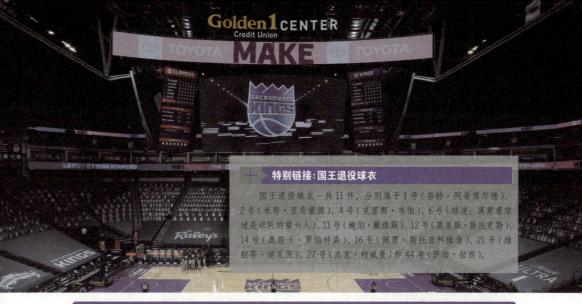

+ 特别链接：国王退役球衣

国王退役球衣一共11件，分别属于1号（奈特·阿奇博尔德）、2号（米奇·里奇蒙德）、4号（克里斯·韦伯）、6号（球迷；寓意着球迷是球队的第六人）、11号（鲍伯·戴维斯）、12号（莫里斯·斯托克斯）、14号（奥斯卡·罗伯特森）、16号（佩贾·斯托亚科维奇）、21号（维拉蒂·迪瓦茨）、27号（杰克·特威曼）和44号（萨姆·拉西）。

国王经典组合／"萨克拉门托五虎"

迈克·毕比＋道格·克里斯蒂＋佩贾·斯托贾科维奇＋克里斯·韦伯＋弗拉德·迪瓦茨

国王在20世纪之初聚拢了那时NBA所有的聪明人，组成名扬天下的"萨克拉门托五虎"。

控卫线上有冷血的"白魔鬼"，毕比在2002年西部决赛"天王山"一剑封喉，成为阿德尔曼眼中最佳指挥官。克里斯蒂曾入选1次最佳防守一阵＋3次防守二阵，是分卫线的防守大闸。

小前锋佩贾是一位媲美雷·阿伦的三分射手，场均三分球命中率为41.6%，每场能贡献20+的分数。中锋迪瓦茨的篮板球和高位策应能力都非常出众，能驱动国王打出行云流水的进攻。

韦伯是这支华丽国王的核心，巅峰赛季场均贡献24.5分、10个篮板和4.6次助攻。作为最会传球的大前锋，韦伯就像一个无限兼容的CPU，全力驱动着全队的进攻。他拥有出类拔萃的传球技巧和无限开阔的视野，能完美展示普林斯顿体系的精华所在。

"五虎"联袂闪耀，国王从2000年到2004年连续四个赛季均取得55胜以上的优异战绩，其中在2001/2002赛季豪取联盟最佳的61胜21负，并一举杀入西部决赛，惜败于湖人。

"五虎"领衔的国王虽不是那个时代的王者，却开创了华丽无比的团队进攻，在NBA历史长河中留下浓重的一笔。

国王历史最佳阵容

控球后卫	得分后卫	小前锋	大前锋	中锋
奥斯卡·罗伯特森	达龙·福克斯	佩贾·斯托贾科维奇	克里斯·韦伯	德马库斯·考辛斯
"大O"是NBA最全能的球员之一，效力国王10个赛季，是队史的总得分王与总助攻王，并缔造赛季场三双的神迹。	福克斯是"刺客型"领袖，拥有现役球员的最快速度，在生死时刻得分能力冠绝联盟，是联盟首届"关键先生"。	作为一名欧洲顶级射手，佩贾不仅拥有出色的无球远投能力，还有优秀的团队意识，是华丽"五虎"国王时期的主力。	韦伯是华丽优雅的大前锋，力量和速度并存，掌控和灵性兼备。作为"五虎"国王的核心，每一传都有瓦解防守的穿透力。	考辛斯技术细腻全面，效力国王场均贡献21.1分、10.8个篮板，可惜受困于暴脾气与伤病，未能取得与天赋匹配的成绩。
● Oscar Robertson ● 1960—1970年 ● 主要荣誉：1届常规赛MVP/3届全明星MVP/6届助攻王	● De'Aaron Fox ● 2017年至今 ● 效力期间主要荣誉：1届全明星/1届最佳关键球员	● Peja Stojakovic ● 1998—2006年 ● 效力期间主要荣誉：3届全明星/2届三分球大赛冠军	● Chris Webber ● 1998—2005年 ● 效力期间主要荣誉：4届全明星/1届篮板王/1届最佳阵容一阵	● Demarcus Cousins ● 2010—2017年 ● 效力期间主要荣誉：3届全明星/1届最佳阵容二阵

东风尤劲

NBA 三十强列传 ／ 东部联盟

东南赛区
Southeast Division

迈阿密热火 / 奥兰多魔术 / 华盛顿奇才
亚特兰大老鹰 / 夏洛特黄蜂

东 部 联 盟

热火总得分榜

1. 德怀恩·韦德　21556
2. 阿朗佐·莫宁　9459
3. 格伦·莱斯　9248
4. 勒布朗·詹姆斯　7919
5. 克里斯·波什　6914

迈阿密热火历史夺冠年份表

1. 2006 年　热火　4 比 2　达拉斯小牛
2. 2012 年　热火　4 比 1　俄克拉荷马雷霆
3. 2013 年　热火　4 比 3　圣安东尼奥马刺

热火总篮板榜

1. 乌杜尼斯·哈斯勒姆　5791
2. 阿朗佐·莫宁　4807
3. 罗尼·塞卡利　4544
4. 德怀恩·韦德　4482
5. 巴姆·阿德巴约　3917

热火总助攻榜

1. 德怀恩·韦德　5310
2. 蒂姆·哈达威　2867
3. 戈兰·德拉季奇　2034
4. 马里奥·钱莫斯　2004
5. 勒布朗·詹姆斯　1980

迈阿密热火

MIAMI HEAT

迈阿密热火虽然建队时间不长，却取得辉煌绚丽的荣耀，拥有铁血坚韧的豪强风骨，而塑造这一切的缔造者就是帕特·莱利。

1995 年，帕特·莱利来到迈阿密热火开启教父般的铁腕统治。直至今日，热火还深深浸染在帕特·莱利冷酷犀利的个人风格之中，20 余年来鲜明而炽热——犹如迈阿密那澎湃酷热的阳光沙滩。

2006 年夺冠是韦德个人的逆袭之旅，而"三巨头"的热火就是强大无比的"联合军团"，几乎成就了"迈阿密王朝"。

后"三巨头"时代，斯波教练依旧执掌帅印，巴特勒率领一群由低顺位、二轮秀和落选秀组成的平民热火创造出"黑八"奇迹，将迈阿密的故事书写成"草根励志"的又一个版本。

1987 年，NBA 扩充计划正式确定四支新军。夏洛特黄蜂和迈阿密热火在 1988/1989 赛季率先登场，明尼苏达森林狼和奥兰多魔术在 1989/1980 赛季陆续亮相。

位于佛罗里达州东南角的迈阿密是一座海滨名城，这里由蓝天、碧海、沙滩与阳光构成一个热辣浓郁、充满异域风情的旅游胜地。这里的球队经过多轮征名投票，最终命名为"迈阿密热火"，充分显示出这座城市的风格与热情。

迈阿密热火在进入 NBA 的前三个赛季战绩惨淡，单赛季最高仅取得 24 胜。直到 1991/1992 赛季才以 38 胜东部第八的战绩首次进入季后赛，却惨遭乔丹领衔的公牛横扫。

经过几番挣扎，迈阿密热火终于在 1995 年 9 月迎来他们的"教父"帕特·莱利。时至今日，热火还沿袭着帕特·莱利的风格理念，依旧是一支铁血铿锵的东部劲旅。

"神算子"帕特·莱利成为热火主教练兼总经理之后，大刀阔斧地进行阵容改造，在 1995 年 11 月从黄蜂交易得到阿朗佐·莫宁，并以这位铁塔般中锋为基石，开始铁血篮球的布道。1995/1996 赛季中期，热火又迎来优秀指挥官蒂姆·哈达威，这只"甲壳虫"在迈阿密温暖的阳光下斑斓飞舞，首次成功将变向运球过人（Crossover）融入 NBA 比赛之中，开启一派华丽运球的实战先河，并引领热火在 1996/1997 赛季步入巅峰。

1996/1997 赛季，哈达威场均得到 20.3 分、8.6 次助攻，入选最佳阵容一阵，莫宁也场均贡献 19.8 分、9.9 个篮板。二人一内一外，率领热火打出队史新高的 61 胜。

1997 年季后赛，热火首轮轻取魔术之后，在东部半决赛与纽约尼克斯进行殊死较量。同样的铁血中锋（尤因对阵莫宁），同样的明星后卫（阿兰·休斯顿对阵蒂姆·哈达威），同样的战术理念（崇尚对抗，强调防守）。经过长期沉闷高压的镜像对决，终于在第 5 场爆发了 NBA 著名的"群殴"事件，这也导致尤因等球员禁赛，尼克斯在以 3 比 1 领先之际痛失好局，热火此战获胜，又胜两场，反败为胜淘汰尼克斯。热火杀入东部决赛，面对乔丹领衔如日中天的公牛，还是没有一战之力，被公牛以 4 比 1 淘汰出局。

1998 年季后赛首轮，又是热火对阵尼克斯。前三场热火以 2 比 1 领先，第四战，莫宁与拉里·约翰逊大打出手。为了保护本方队员，尼克斯主教练杰夫·范甘迪死死抱住莫宁大腿，在地板上被拖行很长距离都没有撒手，莫宁与约翰逊均被禁赛。尼克斯之后连下三城淘汰热火。热火尼克斯二番对决，这次纽约人笑到最后。

1999 年东部季后赛首轮，尼克斯 VS 热火的第三番对决。彼时热火高居东部第一，尼克斯仅居东部第八，却在第五场最后时刻凭借阿兰·休斯敦的抛投绝杀，以 78 比 77 险胜热火，并以总比分 3 比 2 淘汰对手，上演了不可思议的"黑八奇迹"。

2000 年东部半决赛，尼克斯与热火的第四番对决，经过七场鏖战，仍以热火失败而告终。连续 4 年季后赛相遇，两支球队上演了足以载入史册的钢铁烈火般宿命交锋。

2000 年，莫宁被查出患有严重肾病，在 2000/2001 赛季缺席 69 场比赛，正待卷土重来的迈阿密热火因此直坠谷底。此后三年间，热火虽然收获卡隆·巴特勒等实力战将，但群龙无首的他们依然无法风云再起，直到人才辈出的 2003 年选秀大会。

2003 年选秀大会迎来闪耀史册的"白金一代"，迈阿密热火在首轮第 5 顺位选中德怀恩·韦德，一位快如闪电的得分后卫。当三年后韦德成为突破无解的"闪电侠"，并率热火夺冠之后，迈阿密球迷才明白"神算子"帕特·莱利此次选秀的慧眼独具。

2003/2004 赛季，韦德在新秀赛季场均贡献 16.2 分、4.5 次助攻，率领热火以 42 胜战绩重回季后赛。此后，韦德在季后赛首秀面对黄蜂奉献一记抛投绝杀，又在客场砍下 27 分，最终率领热火"抢七"淘汰黄蜂，挺进第二轮。虽然热火在东部半决赛以 2 比 4 不敌步行者，但作为球队季后赛得分王与助攻王的韦德展现出了大将之风。

2004 夏天，帕特·莱利开启一场世纪豪赌，以奥多姆、格兰特、卡隆·巴特勒、一个首轮签和一个次轮签为筹码，从湖人交易得到"大鲨鱼"沙奎尔·奥尼尔。一位是如

热火总抢断榜		
1. 德怀恩·韦德		1492
2. 马里奥·钱莫斯		791
3. 格兰特·朗		666
4. 格伦·莱斯		572
5. 凯文·爱德华兹		560

热火总盖帽榜		
1. 阿朗佐·莫宁		1625
2. 德怀恩·韦德		812
3. 哈桑·怀特塞德		783
4. 罗尼·塞卡利		610
5. 乔尔·安东尼		456

星辰般崛起的超级分卫,一位是尚在巅峰尾巴的联盟最强中锋,韦德(Wade)与奥尼尔(O'Neal)组成"WO"超级二人组,其威力不亚于当年的"OK 组合"。

热火以"WO 组合"为基石,在 2005 休赛期又引进"白巧克力"贾森·威廉姆斯、安东尼·沃克、加里·佩顿等名将辅佐,而最让热火球迷欣慰的是,他们昔日的"斗魂"阿朗佐·莫宁(经过肾移植手术)复出辗转篮网之后,也在 2005 休赛期回归热火。

2005/2006 赛季,韦德场均轰下 27.2 分、送出 6.7 次助攻,奥尼尔场均贡献 20 分、9.2 个篮板,莫宁场均奉献 2.7 次封盖,热火席卷东部,在季后赛灭公牛、败篮网,又在东部决赛以 4 比 2 淘汰了昔日霸主底特律活塞,一路杀入总决赛。

2006 年总决赛,热火在前两场以 0 比 2 落后小牛濒临绝境之际,逼出一个逆天改命的"闪电侠"。第三战,韦德劈下 42 分、13 个篮板;第四战,韦德射落 36 分;第五战,韦德轰出 43 分,加时两罚决胜;第六战,韦德又以 36 分锁定胜局。整个总决赛后四场,韦德场均砍下 39 分,率领热火连扳四场,以总比分 4 比 2 逆转击败诺维斯基领衔的小牛,夺得队史第一个总冠军,韦德也以场均 34.7 分荣膺了总决赛 MVP。

然而,热火夺冠之后面临阵容老化与伤病的双重危机,迅速跌落神坛,在 2007 年季后赛首轮被公牛横扫出局。2007 年 12 月 20 日,莫宁这位强悍的"肾斗士"终于因伤告别赛场。2008 年,不复当年之勇的"大鲨鱼"西游加盟菲尼克斯太阳。

在那段岁月里,韦德深陷伤病泥潭,独木难支,热火进入浮沉不定的至暗岁月。

2010 年夏天,当热火输给凯尔特人时,韦德说:"这是我最后一次首轮出局。"之后勒布朗·詹姆斯与克里斯·波什来到迈阿密,与韦德组成"热火三巨头"。

詹姆斯、韦德、波什，"03白金一代"最出色的四人中的三位都聚集在热火，而且正当盛年。2010/2011赛季，经过短暂磨合，"三巨头"率领热火渐入佳境，并在季后赛一路扫荡东部，掀翻东部统治者凯尔特人，击败新科MVP罗斯领衔的公牛。

然而，2011年总决赛诺维茨基神射通玄，率领达拉斯小牛逆转击败热火，完成复仇夺冠的同时，也击碎迈阿密"三巨头"联袂首个赛季便率队夺冠的梦想。

2011/2012赛季，"三巨头"率领热火卷土重来，最终以4比1的大比分力斩"雷霆三少"，捧得队史第二座总冠军奖杯。詹姆斯包揽常规赛、总决赛双料MVP，并且在2012年东部决赛必须赢下的第六战独砍45分，一战击溃老"三巨头"的凯尔特人。

2012/2013赛季，作为联盟王者的热火又添最强三分射手——雷·阿伦，卫冕之路可谓无人可挡，豪取一波联盟历史第二长的27连胜（湖人33连胜第一）。

最终，热火以66胜（队史最佳）联盟第一战绩昂首挺进季后赛，并在东部决赛经过七场鏖战击败保罗·乔治领衔的步行者，再次杀入总决赛。

2013年总决赛，热火面对老而弥坚的"GDP组合"领衔的马刺，陷入前所未有的苦战。第六场，以总比分3比2手握赛点的马刺在最后28.2秒依旧领先热火5分，总冠军近在咫尺，但随着詹姆斯的一记迫近比分的三分球命中以及雷·阿伦最后一刻逆转乾坤的"绝平三分"，热火起死回生，并且最终在第六场险胜马刺。将比赛拖入"抢七大战"。

随后，热火在"抢七大战"战胜马刺，成功卫冕总冠军。

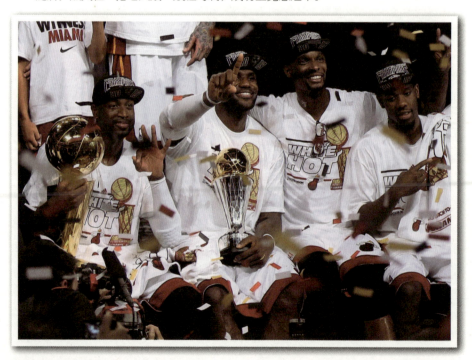

两连冠之后的热火在 2013/2014 赛季没有做出有效补强，而且韦德因为伤病失去了顶级的爆发力，热火无法继续打出烈焰般进攻。2014 年总决赛，马刺成功复仇，以 4 比 1 击败热火。热火未能三连冠，詹姆斯在 2014 年休赛期决定重回家乡克利夫兰，欲率领骑士冲击总冠军，韦德和波什继续留守迈阿密，"三巨头"的热火时代戛然而止。

后"三巨头"时代的热火诸事不顺，韦德饱受膝伤困扰巅峰不再，2014/2015 赛季开始不久，波什又遭遇肺部血栓，被迫退出余下的比赛，热火直接沦落到"乐透区"。

2016 年夏天，韦德离开热火，迈阿密的"闪电侠"时代落幕，而高薪续约的波什则因肺部血栓，就此告别了 NBA，热火也进入一个群龙无首的混乱时代。

2018 年 9 月，36 岁的韦德回到热火，开启"最后一舞"旅程。2019 年 4 月 11 日，韦德在最后一战豪取 25 分、11 个篮板、10 次助攻的"三双"之后，完美谢幕。

2019 年 7 月，吉米·巴特勒加盟热火。此时的热火早已不是"三巨头"时代那支星光闪耀的顶级豪强，而是由低顺位、二轮秀和落选秀组成的平民球队，这与朴实无华的巴特勒相得益彰，并且巴特勒拥有一种铁血强悍的特质，完美契合了热火风骨。

斯波尔斯特拉教练迅速确立巴特勒为热火核心，热火在这位"铁血硬核"的强势引领下竟然在 2019/2020 赛季掀起烈火燎原之势。2020 年季后赛，热火首轮横扫步行者，东部半决赛以 4 比 1 淘汰雄鹿，东部决赛又以 4 比 2 击败凯尔特人，杀入总决赛。

此时的热火阵容是由巴特勒、阿德巴约、德拉季奇、希罗与邓肯·罗宾逊等球员组成，选秀最高顺位的希罗也不过是首轮第 13 顺位，账面上来看天赋平平。然而就是这样一支平民球队依靠坚韧无畏的意志以及精密细致的战术执行力，竟然横扫东部，完成与"詹眉"双状元组合领衔的湖人在总决赛正面交锋，而且大战六场。

虽然总决赛热火不敌湖人，憾失总冠军，但巴特勒在第三场（40 分、11 个篮板、13 次助攻）与第五场（35 分、12 个篮板、11 次助攻）两次豪取"大三双"，并率队取得这两场胜利，他领导下的这支热火足以令人肃然起敬。

经过 2020/2021 赛季短暂沉寂，热火在 2021/2022 赛季迎来新援洛瑞、P.J. 塔克之后豪取东部第一的 53 胜，并在季后赛连灭老鹰、76 人，在东部决赛与凯尔特人鏖战七场。虽然"抢七大战"热火负于凯尔特人无缘总决赛，但巴特勒在东部决赛第六场拖着伤腿于北岸花园轰下 47 分并命中关键球的壮举，足以永载史册。

2022/2023 赛季，热火又一次惊诧世人。他们在常规赛仅取得 44 胜，通过两场附加赛才拿到最后一个季后赛名额。首轮以东部第八的末位挑战东部第一的雄鹿。

没有人看好这支平民热火，然而，巴特勒在首轮第四战轰下 56 分，在第五战更是命中匪夷所思的绝平球，并独砍 42 分，率领热火以 4 比 1 淘汰了"字母哥"领衔的雄鹿。完成首轮"黑八"之后，热火如怒火奔流，一发而不可收。东部半决赛以 4 比 2 将尼克斯挑于马下，东部决赛热火以 4 比 3 淘汰"双探花"领衔的凯尔特人。

虽然总决赛热火以 1 比 4 不敌掘金，但这支平民球队已创造了一个史无前例的"黑八神话"。除了巴特勒在季后赛打出碾压那些超级巨星的神奇表现之外，阿德巴约也神勇异常，总决赛连续 4 场砍下"20+10"。

2023 年休赛期，乌杜尼斯·哈斯勒姆宣布退役，这位 43 岁的老将把 20 年职业生涯全部奉献给迈阿密热火。

进入 2024 年，热火与斯波尔斯特拉教练续签 8 年长约，1 月 24 日，热火又送出了洛瑞和 2027 年首轮签，从黄蜂得到特里·罗齐尔，助力热火冲击总冠军。

2023/2024 赛季，迈阿密热火最终取得 46 胜 36 负，并通过附加赛战胜公牛，以东部第八的身份搭上季后赛末班车。季后赛第二场，热火三分线外 43 投 23 中，命中队史单场最高的 23 记三分球，在客场以 111 比 101 力克东部第一的凯尔特人。

可惜"硬汉"巴特勒因伤缺席整个季后赛，缺兵少将的热火无法与凯尔特人抗衡，最终被"绿衫军"以 4 比 1 淘汰出局。虽然止步于 2024 年季后赛首轮，但迈阿密传奇还远远没有结束，这支由低顺位、落选秀和过气球星组成的热火竟然成为席卷东部的铁血雄师，四年三次杀进东部决赛，两次获得东部冠军并挺进总决赛。

斯波尔斯特拉教练执教有方，帕特·莱利铁腕治军，并在近年来在低顺位与角色球员的选材培养颇为成功，赋予了这支热火一种团队至上的"平民豪强"气质。

烈火燎原，呈现凶猛之势，这就是迈阿密热火一贯风骨，且将延续下去。

热火历史最佳阵容

控球后卫	得分后卫	小前锋	大前锋	中锋
蒂姆·哈达威	**德怀恩·韦德**	**勒布朗·詹姆斯**	**克里斯·波什**	**阿朗佐·莫宁**
他是将 Crossover 融入 NBA 实战的"甲克虫"，效力热火五个赛季，曾率热火打出 61 胜，并首次杀进东部决赛。	韦德是热火之魂，早年间利用速度冲锋陷阵无双，率热火赢得首冠，之后再拿两冠，是热火唯一的三冠王和总得分 & 助攻王。	詹姆斯效力热火 4 年，连续两个赛季包揽常规赛 & 总决赛 MVP，这位无比全能的控球小前锋终成胜利者，登上联盟之巅。	这位昔日"北境龙王"在"三巨头"中甘当绿叶，即便如此，波什拥有全面灵活的投篮技巧，在攻防两端为热火贡献颇多。	莫宁性如烈火、霸道雄浑，累计效力热火 11 年，场均贡献 16 分、2.7 次盖帽，是热火总盖帽王。
● Tim Hardaway	● Dwyane Wade	● LeBron James	● Chris Bosh	● Alonzo Mourning
● 1995—2001 年	● 2003—2016 年/2018—2019 年	● 2010—2014 年	● 2010—2016 年	● 1995—2002 年/2005—2007 年
效力期间主要荣誉	**效力期间主要荣誉**	**效力期间主要荣誉**	**效力期间主要荣誉**	**效力期间主要荣誉**
2 届全明星/1 届最佳阵一阵/2 届最佳阵容二阵	3 届总冠军/1 届总决赛 MVP/1 届得分王	2 届总冠军/2 届总决赛 MVP/2 届常规赛 MVP	2 届总冠军/6 届全明星/3 届投篮之星冠军	1 届总冠军/2 届最佳防守球员/2 届盖帽王

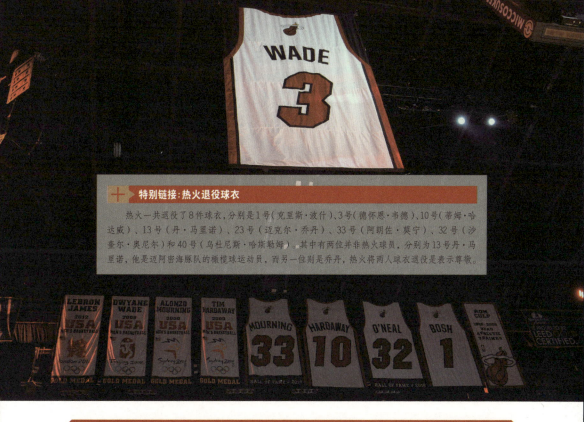

特别链接:热火退役球衣

热火一共退役了 8 件球衣,分别是 1 号(克里斯·波什)、3 号(德怀恩·韦德)、10 号(蒂姆·哈达威)、13 号(丹·马里诺)、23 号(迈克尔·乔丹)、33 号(阿朗佐·莫宁)、32 号(沙奎尔·奥尼尔)和 40 号(乌杜尼斯·哈斯勒姆)。其中有两位并非热火球员,分别为 13 号丹·马里诺,他是迈阿密海豚队的橄榄球运动员,而另一位则是乔丹,热火将两人球衣退役是表示尊敬。

热火经典组合 / "热火三巨头"

德怀恩·韦德 + 勒布朗·詹姆斯 + 克里斯·波什

2010 年夏天,"03 年白金一代"的三杰齐聚迈阿密,组成名动天下的"热火三巨头"。

韦德,当时联盟第二得分后卫;詹姆斯,联盟第一小前锋;波什,联盟前五的大前锋。三位正值当打之年的巨星巅峰聚首,顿时引起轩然大波,此时热火已经拥有改变联盟格局的账面力量。

詹姆斯和韦德都是攻防一体且终结能力超强的锋卫线巨星,能在攻防两端给对手毁灭性打击,"詹韦连线"也成为那个时代"十佳球"的保留节目。而波什在"三巨头"中甘当绿叶,他在打无球与高位策应中都颇具效率与威胁,尤其还拥有一手当时内线球员难得的三分球投射,大大加强了热火的战术空间与丰富性。

他们本应顺理成章地统治一个时代,然而彼此合作的首个赛季却输给小牛,憾失总冠军。

2011/2012 赛季,热火终于在总决赛兵不血刃 4 比 1 击溃"三少"领衔的雷霆,"三巨头"终于携手夺取首个总冠军。

2012/2013 赛季,热火摧枯拉朽般地豪取 27 连胜,最终取得队史最佳的 66 胜,并成功卫冕总冠军。

2013/2014 赛季,马刺复仇火焰吞噬了热火的"三连冠"梦想。随着詹姆斯在 2014 年休赛期做出回家"决定","热火三巨头"的时代就此落幕。

"三巨头"携手 4 年,率领热火连续 4 年闯进总决赛、两夺总冠军,豪取历史第二长的 27 连胜……关于"热火三巨头"的合作褒贬不一,但从结果来看,他们的合作非常成功。

魔术总得分榜		魔术总篮板榜	
1. 德怀特·霍华德	11435	1. 德怀特·霍华德	8072
2. 尼克·安德森	10650	2. 尼古拉·武切维奇	6381
3. 尼古拉·武切维奇	10423	3. 沙奎尔·奥尼尔	3691
4. 特雷西·麦克格雷迪	8298	4. 尼克·安德森	3667
5. 贾马尔·尼尔森	8184	5. 霍雷斯·格兰特	3353

魔术总助攻榜	
1. 贾马尔·尼尔森	3501
2. 斯科特·斯凯尔斯	2776
3. 达雷尔·阿姆斯特朗	2555
4. 安芬尼·哈达威	2343
5. 尼克·安德森	1937

奥兰多魔术

ORLANDO MAGIC

奥兰多魔术从不缺少天赋绝佳的球星，从"大鲨鱼"奥尼尔、"魔兽"霍华德、"便士"哈达威、"T-MAC"麦克格雷迪、"无冕扣篮王"阿隆·戈登到如今的2022年"状元"保罗·班切罗……

然而，魔术却从未染指总冠军，从前那些璞玉们在这里扬名立万之后，都选择远走他乡，留下一段璀璨旅程，就像奥兰多夜空的烟花一样，绚烂而又短暂，又像"魔术"本身，看似酷炫，实乃幻象。

而从魔术走出的球星都有些迪士尼的味道，"大鲨鱼"和"超人"就像是从迪士尼乐园走出来的童话角色，充满喜剧天赋。而哈达威与麦迪球风优雅飘逸，就像游弋在篮球场上的"精灵王子"。

位于佛罗里达州中部的奥兰多是一座著名的"游乐之城"，拥有世界最大的迪士尼乐园，这里的魔术引人入胜，所以当他们有了 NBA 球队，就命名为"奥兰多魔术"。

作为 NBA1987 年扩充计划中的四支新军（明尼苏达森林狼、迈阿密热火、夏洛特黄蜂和奥兰多魔术）之一，魔术姗姗来迟。奥兰多球迷的巨大热情终于打动 NBA，经过董事会投票通过，奥兰多魔术于 1989/1990 赛季才在 NBA 正式亮相。

虽然起步较晚，但奥兰多魔术经过两个低迷赛季之后，很快就步入崛起之路。

1992 年 NBA 选秀大会，奥兰多魔术在首轮第 1 顺位选中"大鲨鱼"沙奎尔·奥尼尔，一位巅峰时最具内线统治力的强力中锋。

1993 年 NBA 选秀大会，奥兰多魔术又用"状元签"选中的克里斯·韦伯与勇士交易，得到首轮 3 号秀"便士"安芬尼·哈达威，魔术为此还搭上三个未来选秀权。

自此，奥兰多魔术拥有了一个（"大鲨鱼"与"便士"）超级内外线组合。

此时的奥尼尔还未横勇无敌，他青涩未退，带着庞大身躯仍然跑跳如飞。哈达威轻灵飘逸，具备洞穿一切的创造力。他与奥尼尔默契十足，在彼此合作的首个（1993/1994）赛季便率领魔术挺进季后赛，可惜以 0 比 3 不敌步行者，止步于首轮。

1994/1995 赛季，"便士"哈达威成为场均 20 分、7 次助攻的全能控卫，"大鲨鱼"奥尼尔成为场均 29 分、11 个篮板的霸道中锋，二人成为当时联盟最具威力的内外线双人组，率领魔术在 1995 年季后赛高歌猛进。魔术在东部半决赛竟然掀翻（乔丹复出）公牛，一路杀奔总决赛。可惜魔术在总决赛中被火箭横扫，奥尼尔被奥拉朱旺的"梦幻舞步"无情戏耍，沦为困于浅滩的"幼鲨"，奥兰多童话就此戛然而止。

1995/1996 赛季，奥尼尔在赛季前不慎弄断手指，缺阵六周。独自带队的哈达威一度打出场均 27 分、6.5 次助攻的"月最佳"表现，并且在季后赛连续两场砍下 40+。

虽然魔术不敌热火止步季后赛首轮，但哈达威打出高光表现，魔术甘愿为他奉上一份 9 年 7200 万美元的大合同，确立其核心地位。与此形成鲜明对比的是，魔术只报价给奥尼尔一份 7 年 6900 万美元的续约合同，与后者期待相差甚远。于是 1996 年夏天，奥尼尔与湖人签下一份 7 年 1.2 亿美元合同之后，"大鲨鱼"开始西游洛杉矶。

没有"大鲨鱼"，独自领军的哈达威又陷入膝伤泥潭，奥兰多魔术从此一蹶不振。

失去主将的魔术虽然拥有一战之力，但也只是在季后赛边缘徘徊的球队，没有任何争冠的希望，在进入 21 世纪之后，奥兰多人终于又迎来新的希望。

2000 年休赛期，特雷西·麦克格雷迪加盟奥兰多魔术，虽然那时的他还只是 21 岁的新星，但傲人天赋与无限潜力已经蓬勃显现。与此同时，格兰特·希尔也来到魔术，这是一位场均"20+9+7"全能控球小前锋。希尔与麦迪的外线二人组不禁令人想起乔丹与皮蓬，可惜希尔在效力魔术的 5 个赛季里彻底变成"玻璃人"，从未与麦迪在季后赛里联袂出场，他们这对效仿"乔丹与皮蓬"的二人组，其威力只能停留在想象中。

奥兰多魔术进入麦迪一人独舞的时代。2000/2001 赛季，麦迪场均得到 26.8 分、7.5 个篮板和 4.6 次助攻，拿下进步最快球员奖。2002/2003 赛季，麦迪场均轰下 32.1 分，还贡献 6.5 个篮板、5.5 次助攻，加冕得分王，并入选最佳阵容一阵。

2003/2004 赛季，麦迪场均砍下 28 分，二度蝉联得分王。虽然他在常规赛大杀四方，却始终无法率领魔术突破季后赛首轮，即便麦迪在季后赛连续砍下 40+。

2003/2004 赛季，魔术只取得 21 胜的惨淡战绩，麦迪心灰意冷，在 2004 年夏天结束了奥兰多时光，加盟火箭联手姚明，魔术在麦迪交易中得到"腾空王"弗朗西斯。

2004 年，魔术在选秀大会上用"状元签"选中"魔兽"德怀特·霍华德，一个在性格和天分上都带着"鲨鱼"影子的天赋流中锋。

拥有"魔兽"的魔术成为东部新贵，经过几年蛰伏之后，在 2008/2009 赛季显露峥嵘。霍华德在这个赛季包揽篮板王、盖帽王、年度最佳防守球员，入选最佳双一阵。大范甘

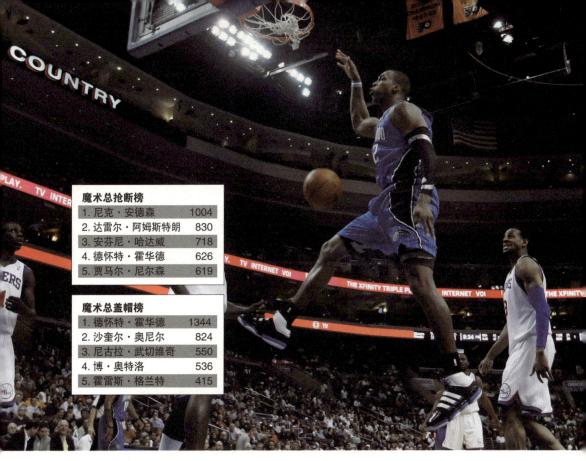

魔术总抢断榜
1. 尼克·安德森		1004
2. 达雷尔·阿姆斯特朗		830
3. 安芬尼·哈达威		718
4. 德怀特·霍华德		626
5. 贾马尔·尼尔森		619

魔术总盖帽榜
1. 德怀特·霍华德		1344
2. 沙奎尔·奥尼尔		824
3. 尼古拉·武切维奇		550
4. 博·奥特洛		536
5. 霍雷斯·格兰特		415

迪教练围绕霍华德打造了"一星四射"体系。彼时魔术内线有"魔兽"翻江倒海，外线有特克格鲁这样的全能指挥官以及拉沙德·刘易斯这样的高炮台神射手，可谓攻守俱佳。魔术凭此在常规赛豪取 59 胜，并在 2009 年季后赛先后淘汰 76 人和凯尔特人，随后在东部决赛以 4 比 2 淘汰詹姆斯领衔的骑士，一举杀入总决赛。

2009 年总决赛，魔术以 1 比 4 不敌科比领衔的湖人，与总冠军奖杯失之交臂。

接下来的三个赛季，霍华德三年蝉联最佳防守球员，成为联盟中"唯一单换詹姆斯"的最强中锋 。不过，尽管个人步入巅峰，"魔兽"亦未能率领魔术取得突破。随着詹姆斯、韦德与波什组成"三巨头"，率领热火统治天下，魔术争冠的希望越发渺茫。

2012 年夏天，霍华德远赴洛杉矶，沿着当年奥尼尔一样的出走轨迹，加盟湖人联手科比，永远不缺天才的奥兰多，依旧无法留住天才。天予不取，反受其咎。至此，奥兰多魔术失去了迄今为止最后一个超级巨星，进入遥遥无期的重建之路。

自从霍华德被交易后，魔术陷入多年的重建，成为联盟存在感最低的球队之一。

从 2012 到 2018 的 6 年间，魔术先后经历了 5 次换帅，其间最好成绩是 2015/2016 赛季的 35 胜 47 负。2018/2019 赛季，魔术终于凭借 42 胜战绩登上季后赛末班车，并且凭借 D.J. 奥古斯汀在最后 3.4 秒的冷血三分，以 104 比 101 绝杀猛龙，拿到了七年来第一场季后赛胜利，也是魔术在这轮季后赛的唯一一场胜利。

2020/2021 赛季，魔术遭遇伤病侵袭，马克尔·富尔茨在赛季初撕裂了膝盖韧带，

阿隆·戈登和埃文·富尼耶等主力球员接连因伤缺阵，15胜29负的糟糕战绩让总经理杰夫·韦尔特曼决定交易，送走了武切维奇、戈登和富尼耶三位实力悍将。大换血后的魔术战绩一落千丈，最终以21胜51负结束了2020/2021赛季。

2021年选秀大会，魔术选中了杰伦·萨格斯和弗朗茨·瓦格纳两位潜力新星，但无法阻止2021/2022赛季战绩滑落的联盟倒数第二的趋势。否极泰来，魔术终于在2022年选秀大会上用"状元签"选中保罗·班切罗，这位杜克出品的全能大前锋。

魔术在2022/2023赛季取得了34胜48负，比前一个赛季多赢12场。班切罗场均得到20分、6.9个篮板、3.7次助攻，成为魔术队史第三位获得年度最佳新秀的球员。

2023/2024赛季，魔术继续华丽蜕变。2023年12月2日，魔术以130比125战胜奇才，追平队史最长的9连胜。2023/2024赛季战罢，魔术最终取得47胜35负，排名东部第五，这也是2012年之后的队史最佳战绩。

2024年季后赛，魔术与骑士鏖战七场，虽然遗憾败北，但班切罗表现可圈可点，他在"抢七"豪取38分、16个篮板，俨然成为魔术新王般存在。班切罗带领的魔术青年军展现出了强大的实力和不可忽视的存在感，属于他们的时代不会太远了。

魔术历史最佳阵容				
控球后卫	**得分后卫**	**小前锋**	**大前锋**	**中锋**
安芬尼·哈达威	特雷西·麦克格雷迪	格兰特·希尔	德怀特·霍华德	沙奎尔·奥尼尔
"便士"球风灵动飘逸，极具创造力，效力魔术第二个赛季便成为场均20.9分、7.2次助攻的一流全能控卫。	麦迪在魔术步入巅峰，人气比肩科比，连续两个得分王，巅峰赛季场均飙下32.1分，其华丽球风更能彰显魔术1号真谛。	希尔是无所不能的全能战士、乔丹的理想接班人，开创了控球小前锋之先河，可惜在魔术受伤病所困，实力大打折扣。	"魔兽"拥有历史级防守与扣篮，是小球兴起时唯一扛起内线大旗的中锋，他在魔术3夺DPOY，并率队杀入总决赛。	奥尼尔是NBA史上最霸道的中锋，可惜他在魔术还是刚猛有余、谋略不足的"幼鲨"，未能率队完成夺冠大业。
● Anfernee Hardaway	● Tracy McGrady	● Grant Hill	● Dwight Howard	● Shaquille O'Neal
● 1993—1999年	● 2000—2004年	● 2000—2007年	● 2004—2012年	● 1992—1996年
● 效力期间主要荣誉 4届全明星/2届最佳阵容一阵	● 效力期间主要荣誉 4届全明星/2届得分王/2届最佳阵容一阵	● 效力期间主要荣誉 2届全明星	● 效力期间主要荣誉 3届最佳防守球员/4届篮板王/2届盖帽王	● 效力期间主要荣誉 4届全明星/1届得分王/最佳新秀

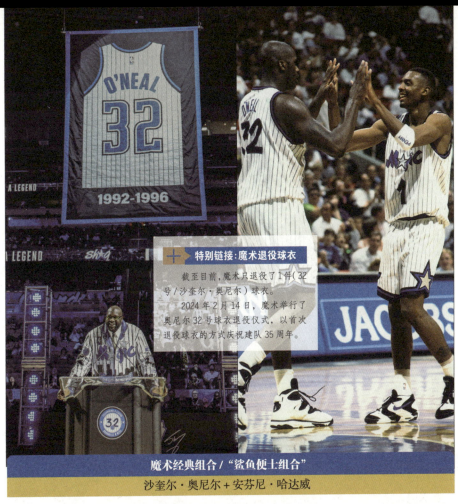

特别链接：魔术退役球衣

截至目前，魔术只退役了1件（32号/沙奎尔·奥尼尔）球衣。

2024年2月14日，魔术举行了奥尼尔32号球衣退役仪式，以首次退役球衣的方式庆祝建队35周年。

魔术经典组合 / "鲨鱼便士组合"

沙奎尔·奥尼尔 + 安芬尼·哈达威

1992年奥兰多魔术以"状元签"选中"大鲨鱼"沙奎尔·奥尼尔，1993年他们又从金州勇士交易得到（新科"探花秀"）"便士"安芬尼·哈达威，自此魔术拥有了"鲨鱼便士"二人组。

奥尼尔是天生神力的霸道中锋，哈达威是剑走轻灵的全能后卫，场均能得到20分并送出7次助攻。他们珠联璧合，刚出道时虽然略显稚嫩，但二人合作的潜力惊人，风头一时无两。奥尼尔的神勇霸道和对内线的强大冲击力，再配上哈达威风一样的速度和变幻莫测的妙传与突击，"鲨鱼便士"成为当时联盟最具威力的内外线双人组。

1994/1995赛季，奥尼尔场均砍下29.3分、11.4个篮板，哈达威场均贡献20.9分、7.2次助攻，二人在携手的第3年便率领魔术杀进总决赛，虽然不敌奥拉朱旺领衔的火箭，与总冠军失之交臂，但他们在东部半决赛战胜乔丹（刚刚复出）领衔的那支公牛，足见"鲨鱼便士"组合的威力。

哈达威被称为"乔丹接班人"，他既有"魔术师"那信手拈来的传球技巧，又具备乔丹摧枯拉朽的得分创造力，如果没有伤病，哈达威的成就绝不止于此。而奥尼尔作为划时代的强力中锋，其威胁自无须赘言。"鲨鱼便士"本应携手创造更大辉煌，可惜止于1996年魔术的"迷之操作"。

1995/1996赛季，奥尼尔因伤缺席大半个赛季，独自领军的哈达威表现出色，率领魔术豪取60胜，并在接下来的季后赛场均贡献25.5分、4.3次助攻。魔术因此与哈达威签订一份9年7200万美元的大合同，确立其核心地位，反而怠慢了奥尼尔的续约，于是，心灰意冷的"鲨鱼"西游而去。

1996年夏天，成为自由球员的奥尼尔加盟洛杉矶湖人，名动一时的"鲨鱼便士组合"从此解体。至今，魔术球迷们每每忆起那段双星联袂、内外如风的魔术岁月，依旧会有一丝惋惜。

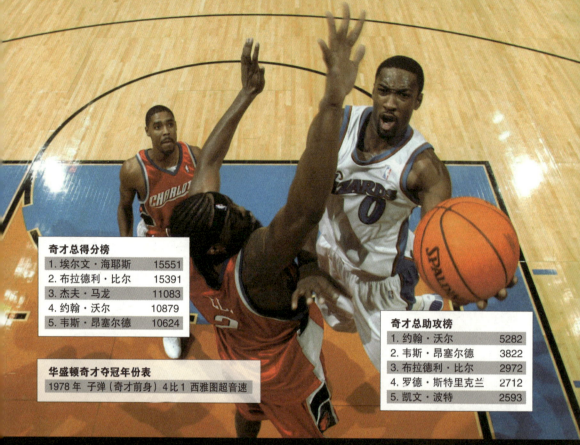

奇才总得分榜

1.	埃尔文·海耶斯	15551
2.	布拉德利·比尔	15391
3.	杰夫·马龙	11083
4.	约翰·沃尔	10879
5.	韦斯·昂塞尔德	10624

华盛顿奇才夺冠年份表

1978 年 子弹（奇才前身）4 比 1 西雅图超音速

奇才总助攻榜

1.	约翰·沃尔	5282
2.	韦斯·昂塞尔德	3822
3.	布拉德利·比尔	2972
4.	罗德·斯特里克兰	2712
5.	凯文·波特	2593

奇才总篮板榜

1.	韦斯·昂塞尔德	13769
2.	埃尔文·海耶斯	9305
3.	格斯·约翰逊	7243
4.	沃尔特·贝拉米	5438
5.	格雷格·巴拉德	4094

奇才总抢断榜

1.	约翰·沃尔	976
2.	布拉德利·比尔	772
3.	格雷格·巴拉德	762
4.	埃尔文·海耶斯	736
5.	菲尔·切尼尔	667

华盛顿奇才

WASHINGTON WIZARDS

华盛顿奇才，这里人如其名，从不缺少身怀绝技的怪杰。

从引领"巴尔的摩狼群"掀起惊涛骇浪进攻潮的"黑珍珠"门罗、"碎骨机"昂塞尔德，到横刀立马的"大将军"阿里纳斯领衔的"奇才三剑客"，再到名动一时的"双尔组合"比尔、沃尔。

然而，回溯奇才历史，这支球队除了在"华盛顿子弹"时期夺得一个总冠军之外，其余大多是群雄争冠时偏安一隅的配角。

奇才剑走偏锋、跃马纵枪、呼啸来去，也经历过波澜沉浮，不乏传奇经典，但似乎总缺少一些竞技运动中的铁血和霸气。

总是差天半子，总是因为伤病以及其他离奇因素，让奇才球星们陡然沉寂，直到如今"华府无大将"，库兹马与普尔们做先锋。

1961年，一支NBA球队在芝加哥创立，命名为芝加哥包装工队。

芝加哥包装工在1961/1962赛季仅取得18胜62负，在西部分区垫底，不过他们阵中拥有沃尔特·贝拉米，这位"状元"中锋场均得到31.6分、19个篮板，高居得分榜第二（张伯伦第一）。1962/1963赛季，芝加哥包装工更名为芝加哥和风，战绩依旧低迷。

1963年3月，芝加哥和风迁址到巴尔的摩，更名为巴尔的摩子弹。

子弹在巴尔的摩的战绩始终不温不火，甚至在1966/1967赛季转入东部赛区之后再次排名垫底，取得20胜61负的队史第二差战绩。好在巴尔的摩子弹在1967年选秀大会上首轮第2顺位选中厄尔·门罗，那是一颗能引领球队发光的"黑珍珠"。

巴尔的摩子弹的好运不止于此，1968年选秀大会，他们同样在首轮第2顺位选中"碎骨机"韦斯·昂塞尔德，一位能依靠强大下肢力量揉碎高大对手的矮壮型中锋。

巴尔的摩子弹凭借两位"榜眼秀"（门罗与昂塞尔德）的出色发挥，在1968/1969赛季取得57胜25负的联盟最佳战绩。彼时门罗引领"巴尔的摩狼群"掀起惊涛骇浪般的进攻潮，而昂塞尔德则是他们的后勤保障，展现出不同凡响的掌控力。

接下来的1969/1970赛季、1970/1971赛季分别为50胜32负、42胜40负。子弹也连续三年挺进季后赛，可惜在1969年、1970年的东部半决赛两度被尼克斯击败。1971年，巴尔的摩子弹终于杀入总决赛，又被贾巴尔和"大O"领衔的雄鹿横扫。

尴尬战绩以及薪资问题让门罗和巴尔的摩子弹管理层之间矛盾激化。1971年11月，门罗被子弹交易到纽约尼克斯，随后子弹的战绩一落千丈。

1972年休赛期，巴尔的摩子弹重整旗鼓，从休斯敦火箭交易得到"25+15"的顶级中锋"大E"埃尔文·海耶斯，与昂塞尔德组成威震联盟的"内线双塔"。

巴尔的摩子弹在"双塔"的带领下开启长达10年的巅峰期，1973年，巴尔的摩子弹搬迁到首都华盛顿，更名为"华盛顿子弹"。1974/1975赛季，华盛顿子弹打出60胜22负的联盟最佳战绩，并一举杀入总决赛，可惜被金州勇士横扫。

1977/1978赛季华盛顿子弹卷土重来，在季后赛先后淘汰老鹰、马刺和76人，再次杀入总决赛，并以4比3击败超音速之后，首次捧起总冠军奖杯。

随着"双塔"的老去，华盛顿子弹战绩也逐渐下滑。直到1981年，昂塞尔德退役，"大E"海耶斯重回休斯敦火箭，华盛顿子弹也开始了长达10年的沉寂期。

在整个20世纪80年代和90年代初期，华盛顿子弹尽管拥有过伯纳德·金和摩西·马龙，但一直在季后赛边缘沉浮。1993年，无法忍受战绩惨淡的华盛顿人开始重建。

直到1994/1995赛季，华盛顿子弹才迎来曙光。他们在1994年选秀大会首轮第5顺位选中朱万·霍华德，然后在1994年11月通过交易从勇士得到克里斯·韦伯，又在1995年选秀大会首轮第4顺位摘下拉希德·华莱士，集齐了三位才华出众的大前锋。

1996/1997赛季，克里斯·韦伯和霍华德组成灵动内线二人组，策动起全队水银泻地般进攻。那个赛季韦伯场均贡献20.1分、10.3个篮板，率领华盛顿子弹时隔9年之后重返季后赛，可惜在季后赛首轮被乔丹领衔正值王朝统治期的公牛横扫。

1997年休赛期，华盛顿子弹搬迁到MCI中心球馆，并更名为"华盛顿奇才"。

华盛顿奇才在1998年5月将韦伯送往萨克拉门托国王，球队再次开始重建。

2001年，彼时已成为奇才小股东的迈克尔·乔丹宣布复出来拯救球队。自此，在那两个赛季，奇才的关注度上升到前所未有的高度。每逢奇才的比赛，疯狂的球迷都涌入球馆，只为一睹"篮球之神"的绝世风采。虽然乔丹已不再飞天遁地、无所不能，但他依靠招牌绝技后仰跳投，老而弥坚，每场依旧能砍下20+。2002/2003赛季结束，乔丹彻底归隐，失去核心的奇才再度陷入低谷，不过他们很快就迎来复兴的曙光。

2003年8月，刚刚拿下赛季进步最快球员奖的"大将军"吉尔伯特·阿里纳斯以自

奇才总盖帽榜	
1. 埃尔文·海耶斯	1558
2. 查尔斯·琼斯	1051
3. 马努特·波尔	908
4. 布兰登·海伍德	865
5. 里克·马洪	557

由球员的身份加盟华盛顿奇才。2004 年 6 月，奇才又迎来新科"最佳第六人"安托万·贾米森。2005 年 8 月，华盛顿奇才与湖人交易，送出他们的（乔丹钦点）2001 年"状元"夸梅·布朗，得到准全明星小前锋卡隆·巴特勒。

自此，华盛顿奇才云集了"三剑客"（阿里纳斯、贾米森与卡隆·巴特勒）。2004/2005 赛季，"三剑客"率领奇才时隔 8 年重返季后赛，并在首轮以 4 比 2 淘汰公牛，实现第一次首轮突破，可惜在东部半决赛被韦德与奥尼尔领衔的热火横扫。

2005/2006 赛季，阿里纳斯场均砍下 29.3 分，"三剑客"同心协力将奇才带到东部第五。季后赛首轮，阿里纳斯与詹姆斯对飙，奇才与骑士鏖战到第六场加时赛。最后时刻，詹姆斯的"咒语"让阿里纳斯两罚不中，达蒙·琼斯绝杀，奇才就此倒在骑士脚下。

阿里纳斯知耻而后勇，在 2006/2007 赛季爆发。2006 年 12 月，阿里纳斯连续砍下 30+，甚至对阵湖人面对科比时狂飙 60 分，加时赛他又砍下破纪录的 16 分。

奇才的阿里纳斯狂飙时代也没有持续多久。2009/2010 赛季，伴随着阿里纳斯第三次膝盖手术和"持枪门"事件，"大将军"在华盛顿的故事也步入尾声。

2010 年选秀大会，奇才在首轮第 1 顺位摘下约翰·沃尔，一位速度奇快兼具出色大局观和传球技巧的双能卫。沃尔在 2010/2011 赛季场均得到 16.4 分、8.3 次助攻。值得一提的是，奇才在这个赛季初期（2010 年 12 月）将阿里纳斯交易到魔术，球队焕然一新。沃尔突破无坚不摧，还是一位出色的指挥官，短板就是投射欠佳以及易伤体质。

沃尔在进入 NBA 的前三个赛季饱受伤病困扰，累计缺阵 46 场比赛。奇才战绩持续低迷，总计 72 胜 158 负，显然一个伤病缠身的沃尔不足以率领奇才走出低谷。

2014 年选秀大会，奇才在首轮第 3 顺位摘得布拉德利·比尔，一位选秀时被誉为是雷·阿伦和韦德结合体的球员。他强壮有力，手感柔和，是个大心脏射手。

比尔弥补了沃尔的投射短板，他们组成的"双尔组合"风格互补、配合默契，率领奇才在 2013/2014 赛季以东部第五的身份重返季后赛。首轮奇才下克上，以 4 比 1 击败公牛，可惜第二轮以 2 比 4 不敌步行者，止步于东部半决赛。

2014/2015 赛季，沃尔场均贡献 17.6 分、10 次助攻，奇才依旧以东部第五挺进季后赛，依旧止步于东部半决赛（以 2 比 4 不敌老鹰）。

虽然再次跌倒在东部半决赛，但比尔表现可圈可点，他在季后赛场均砍下 23.4 分，

7 场比赛得分均超 20 分，展现出全明星级别的得分能力与稳定性。

2016/2017 赛季，奇才又在东部半决赛被凯尔特人在"抢七战"击败，四年间三度折戟在东部半决赛，使得奇才一蹶不振。接下来的几个赛季，奇才始终在季后赛边缘徘徊，周而复始，剑走轻灵的他们似乎总差那么一点点运气与底气。

2018/2019 赛季，奇才处境非常尴尬。"魔兽"霍华德因背伤只打了 9 场，沃尔在养伤期间洗澡时不慎滑倒导致左跟腱撕裂，缺席 2019/2020 赛季余下的所有比赛。

2019/2020 赛季，沃尔继续因伤缺阵，独自领军的比尔获得无限开火权，场均轰下30.5 分，高居联盟得分榜的第二，可惜一个火力全开的比尔无法率领奇才重返季后赛。

2020 年 12 月 3 日，奇才将沃尔送到火箭，交易得到昔日"三双 MVP 先生"威斯布鲁克。威少在奇才依旧交出场均 22.2 分、11.5 个篮板和 11.7 次助攻的"三双"成绩单，与比尔联手率领奇才重返季后赛，可惜首轮以 1 比 4 被东部第一的 76 人淘汰出局。

2021 年夏天，奇才与湖人完成交易，送走了威斯布鲁克，得到凯尔·库兹马、卡德维尔·波普和蒙特雷兹·哈雷尔，并且在 2020/2021 赛季中期交易来"独角兽"克里斯塔普斯·波尔津吉斯，但战绩依旧未有起色。在接连两个赛季被挡在季后赛门外之后，奇才在 2023 年休赛期决定重建，将当家球星比尔交易到太阳，将波尔津吉斯交易到凯尔特人，引进勇士新星乔丹·普尔和泰厄斯·琼斯、兰德里·沙梅特。

2023/2024 赛季，被寄予厚望的普尔投篮命中率跌至近四成，手感持续低迷，完全撑不起奇才老大的门面。库兹马虽然骁勇，但独木难支，他与普尔这对"双子星"并不来电，奇才因此彻底沦为东部鱼腩，重建之路任重而道远。

奇才（子弹）历史最佳阵容

控球后卫	得分后卫	小前锋	大前锋	中锋
约翰·沃尔	**厄尔·门罗**	**伯纳德·金**	**埃尔文·海耶斯**	**韦斯·昂塞尔德**
沃尔拥有出色的速度和传球技巧，巅峰时被视为东部第一控卫，场均贡献 20+10，是奇才总助攻王与抢断王。	门罗是艺术篮球的开创者，他在子弹效力 5 载，场均砍下 23.7 分。1971 年，门罗和昂塞尔德联手率领子弹闯入总决赛。	31 岁的伯纳德·金加盟子弹后，开始逆生长，巅峰赛季场均砍下 28.4 分，但生涯无冠的他只能做一名肆意进攻的得分手。	海耶斯攻防俱佳，堪称铁人（16 年仅缺席 9 场），在效力子弹 10 年间曾率队夺得总冠军，是子弹总得分王与盖帽王。	昂塞尔德是"矮壮中锋"鼻祖，就像一部绞杀内线的"碎骨机"，1978 年率队夺得总冠军并加冕总决赛 MVP。
● John Wall	● Earl Monroe	● Bernard King	● Elvin Hayes	● Wes Unseld
● 2010—2020 年	● 1967—1972 年	● 1987—1991 年	● 1972—1981 年	● 1968—1981 年
●效力期间主要荣誉	●效力期间主要荣誉	●效力期间主要荣誉	●效力期间主要荣誉	●效力期间主要荣誉
5 届全明星/1 届最佳防守阵容二阵	2 届全明星/1 届最佳阵容一阵	1 届全明星/1 届最佳阵容第三阵	1 届总冠军/3 届最佳阵容一阵/1 届篮板王	1 届总冠军/1 届总冠军 MVP/1 届常规赛 MVP

✚ 特别链接：奇才退役球衣

奇才退役球衣一共5件，它们分别属于10号（厄尔·门罗）、11号（埃尔文·海耶斯）、25号（格斯·约翰逊）、41号（韦斯·昂塞尔德）和45号（菲尔·切尼尔）。

奇才经典组合 / "三剑客"

吉尔伯特·阿里纳斯 + 安托万·贾米森 + 卡隆·巴特勒

　　2005年休赛期，阿里纳斯、贾米森与卡隆·巴特勒齐聚华盛顿，组成名震一时的"三剑客"组合。三人携手合作的首个赛季便场均合砍67分，成为联盟进攻火力最强的三人组。

　　"三剑客"中的"大将军"阿里纳斯风头最劲，在2005/2006赛季场均轰下29.3分，高居得分榜第四。贾米森稳健高效，场均贡献"20+9"的数据。而巴特勒在侧翼攻防两端活力十足，场均也能砍下17.6分。"三剑客"率领奇才迈进东部季后赛，可惜在首轮被詹姆斯率领的骑士以4比2淘汰。之后的两个赛季，奇才两次遭遇骑士都饮恨而归。

　　从2007/2008赛季起，"三剑客"轮番伤病，同台机会越来越少。阿里纳斯又在2009/2010赛季因为"持枪门"遭遇无限期停赛，奇才决定彻底推倒重建，此后巴特勒和贾米森先后交易离队，轰轰烈烈的奇才"三剑客"时代就此偃旗息鼓。

奇才经典组合 / "双尔组合"

约翰·沃尔 + 布拉德利·比尔

　　一位是2010年的选秀"状元"，一位是2012年的选秀"探花"，"WALL"约翰·沃尔与"杀手"布拉德利·比尔联袂在奇才后场首发，组成颇具实力的"双尔组合"。

　　沃尔身高臂长，拥有联盟最快的持球行进速度，还具备天生的大局观和传球技巧，擅长突破或者策动快攻，巅峰时期顶着"东部第一控卫"的名号，场均能交出20分、10次助攻。但作为奇才的掌门人，沃尔的投射能力稍显平庸。

　　比尔作为奇才"二当家"，球风华丽、突破犀利，并且拥有精湛的中远投技巧，正好弥补了"双尔组合"的投篮短板。

　　沃尔作为进攻指挥者，比尔作为得分终结者，二人相得益彰，携手率领奇才四进季后赛，成为东部的一支劲旅。然而，沃尔从2019年起因为左脚伤势而长期缺阵，比尔被迫上位，展现出不俗的得分能力。奇才几经考虑之后，在2020年底将沃尔送到火箭。

　　合作8年之久的"双尔组合"也就此隐入尘烟。

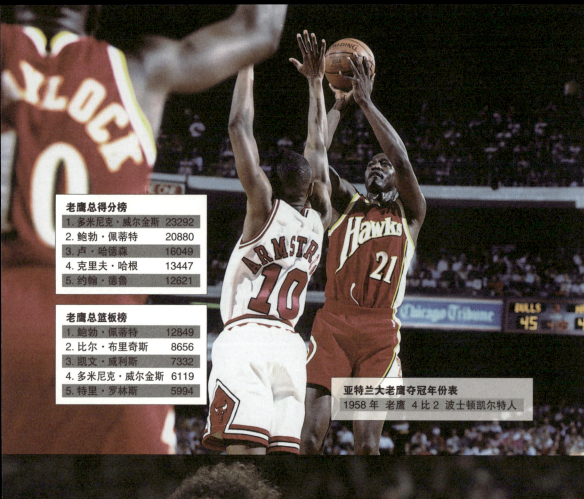

老鹰总得分榜

1.多米尼克·威尔金斯	23292
2.鲍勃·佩蒂特	20880
3.卢·哈德森	16049
4.克里夫·哈根	13447
5.约翰·德鲁	12621

老鹰总篮板榜

1.鲍勃·佩蒂特	12849
2.比尔·布里奇斯	8656
3.凯文·威利斯	7332
4.多米尼克·威尔金斯	6119
5.特里·罗林斯	5994

亚特兰大老鹰夺冠年份表
1958 年 老鹰 4 比 2 波士顿凯尔特人

老鹰总助攻榜

1.特雷·杨	3868
2.道格·里弗斯	3866
3.穆奇·布雷洛克	3764
4.埃迪·约翰逊	3207
5.兰尼·威尔肯斯	3049

老鹰总抢断榜

1.穆奇·布雷洛克	1321
2.多米尼克·威尔金斯	1245
3.道格·里弗斯	1166
4.约翰·德鲁	859
5.约什·史密斯	857

老鹰总盖帽榜

1.特里·罗林斯	2283
2.约什·史密斯	1440
3.迪肯贝·穆托姆博	1094
4.乔恩·考恩凯克	747
5.丹·劳恩德菲尔德	716

亚特兰大老鹰

ATLANTA HAWKS

虽然位于美国偏南一隅的亚特兰大，但老鹰俯瞰天下，剑指金杯的雄心从未改变。这支球队辗转多地，始终都在以"鹰"为名。

从1957年至1961年，老鹰4次打进总决赛，并在1958年夺得队史唯一一个总冠军。率队夺冠的初代"鹰王"佩蒂特堪称那个时代NBA的最强大前锋，对球队影响深远，以至于老鹰在此后60年都在不遗余力地寻找佩蒂特型锋线球员，譬如约什·史密斯与霍福德们。

"人类电影精华"威尔金斯经常舒展双臂大风车扣篮，完美诠释了搏击长空的"鹰王"形象。而特雷·杨以一手射程广袤的三分球扬威天下，率领老鹰飞到东决时，又重新定义了新一代"鹰王"。

1946年，一支三个城市（莫林、罗克爱兰和达文波特）共享的NBL球队诞生了，命名为"三城黑鹰"。那时NBL联盟藏龙卧虎，传奇中锋乔治·麦肯就在其中。

1949/1950赛季，BAA与NBL合并成为NBA，三城黑鹰随即成为NBA中的一员。三城黑鹰在NBA征战初期动荡纷乱，主帅更换频繁，就连大名鼎鼎的"红衣主教"阿诺德·奥尔巴赫也只执教黑鹰57场之后，就转去执教波士顿凯尔特人。

1951/1952赛季，三城黑鹰迁址到密尔沃基，更名为"密尔沃基老鹰"，但战绩依旧低迷，唯一让球队欣喜的是，他们在1954年选秀大会首轮第2顺位选中鲍勃·佩蒂特，一位运动天赋平平，却凭借坚持不懈的训练和拼搏精神在篮球场上打出一方天地，以后成为"星中之星"的NBA初代最强大前锋。

1955年休赛期，密尔沃基老鹰搬迁到圣路易斯，又更名为"圣路易斯老鹰"。接下来的 1955/1956 赛季，虽然佩蒂特场均拿下 25.7 分、16.2 个篮板，俨然成为超级巨星，但圣路易斯老鹰也只比上赛季多赢了 7 场。

穷则思变，1956 年选秀大会，圣路易斯老鹰用"榜眼签"选中比尔·拉塞尔，然后又以拉塞尔做筹码，从凯尔特人换来即战力较强的全明星球员爱德华·麦考利。

这个交易给老鹰起到立竿见影的效果，当（1956/1957）赛季就打进总决赛，可惜命运就是如此残酷，老鹰在总决赛输给的对手就是——比尔·拉塞尔领衔的凯尔特人。

1957 年总决赛"抢七战"，随着佩蒂特最后一投偏筐而出，老鹰以 123 比 125 不敌凯尔特人。拉塞尔在此役豪取 19 分、32 个篮板球，率领凯尔特人夺得总冠军。

1958 年总决赛，佩蒂特率领老鹰卷土重来，与凯尔特人总决赛再战。随着佩蒂特在第六场砍下 50 分以及拉塞尔的伤退，老鹰终于以 1 分险胜，并以总比分 4 比 2 击败凯尔特人，在"绿衫 11 冠王朝"开始前抢得一个总冠军，这也是老鹰队史的唯一一冠。

1960 年，凯尔特人开始了贯穿整个 20 世纪 60 年代的漫长统治，圣路易斯老鹰成为挑战王权的"先行者"，先后在 1960 年、1961 年两届总决赛直面凯尔特人，两次铩羽而归之后，圣路易斯老鹰开始一蹶不振，跌出争冠球队的序列。

1961/1962 赛季，虽然佩蒂特场均拿下 31.1 分、18.7 个篮板，但老鹰随着整体阵容的老化而战绩一落千丈，仅仅获得了 29 胜。之后的那些赛季，虽然佩蒂特依旧强势，虽然兰尼·威尔肯斯成长为全明星控卫，虽然老鹰连续 6 年杀入季后赛，但再也没有重返总决赛舞台。1964/1965 赛季结束，32 岁的佩蒂特带着满身伤病遗憾退役。

佩蒂特在 11 年 NBA 职业生涯里荣誉满载，荣膺两届得分王、两届常规赛 MVP 和 4 届全明星 MVP，同时还在 1955/1956 赛季同时拿到得分王、篮板王以及常规赛 MVP，成为 NBA 完成如此壮举的唯一球员。作为首任"鹰王"，佩蒂特对这支球队影响深远，以至于在 1965 年佩蒂特退役之后，老鹰一直以他为模板不遗余力地追逐锋线球员。

1968/1969 赛季，老鹰又从圣路易斯迁址到亚特兰大，更名为"亚特兰大老鹰"。

进入 20 世纪 70 年代后，亚特兰大老鹰在 NBA 的战国时代迷失，虽然他们在 1970 年用"探花签"将皮特·马拉维奇收入麾下，但球风前卫炫酷的"手枪"与亚特兰大老鹰并不相容。1974 年，"手枪"马拉维奇与老鹰分道扬镳，加盟新奥尔良爵士。

陷入低谷亚特兰大老鹰经过几年摸索起伏之后，终于在 1982 年 9 月通过交易从犹他爵士迎来新一任"鹰王"——"人类电影精华"多米尼克·威尔金斯。

贵为 1982 年爵士选中的"探花秀"，威尔金斯早在 NCAA 就以劲爆扣篮大放异彩，自他入主老鹰之后，经常舒展双臂大风车扣篮，完美诠释了搏击长空的"鹰王"形象。威尔金斯打球动作就像电影预告片那样迷人，尤其是扣篮。他两次夺得全明星赛扣篮王，其中 1985 年力压乔丹。威尔金斯是扣篮王，也是得分高手，曾在 1985/1986 赛季以场均 30.3 分荣膺得分王，可惜之后遇到乔丹十届得分王的统治期，再也无缘此项桂冠。

　　威尔金斯虽然擅长扣篮和得分，但在那个大神辈出的 20 世纪 80 年代还是不足以率领老鹰染指总冠军。1988 年东部半决赛老鹰与凯尔特人"抢七大战"，威尔金斯与拉里·伯德对飙成就了小前锋对决的经典名局。那一战伯德得到 34 分，第四节独得 20 分带走比赛的胜利，威尔金斯狂揽创"抢七"纪录的 47 分，却依然没能逃过前辈佩蒂特的宿命，生死局惜败于凯尔特人，而且只落后两分。

　　华彩乐章之后，威尔金斯逐渐回归平淡。1991/1992 赛季，威尔金斯遭遇跟腱断裂，但如此大伤并没有阻止他重回顶级得分手的脚步。1992/1993 赛季，伤愈归来的威尔金斯赛季场均依然能轰下 29.9 分，在得分榜上高居第二（乔丹第一），威尔金斯"跟腱断裂之后神奇恢复"的故事堪称励志传奇，深深鼓舞着遭此重伤的后辈（包括杜兰特）。

　　随后，威尔金斯将一腔余勇尽数奉献给老鹰，但依然没有率队闯过季后赛首轮。1994 年，威尔金斯告别老鹰，辗转快船、凯尔特人、马刺和魔术之后，淡出 NBA。

　　威尔金斯的"鹰王"生涯两手空空，成为乔丹统治时期的又一个"无冕之王"。

　　在威尔金斯效力老鹰的最后一个（1993/1994）赛季，兰尼·威尔肯斯出任该队主教练，率领老鹰拿下 57 胜 25 负的绝佳战绩，并开启了长达 12 年的老鹰执教生涯。

　　1996 年，穆托姆博来到老鹰开启生涯"第二春"，他在亚特兰大 5 年间夺得两届最佳防守球员、一届篮板王，表现尤为强劲。但守强攻弱的"穆大叔"不足以率领老鹰一飞冲天。那几年造化弄人，亚特兰大老鹰不停地寻找真命天子，却始终未能圆满。于是，他们仿佛本能地一直在寻找那个人（佩蒂特）的影子。

　　2005 年选秀大会，老鹰用"榜眼签"选中艾尔·霍福德，为此他们错过了德隆和保

罗（控卫绝代双骄），只因霍福德是一位技术全面的大前锋，颇具佩蒂特的神韵。

此后老鹰开始囤积大量锋线球员，譬如 NBA 历史最矮的盖帽王、扣篮颇有"人类电影精华"风采的约什·史密斯，再譬如单打无双的锋卫摇摆人乔·约翰逊。

在 2007 年至 2011 年期间，老鹰以乔·约翰逊为进攻核心，霍福德、约什·史密斯如鹰之双翼，灵巧穿梭于锋线，帕特·莱利当年设想的"五个摇摆人"篮球完美阵容，在亚特兰大老鹰得以粗略展现，不过仅仅是一个"平民版"。

乔·约翰逊领军老鹰的那些年，球队常常在第一轮险胜过关，在第二轮被对手轻松干掉。2009 年东部半决赛，老鹰被骑士横扫。2010 年东部半决赛，他们又被魔术横扫。原地踏步的战绩令老板失去耐心，2012 年夏天，乔·约翰逊被老鹰交易到篮网。

后乔·约翰逊时代的老鹰由霍福德来领军，布登霍尔泽教练执掌率领。

2014/2015 赛季，老鹰攻守更加平衡，斩获队史最佳的 60 胜。霍福德、科沃尔、米尔萨普、杰夫·蒂格四位老鹰球员同时入选全明星，可谓登上常规赛巅峰。

然而在季后赛，缺乏巨星压阵的老鹰还是棋差一着，虽然他们力斩篮网、击退奇才，一路闯入东部决赛，却还是惨遭詹姆斯领衔的骑士横扫。

2015/2016 赛季，当老鹰再一次在季后赛被詹姆斯领衔的骑士横扫之后，彻底崩溃。2016 年休赛期，霍福德告别了效力 9 年的亚特兰大老鹰，奔赴凯尔特人。与此同时，杰夫·蒂格也前往步行者。2017 年，科沃尔加盟骑士，米尔萨普奔赴掘金。

随着霍福德等一干主力球员悉数离去，老鹰又沦为东部鱼腩，不过随着 2018 年新秀特雷·杨的快速成长，亚特兰大又迎来新一轮的曙光。

特雷·杨早在 NCAA 就包揽了得分王 + 助攻王，并以一手饮羽神射惊艳天下，他顶着"小库里"的威名进入 NBA 时，老鹰为了将其招致麾下，不惜用"四号秀"东契奇与独行侠交换，这笔交易让亚特兰大人失去未来十年的"持球大核心"，不过他们无怨无悔，因为特雷·杨展现出不输给东契奇的得分爆炸力，甚至他那射程广袤且火力凶猛的三分球投射，在一定程度上能与库里比肩。

特雷·杨在前两个赛季完成一系列个人神作，却无法率领老鹰挺进季后赛。即便他在 2019/2020 赛季场均得分飙升至 29.6，老鹰依然尴尬地排在东部倒数第二。

2020/2021 赛季，拉简·隆多加盟老鹰。全明星赛前，老鹰战绩仅为 16 胜 20 负，劳埃德·皮尔斯黯然下课，助教内特·麦克米兰临危受命，率领老鹰在后半程拿到 27 胜 11 负。最终，老鹰以 41 胜的战绩排名东部第五，时隔三年再次杀入季后赛。

2021 年季后赛，特雷·杨终于率领老鹰一飞冲天。连续"下克上"淘汰尼克斯、76 人，老鹰逆风飞上东决之巅。虽然最终老鹰在东部决赛惜败于雄鹿，但特雷·杨在季后赛之旅表现尤为惊艳，他首秀就豪取 32 分、10 次助攻并完成绝杀，东决首战独砍 48 分化身"猎鹿者"，整个季后赛共计 8 次得分 30+，成为比肩詹姆斯的存在。

更重要的是，特雷·杨面对野蛮防守以及满场嘘声，能以微微一笑化之，显现出强大的掌控力与自信心，他那瘦小身躯里似乎拥有巨大能量，俨然成为新一代"鹰王"。

此后的两个赛季，老鹰的胜率始终徘徊在 50% 左右，他们是季后赛常客，但总是遭遇一轮游。从马刺交易来的德章泰·穆雷没能解放特雷·杨，两人的化学反应不佳。

2023 年 2 月，老鹰解雇麦克米兰，请来了奎因·施奈德担任球队主教练。2024 年 2 月底，老鹰的当家球星特雷·杨因为韧带撕裂而缺席余下赛季，让球队实力大打折扣。最终，老鹰仅取得 36 胜 46 负，排名东部第十，又因附加赛不敌公牛，无缘季后赛。

虽然老鹰近两年战绩平平，但他们的新星德章泰·穆雷却成长迅猛，他曾面对凯尔特人轰下 44 分并命中中投绝杀，俨然具备了成为新"鹰王"的潜质。老鹰一直徘徊在附加赛边缘，对于这支老牌球队而言，也许会推倒重建，再振翅高飞。

特别链接：老鹰退役球衣

老鹰退役球衣一共 7 件，它们分别属于 9 号（鲍勃·佩蒂特）、17 号（特德·特纳）、21 号（多米尼克·威尔金斯）、23 号（卢·哈德森）、40 号（贾森·科利尔）、44 号（皮特·马拉维奇）、55 号（迪肯贝·穆托姆博）。

老鹰历史最佳阵容				
控球后卫	**得分后卫**	**小前锋**	**大前锋**	**中锋**
兰尼·威尔肯斯	乔·约翰逊	多米尼克·威尔金斯	鲍勃·佩蒂特	迪肯贝·穆托姆博
威尔肯斯在新秀赛季便是首发控卫，并随老鹰杀入总决赛，之后他更成为率队连续 6 进季后赛的全明星指挥官。	"单打乔"拥有华丽全面的单挑技艺，但达不到超巨。即便如此，他还是为老鹰场均约贡献 21 分、5 次助攻的全明星数据。	他是舒展双臂扣篮的"人类电影精华"，也是老鹰队史总得分王，场均贡献 26.4 分。他也曾力压乔丹拿下扣篮王与得分王。	佩蒂特是初代"鹰王"，也是 NBA 首位 4 夺全明星 MVP 的"星中之星"。他曾率领老鹰四进总决赛，并夺得队史唯一一届总冠军。	穆托姆博是老牌防守型中锋的典范，以后发先至的"穆式火锅"威震联盟。他在老鹰度过 6 年巅峰岁月，三夺 DPOY 奖。
● Lenny Wilkens	● Joe Johnson	● Dominique Wilkins	● Bob Pettit	● Dikembe Mutombo
● 1960—1968 年	● 2005—2012 年	● 1982—1994 年	● 1954—1965 年	● 1996—2001 年
●效力期间主要荣誉	●效力期间主要荣誉	●效力期间主要荣誉	●效力期间主要荣誉	●效力期间主要荣誉
5 届全明星	6 届全明星/1 届最佳阵容三阵	1 届最佳阵容一阵/9 届全明星/1 届得分王	1 届总冠军/2 届常规赛 MVP/2 届得分王	4 届全明星/3 届最佳防守球员/2 届篮板王

黄蜂总抢断榜

1. 马格西·博格斯	1067
2. 杰拉德·华莱士	827
3. 肯巴·沃克	799
4. 戴尔·库里	747
5. 雷蒙德·费尔顿	565

黄蜂总盖帽榜

1. 阿朗佐·莫宁	684
2. 埃梅卡·奥卡福	621
3. 俾斯麦·比永博	607
4. 杰拉德·华莱士	531
5. 埃尔登·坎贝尔	484

黄蜂总得分榜

1. 肯巴·沃克	12009
2. 戴尔·库里	9839
3. 杰拉德·华莱士	7437
4. 拉里·约翰逊	7405
5. 特里·罗齐尔	5974

黄蜂总篮板榜

1. 埃梅卡·奥卡福	3516
2. 拉里·约翰逊	3479
3. 杰拉德·华莱士	3398
4. 科迪·泽勒	2824
5. 俾斯麦·比永博	2625

黄蜂总助攻榜

1. 马格西·博格斯	5557
2. 肯巴·沃克	3308
3. 雷蒙德·费尔顿	2573
4. 大卫·韦斯利	1911
5. 拜伦·戴维斯	1605

夏洛特黄蜂

CHARLOTTE HORNETS

夏洛特黄蜂的前世今生有些扑朔迷离，弄清这些颇为周折。

首先，夏洛特黄蜂在1987年扩军时期加入NBA，到2002年之前，黄蜂在夏洛特所书写的历史都归到夏洛特黄蜂的队史里边。

2002年，这支黄蜂从夏洛特搬到新奥尔良，更名"新奥尔良黄蜂"之后，已经成为另外一支球队"新奥尔良鹈鹕"的前身。

所以，夏洛特的NBA球队才是夏洛特黄蜂的延续，即便那支球队是在2004年全新创立的"夏洛特山猫"。2014年，"夏洛特山猫"将队名恢复为"夏洛特黄蜂"，并一直沿用至今。

夏洛特黄蜂的星光黯淡，不再赘述，让人记忆深刻的是他们在1996年选秀错失科比，以及他们后来的老板之一是迈克尔·乔丹。

1987年4月，发展迅猛的NBA联盟再度决定扩军，四支新军加入NBA大家庭，分别为奥兰多魔术、明尼苏达森林狼、迈阿密热火以及夏洛特黄蜂。

1988/1989赛季之前，夏洛特黄蜂将戴尔·库里（斯蒂芬·库里的父亲）、里基·格林以及"小虫"蒂尼·博格斯（身高只有1.60米的天才控卫，NBA史上身材最矮的球员）招入帐下。虽然集结了一批经验丰富的即战力球员，可黄蜂在初创时期依旧赢弱。

1991和1992年，黄蜂接连在选秀大会上得到拉里·约翰逊与阿朗佐·莫宁两位实力悍将，实力大增。1992/1993赛季，莫宁和约翰逊联手的首个赛季便双双大放异彩，率领黄蜂晋身季后赛，作为一支只有五年的NBA新军，挺进季后赛可谓成就不凡。

1994/1995赛季，夏洛特黄蜂完成常规赛50胜的佳绩，再度杀入季后赛。

然而好景不长，拉里·约翰逊与阿朗佐·莫宁因为球队老大之争而势同水火。

1995/1996 赛季开启，莫宁又与主教练爆发矛盾。黄蜂几经权衡之后，在 1995 年 11 月将莫宁送到迈阿密热火，换来格伦·莱斯。那时的莫宁已经是场均能豪取 21 分、10 个篮板和 2.9 个盖帽的一流中锋，黄蜂舍弃莫宁，实属无奈之举。

1995/1996 赛季，成为老大的拉里·约翰逊并没有展现出王牌风采，加上"小虫"博格斯也饱受伤病困扰，黄蜂在失去莫宁之后的这个赛季只打出 41 胜 41 负的寻常战绩，无缘季后赛。这个赛季结束，黄蜂决心重建，把拉里·约翰逊交易到了纽约尼克斯。

1996 年选秀大会，大名鼎鼎的"黄金一代"集结涌现。夏洛特黄蜂在首轮 13 号顺位选中科比·布莱恩特，然而他们却与洛杉矶湖人做起交易，用 17 岁的科比换来正值当打之年的欧洲全能中锋弗拉德·迪瓦茨，以此来填补莫宁和约翰逊离开的空缺。

这笔当时看似很正常的交易，却成为黄蜂的一大"败笔"，因为失去的可是科比。

日后，科比在"天使之城"扶摇直上，成为 NBA 招牌巨星，并率领湖人夺下五个总冠军。科比每夺一冠，黄蜂心中便多一道新伤，默念"原本我们拥有你"。

1996/1997 赛季，戴夫·考恩斯成为黄蜂主帅，在这位昔日传奇巨星的率领下，黄蜂斩获 54 胜 28 负，创队史最佳战绩。此时，格伦·莱斯为黄蜂当家球星，他不仅夺得 1997 年的全明星 MVP，还在该赛季场均砍下 26.8 分，更在 1997 年季后赛场均轰下联盟第三高的 27.7 分。然而，黄蜂还是在首轮被尼克斯横扫出局。

接下来的黄蜂一直不温不火，1998 年东部半决赛被乔丹领衔的公牛淘汰，2000 年季后赛首轮又不敌 76 人。

除了战绩止步不前，黄蜂还遇到了各种问题，将帅不和、青黄不接，而主力后卫鲍比·菲尔斯在 2000 年之初遭遇车祸意外离世，更加重创了这支风云飘摇的球队。

痛定思痛，黄蜂决定招兵买马。于是，2000 年夏天，贾马尔·马什本和 P.J. 布朗来到夏洛特，加上拜伦·戴维斯、贾马尔·马格洛伊尔和大卫·韦斯利等名将，黄蜂阵容空前鼎盛。2000/2001 赛季，黄蜂不仅挺进季后赛，还在 2001 年季后赛首轮下克上，横扫排名第三的热火，突破了首轮魔咒，可惜黄蜂在东部半决赛被雄鹿逆转淘汰。

2001/2002 赛季，贾马尔·马什本因伤休战，拜伦·戴维斯成为黄蜂新核心，率队杀入季后赛。2002 年季后赛，黄蜂轻松突破首轮，将魔术斩于马下，却在东部半决赛被贾森·基德领衔的新泽西网淘汰。

2002 年，黄蜂从夏洛特搬到新奥尔良，队名也由"夏洛特黄蜂"更名为"新奥尔良黄蜂"。黄蜂离开夏洛特，NBA 承诺这里将拥有一支新球队。于是，2004 年，NBA 又有了一支新军——"夏洛特山猫"，这也是 NBA 的第 30 支球队。

彼时，迈克尔·乔丹还是山猫的小股东。2006 年，乔丹又斥资加持了山猫的部分股份，成为球队的第二大股东。自此，乔丹也成了山猫篮球事务的领导人。

虽然乔丹是叱咤球场的"篮球之神"，在场下做起老板时却不再神奇，尤其是他那

选秀眼光，简直与他的精湛球技成反比。早在 2001 年选秀大会，作为奇才高层管理者的乔丹就在首轮第 1 顺位钦点了夸梅·布朗，事实证明后者为"水货状元"。乔丹成为山猫股东（老板）之后，在选秀事宜上更喜欢亲力亲为，在乔老板的指挥下，多年来山猫（黄蜂）虽然拥有许多高顺位选秀签，却几乎错过了所有日后成星的那些璞玉新秀们。

夏洛特山猫在初创阶段人才匮乏，除了从 2004 年选秀大会首轮第 2 顺位淘来的埃梅卡·奥卡福，从萨克拉门托国王得到的杰拉德·华莱士，并没有其他出色的球员。

虽然奥卡福贵为"榜眼"，但由于频繁伤病并没有在山猫绽放光辉。这里的"猫王"是杰拉德·华莱士，这位全能小前锋，可以看作"AK47"基里连科的黑人版，运动和对抗能力更强，但大局观和投篮能力的不足，让他始终徘徊在 NBA 一流球星之外。

2008 年 4 月，乔丹请来拉里·布朗执教山猫。对于一支新军来说，能请到拥有超高威望、强调细节和纪律性的布朗老爷子来坐镇指挥，无疑是一个明智的选择。

2009/2010 赛季，拉里·布朗率领山猫打出东部第七的佳绩，挺进季后赛。而在这个赛季中期（2010 年 2 月），乔丹斥资 2.75 亿美元收购了山猫，成为该队的大老板。

2010 年季后赛，山猫季后赛对阵魔术。对手内线有"魔兽"霍华德，外线拥有尼尔森、文斯·卡特和拉沙德·刘易斯等一干名将，两队实力悬殊，山猫惨遭魔术横扫。

山猫首次杀入季后赛的兴奋很快被横扫的迷茫取代。于是开始变革，杰拉德·华莱士被送走。然而，山猫补强不利，在 2010/2011 赛季被挡在季后赛大门外。

2011 年选秀大会，乔丹终于英明了一把，在首轮第 9 顺位选中肯巴·沃克，一个技巧圆熟、迅疾灵动、身高 1.83 米的控球后卫。他风格与同年"状元"凯里·欧文相似。

2011/2012 赛季遭遇赛程缩水，在这个特殊赛季，山猫以特殊方式被载入史册，不仅以 7 胜 59 负创下 NBA 历史最低胜率，还以一波不堪回首的 23 连败收官。

为了挽救颓势，2013 年夏天，夏洛特山猫签下艾尔·杰弗森，一位在"鲨鱼"奥尼尔和姚明之后拥有完整内线脚步的稀有攻击型内线。杰弗森在山猫打出了一个场均"20+10"的出色赛季，但他在季后赛带伤上阵，虽然场均轰下18.7分、9.3个篮板，却无法改变山猫被热火横扫的命运。

值得一提的是，2013年1月，"新奥尔良黄蜂"就更名为"新奥尔良鹈鹕"，此后"黄蜂"这个名字一直空悬。夏洛特山猫在征得NBA的同意之后，于2014年5月21日，正式将队名恢复为"夏洛特黄蜂"，他们也继承了此前同名球队的历史。彼时，肯巴·沃克已经打出全明星水平，随队完成从"猫王"到"蜂王"的蜕变。

更名之后，夏洛特黄蜂气象一新。2015年夏天，黄蜂签下巴图姆和林书豪，昔日核心杰弗森也甘心担任"第六人"，全队士气高昂。2015/2016赛季，沃克率领这支黄蜂打出48胜34负，创下自2004年山猫创立以来的最佳战绩，一举挺进季后赛。

单赛季48胜对于豪强球队而言只是及格线，对于这支黄蜂而言却是最高水平。长期屡弱，可谓积贫难返，黄蜂在2015/2016赛季的48胜只是昙花一现，接下来三个赛季从未突破40胜，始终都被挡在季后赛的大门之外。

2018/2019赛季，沃克场均砍下25.6分、6次助攻，还曾单场豪取60分，表现异常抢眼，率领黄蜂取得39胜，但最终排到东部第九，还是与季后赛失之交臂。

2019年7月，因为与黄蜂续约分歧较大，肯巴·沃克决定以一纸4年1.41亿美元的合约加盟凯尔特人，告别他效力8个赛季的夏洛特，留下"蜂王"的真空。

送走沃克，黄蜂在其交易中也得到了一名骁将特里·罗奇尔。在接下来2019/2020赛季，获得失去"蜂王"的黄蜂仅获得23胜，又一次成为鱼腩。

2020年NBA选秀大会，身为黄蜂老板的乔丹终于作出最英明的决定，在首轮第3顺位选中"三球"拉梅洛·鲍尔，一位拥有天马行空般创造力的天才控卫，因为拥有2.01米的身高以及曼妙无比的传球，也被称为"魔术师"和"白巧克力"的结合体。

拉梅洛·鲍尔在首个赛季场均得到15.7分、5.9个篮板、6.1次助攻，率领黄蜂取得了33胜39负的战绩，比上个赛季足足提升了10个胜场。拉梅洛·鲍尔也力压同届状元爱德华兹，夺得最佳新秀，并且在19岁零140天时，他还成为NBA史上最年轻的"三双先生"。虽然黄蜂依旧无缘季后赛，但夏洛特人看到了崛起的希望。

2021/2022赛季，拉梅洛再上层楼，出战75场，场均得到20.1分、6.7个篮板和7.6次助攻，并入选了全明星。在拉梅洛的强势率领下，黄蜂打出行云流水般进攻，场均得分排在联盟第四，场均助攻数高居全联盟第一，最终拿到43胜39负的优异战绩，连续第二年跻身附加赛，可惜再次倒在了季后赛的门外。

2022年7月，乔丹出售了黄蜂股权，"篮球之神"结束了13年NBA老板生涯，由加布·普洛特金和里克·施纳尔领导集团成为黄蜂新的大老板。

2022/2023赛季之前，拉梅洛放弃2号，改穿1号球衣，黄蜂1号意义非凡，此前"小虫"博格斯和拜伦·戴维斯都曾身披 1 号球衣，为黄蜂书写闪亮的篇章。拉梅洛的天赋显然高于两位前辈，他率领黄蜂取得更大成就似乎只是时间问题。

然而，黄蜂在 2022/2023 赛季并不顺利，拉梅洛遭遇脚踝伤病而长期休战。虽然他在有限的登场比赛时间内依然展现了一流球星的水准，连续 13 场得分 20+，还在对阵老鹰的比赛中豪取 30 分、15 次助攻，但只出战了 36 场，不足以率领球队走向正轨。该赛季战罢，黄蜂仅取得 27 胜 55 负的战绩，排名东部倒数第二。

2023 年休赛期，夏洛特黄蜂与拉梅洛·鲍尔签下一份 5 年 2.06 亿美元的顶薪长约，确立了"三球"的核心地位。这位黄蜂少主，肩负着夏洛特人的无限期许，以及鲍尔家族唯一的希望，率领黄蜂青年军在 2023/2024 赛季再度出征。

虽然顶着"黄蜂"的名头，但这支夏洛特的球队是以 2004 年的那支"山猫"班底开始，那时这支 NBA 新军只集结了一些角色球员，阵容孱弱无比。经过 20 年的发展壮大，如今的黄蜂如果保持健康，已经具备冲击季后赛的实力。

✚ ▶ 特别链接：黄蜂退役球衣

夏洛特黄蜂队曾为鲍比·菲尔斯退役了 13 号球衣，此后黄蜂迁址新奥尔良，也将他的球衣送至新球馆。夏洛特山猫改名夏洛特黄蜂后，将黄蜂的队史一并吸收，又将菲尔斯的球衣从新奥尔良迁回夏洛特。

作为 NBA 新军，夏洛特黄蜂家底很薄，不仅无冠，而且在季后赛征程中毫无建树。夏洛特山猫更是 NBA 拼凑出来的球队，底蕴匮乏。此外，这支球队似乎总被伤病阴云所笼罩。即便如此，黄蜂队史上并不缺乏天赋球星，无论是当初刚猛无俦的阿朗佐·莫宁，还是如今优雅华丽的"三球"鲍尔，都是拥有极致个人风格的球星，他们所缺少的是兑现天赋的时机与舞台。

黄蜂（山猫）历史最佳阵容

控球后卫	得分后卫	小前锋	大前锋	中锋
肯巴·沃克	**戴尔·库里**	**杰拉德·华莱士**	**拉里·约翰逊**	**阿朗佐·莫宁**
沃克突破犀利，投篮精准，关键时刻能一锤定音，他在夏洛特黄蜂共砍下 12009 分，是队史唯一一位万分先生。	库里神射家族开创者——戴尔·库里是那个时代的顶级三分手，生涯命中 1245 记三分球，在黄蜂得到总得分榜第二的 9839 分。	杰拉德·华莱士是短暂"山猫"的唯一一代表，虽然场均只贡献 16.4 分、7.5 个篮板，但在那支人才匮乏的 NBA 新军中尤为惊艳。	拉里·约翰逊是黄蜂唯一的选秀"状元"，夺下最佳新秀，证明其成色十足。他球风劲爆、背打犀利，还有一手后仰跳投的绝活儿。	莫宁是那个时代"四大中锋"之外的最强内线，虽然只效力黄蜂 3 个赛季，却在内线攻防两端为球队树立起强硬标杆。
● Kemba Walker	● Dell Curry	● Gerald Wallace	● Larry Johnson	● Alonzo Mourning
● 2011—2019 年	● 1988—1998 年	● 2004—2011 年	● 1991—1996 年	● 1992—1995 年
●效力期间主要荣誉 3 届全明星 / 1 届最佳阵容三阵	●效力期间主要荣誉 1 届最佳第六人	●效力期间主要荣誉 1 届全明星 / 1 届最佳防守阵容一阵 / 1 届抢断王	●效力期间主要荣誉 2 届全明星 / 1 届最佳阵容二阵 / 最佳新秀	●效力期间主要荣誉 2 届全明星 / 最佳新秀阵容一阵

大西洋赛区
Atlantic Division

波士顿凯尔特人 / 多伦多猛龙 / 费城 76 人
纽约尼克斯 / 布鲁克林篮网

东　　部　　联　　盟

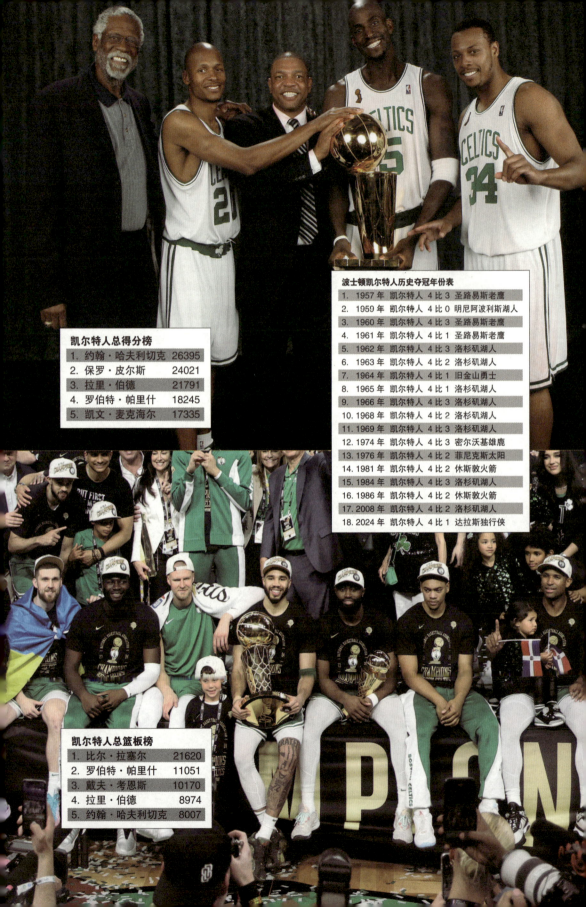

凯尔特人总得分榜

1.	约翰·哈夫利切克	26395
2.	保罗·皮尔斯	24021
3.	拉里·伯德	21791
4.	罗伯特·帕里什	18245
5.	凯文·麦克海尔	17335

波士顿凯尔特人历史夺冠年份表

1.	1957 年	凯尔特人 4 比 3 圣路易斯老鹰
2.	1959 年	凯尔特人 4 比 0 明尼阿波利斯湖人
3.	1960 年	凯尔特人 4 比 3 圣路易斯老鹰
4.	1961 年	凯尔特人 4 比 1 圣路易斯老鹰
5.	1962 年	凯尔特人 4 比 3 洛杉矶湖人
6.	1963 年	凯尔特人 4 比 2 洛杉矶湖人
7.	1964 年	凯尔特人 4 比 1 旧金山勇士
8.	1965 年	凯尔特人 4 比 1 洛杉矶湖人
9.	1966 年	凯尔特人 4 比 3 洛杉矶湖人
10.	1968 年	凯尔特人 4 比 2 洛杉矶湖人
11.	1969 年	凯尔特人 4 比 3 洛杉矶湖人
12.	1974 年	凯尔特人 4 比 3 密尔沃基雄鹿
13.	1976 年	凯尔特人 4 比 2 菲尼克斯太阳
14.	1981 年	凯尔特人 4 比 2 休斯敦火箭
15.	1984 年	凯尔特人 4 比 3 洛杉矶湖人
16.	1986 年	凯尔特人 4 比 2 休斯敦火箭
17.	2008 年	凯尔特人 4 比 2 洛杉矶湖人
18.	2024 年	凯尔特人 4 比 1 达拉斯独行侠

凯尔特人总篮板榜

1.	比尔·拉塞尔	21620
2.	罗伯特·帕里什	11051
3.	戴夫·考恩斯	10170
4.	拉里·伯德	8974
5.	约翰·哈夫利切克	8007

波士顿凯尔特人

BOSTON CELTICS

一部 NBA 史，半部凯尔特人传，作为 NBA 夺冠次数最多的球队，北岸花园球馆高悬的 18 面总冠军旗帜提醒世人，谁才是 NBA 真正的豪门。"红衣主教"奥尔巴赫的胜利雪茄再次燃起，在袅袅烟雾中，一幅旷世绝伦的辉煌画卷徐徐铺陈……

凯尔特人以一波"八连冠"的王朝终极形态起笔，奠定了 NBA 胜利者的基调。从鲍勃·库西、比尔·拉塞尔到拉里·伯德，再到凯尔特人"三巨头""双探花"，强悍、铁血、坚韧而又团队至上，这支"绿衫军"骨子里流动着不可战胜的王朝血脉。

1946 年，BAA（美国篮球协会）的创建者之一，也是棕熊队（波士顿冰球队）老板的沃尔特·布朗在波士顿成立了一支篮球队，因为沃尔特·布朗是苏格兰后裔，波士顿又拥有大量的爱尔兰人与苏格兰人后裔，而爱尔兰与苏格兰人的祖先就是凯尔特人（欧洲最古老的民族之一），所以这支球队被命名为"波士顿凯尔特人"。

波士顿凯尔特人是 NBA 历史最悠久的球队之一，也与纽约尼克斯一同成为如今 NBA 球队中参加过 1946 年首届 BAA 联赛且没有迁移过城市的球队。

1949/1950 赛季，BAA 与 NBA 合并成为 NBA。凯尔特人也在这个赛季之后终于度过了初创期的黯淡岁月，在 1950 年夏天，凯尔特人迎来第一缕曙光。

1950 年休赛期，波士顿凯尔特人迎来他们的主教练——"红衣主教"阿诺德·奥尔巴赫，这是一位高傲、坚韧、执拗且极具好胜心并最终在 NBA 取得巨大成功的主教练，他又将攻防技巧、球场智慧、精密配合和团队至上等篮球哲学植入球队，这两点也间接塑造了凯尔特人 75 年来傲然于世的风骨。

　　凯尔特人还在1950年NBA选秀大会经过几番辗转最终选中鲍勃·库西，在那个篮球还是巨人游戏的年代，库西以其灵动、快速的花哨运球很快就在长人如林的NBA刮起一道旋风，这位硬木地板上的"魔术师"也让固执的奥尔巴赫教练刮目相看。

　　1950/1951赛季，22岁的"菜鸟"控卫库西场均得到15.6分、4.9次助攻，并把凯尔特人上赛季东部垫底的22胜提高到39胜，"绿衫军"由此成为季后赛的常客。

　　库西驱动着凌厉迅疾的快攻，加上比尔·沙曼这位得分后卫"效率王"，这对波士顿后场"双枪"率领凯尔特人打出火力澎湃的进攻，但还是一事无成，因为彼时NBA进入乔治·麦肯领衔的"明尼阿波利斯湖人王朝"统治期。

　　1955年，乔治·麦肯退役，"明尼阿波利斯湖人王朝"也随之消逝。

　　1956年选秀大会，凯尔特人用全明星中锋爱德华·麦考利加上新秀克利夫·哈根作为筹码，从老鹰换来首轮第2顺位选秀权，再用此选秀权选中比尔·拉塞尔。

　　当时人们对于奥尔巴赫教练付出巨大代价来选择一位防守型中锋（拉塞尔）颇为费解，但很快就疑虑全消，因为比尔·拉塞尔来到凯尔特人，不仅显著提升了球队的防守上限，创立"防守至上"的夺冠铁律，还率队在NBA开启了空前绝后的"绿衫王朝"。

　　凯尔特人1956年选秀大会不仅选中拉塞尔，还得到K.C.琼斯、汤米·海索恩等实力球员。加上已有的库西和沙曼，NBA史上统治期最长的"绿衫王朝"隐隐浮现。

　　拉塞尔还是一位杰出的防守型进攻大师，拥有无比迅疾的协防补防能力与攻防转换技巧，他抢下篮板后迅速把球直转给库西，由后者发动快攻的场景，在那时寻常可见。

　　1956/1957赛季，攻防兼备的"绿衫军"所向披靡，库西拿下常规赛MVP，拉塞尔成为篮板王。球队一路杀进总决赛。1957年总决赛，凯尔特人对阵圣路易斯老鹰。

　　双方3比3战成平局之后，第七场，库西和沙曼手感低迷，凯尔特人一度领先34分后被对手逼近，两进加时赛。第二个加时赛最后一刻，随着拉塞尔闪电封盖对手投篮，凯尔特人最终以125比123险胜老鹰，拿下队史第一个总冠军。

　　从凯尔特人在1958年因为拉塞尔受伤而丢掉总冠军开始，到1967年凯尔特人因为新老交替而输给张伯伦领衔的费城76人停止，凯尔特人在此期间就从未让NBA总冠军旁落，缔造一波（从1959年到1966年）空前绝后的"八连冠"。

　　凯尔特人在"八连冠"的总决赛中五次击败湖人，两度射落老鹰，一次让旧金山勇士俯首称臣。1967年，凯尔特人被76人打破"八连冠"金身后，又完成"两连冠"。

　　1969年总决赛，35岁的拉塞尔率领凯尔特人"抢七大战"击败张伯伦、埃尔金·贝勒和杰里·韦斯特"三巨头"联袂领衔的湖人，说出那句"这世上什么都可能，唯独湖人战胜凯尔特人，不可能"之后，功成身退，留下13年11冠的"绿衫神话"。

　　回首那段"凯尔特人王朝"岁月，留下无数经典：1962年萨姆·琼斯这位隐匿在"指环王"背后的一把利剑，在东部决赛与总决赛"抢七大战"分别命中关键球以及关键得分，

凯尔特人总助攻榜		凯尔特人总抢断榜		凯尔特人总盖帽榜	
1. 鲍勃·库西	6945	1. 保罗·皮尔斯	1583	1. 罗伯特·帕里什	1703
2. 约翰·哈夫利切克	6114	2. 拉里·伯德	1556	2. 凯文·麦克海尔	1690
3. 拉里·伯德	5695	3. 拉简·隆多	990	3. 拉里·伯德	755
4. 拉简·隆多	4474	4. 马库斯·斯玛特	914	4. 保罗·皮尔斯	668
5. 保罗·皮尔斯	4305	5. 罗伯特·帕里什	873	5. 肯德里克·帕金斯	646

在凯尔特人四连冠的同时，赢得"关键先生"美誉；1963年鲍勃·库西脚踝受伤后带伤上阵，用蝴蝶穿花般的运球躲避湖人犯规，凯尔特人"五连冠"达成；1965年约翰·哈夫利切克在东部决赛第七场完成"神偷"抢断，帮助"绿衫军"延续"六连冠"统治。

经过那段辉煌岁月，凯尔特人成为NBA史上最偏执的胜利者。在北岸花园广场，"红衣主教"在胜利后点燃雪茄烟雾袅袅，仿佛暗示对手，这支"绿衫军"不可战胜。

20世纪70年代，哈夫利切克率领凯尔特人在1974年和1976年总决赛分别击败雄鹿与太阳，再为"绿衫军"的荣耀库里添上两尊总冠军奖杯。1978年选秀大会，凯尔特人在首轮第6顺位选中拉里·伯德，成为引领"绿衫军"在80年代中兴的新领袖。

NBA在20世纪80年代进入"湖凯争霸"的双雄对峙期，"大鸟"拉里·伯德率领凯尔特人横扫东部的顶级豪强，与此同时，西部"魔术师"埃尔文·约翰逊率领湖人如星辰般崛起，率先在总决赛击败76人夺得1980年总冠军。随后，拉里·伯德率领凯尔特人以4比2击败火箭，夺得1981年总冠军。彼时，伯德、麦克海尔和帕里什组成威震联盟的"铁三角"，日后也成为NBA最稳定、携手夺得荣耀最多的三人组之一。

1984年，凯尔特人与湖人终于再度在总决赛相遇，依旧是"绿衫军"笑到最后，经过七场大战击败湖人，夺得队史第15冠，伯德荣膺总决赛MVP。

1985年总决赛，湖人终于以4比2战胜凯尔特人，夺冠的同时，也形成NBA两大豪门双雄对峙的格局。1985/1986赛季，凯尔特人打出主场40胜1负，伯德实现常规赛MVP三连庄，并率队在总决赛以4比2击败火箭，夺得队史第16冠。

"魔术师"约翰逊在1987年总决赛第四场用一记勾手绝杀凯尔特人，并最终六战

率队夺冠。此后，伯德和那支凯尔特人开始迟暮。谁也不曾想到，此前一向夺冠从不断代（50年代到80年代均有冠军）的凯尔特人此后要时隔22年才能再夺总冠军。

1987年总决赛之后，伯德开始饱受背伤困扰。1992年8月，35岁的伯德决定退役。1993年2月5日，凯尔特人为伯德举行33号球衣退役仪式，作为"一世之敌"的"魔术师"也前来见证，并给予至高评价，"这个世界不会再有第二个拉里·伯德。"

20世纪90年代到21世纪前7年，凯尔特人的豪门风光不再，只能目睹老对手湖人在"OK组合"的率领下豪取"三连冠"以及马刺、活塞等球队崛起。

2007年休赛期，凯文·加内特与雷·阿伦来到波士顿，与保罗·皮尔斯组成"凯尔特人三巨头"，"绿衫军"仿佛看到中兴在即的契机。

2007/2008赛季，皮尔斯、加内特与雷·阿伦分别场均砍下准20分的数据，携手率领凯尔特人打出联盟第一战绩的66胜。

2008年季后赛，凯尔特人经过两轮"抢七"，分别淘汰老鹰与詹姆斯领衔的骑士，又在东部决赛六场淘汰活塞。2008年总决赛，六番鏖战，凯尔特人最终以4比2淘汰老对手湖人，夺得队史第17

个总冠军，也让湖人核心科比慨叹，"亚军是最大的失败者"。

夺冠之后"绿衫军"重返联盟之巅，并保持了长达4年豪强本色。但2010年总决赛第六场中主力中锋帕金斯受伤，让凯尔特人"抢七大战"憾负湖人。

2012年东部决赛，凯尔特人"抢七"不敌热火，新老"三巨头"直面交锋，皮尔斯、加内特与雷·阿伦只能目送詹姆斯、韦德与波什率领热火奔向夺冠之巅而去。

在迈阿密烈焰天风般冲击下，凯尔特人决心改变。雷·阿伦在2012年加盟热火。2013年休赛期，丹尼·安吉（凯尔特人总经理）做出重磅交易，将加内特、皮尔斯和特里等球员交易至布鲁克林篮网换来杰拉德·华莱士等球员和三个"未来选秀权"。

随着"三巨头"渐次离去，"凯尔特人三巨头"时代就此结束，之后又是一段漫长幽暗的重建期。2014年年底，就连当初被丹尼·安吉钦点的"绿衫少主"拉简·隆多也没有完成"一人一城"的宏愿，被交易到达拉斯小牛。

2015/2016赛季，"绿衫少帅"史蒂文斯将小托马斯提升为首发控卫，后者在2016/2017赛季场均轰下28.9分，打出"地表最强175"表现，但1.75米的身高限制着他的上限，总经理丹尼·安吉当然明白其中端倪。凯尔特人在2016/2017赛季豪取东部第一的53胜并杀入东部决赛，但在东部决赛被骑士以4比1击败。2017年休赛期，安吉毅然决然地与骑士达成交易，凯尔特人将小托马斯去往骑士，换来凯里·欧文。

欧文是当今联盟最具创造力的单挑得分手，也可能成为出色的球队老大，可惜生不逢时。2017/2018赛季揭幕战，海沃德遭遇重伤，赛季报销，欧文独自率领凯尔特人豪取第16胜，风头一时无两。令人惋惜的是，欧文在赛季末期遭遇膝伤无缘季后赛。

虽然欧文因伤缺阵，但凯尔特人"青年军"在2018年季后赛华丽绽放，一路杀入东部决赛。他们的"双探花"杰伦·布朗（2016年"探花秀"）、杰森·塔图姆（2017年"探花秀"）均崭露头角，还有斯玛特、罗齐尔等一干身怀绝技的骁将。

2018年东部决赛，可惜年轻的"绿衫军"面对一位"巅峰全力詹"，詹姆斯在2018年打出NBA史上最具统治力的个人季后赛表现，率领骑士"抢七"击败凯尔特人。

凯尔特人"青年军"在2018年表现令人惊喜，但欧文和海沃德的双双归来的凯尔特人在2018/2019赛季反而退步明显。2019年季后赛，凯尔特人以1比4不敌雄鹿，止步在东部半决赛，欧文没有表现出当家巨星的应有水准。凯尔特人化学反应不佳，欧文也遭遇不少质疑。最终，2019年7月，欧文告别凯尔特人，加盟布鲁克林篮网。

欧文离去，凯尔特人似乎"王位空悬"，虽然塔图姆与布朗表现不俗但有些稚嫩。急需一位巨星压阵的凯尔特人招募来"蜂王"肯巴·沃克，作为交易的一部分，罗齐尔被送到夏洛特黄蜂。2019/2020赛季，沃克场均得到20.4分、4.8次助攻，与"双探花"（塔图姆和布朗）联手率领凯尔特人一路杀到东部决赛，可惜被热火挡在总决赛门外。

2020/2021赛季，沃克陷入左膝伤病泥潭，不再具备王牌得分手的能力，与此同时，塔图姆在生涯第四个赛季表现愈发抢眼，场均砍下 26.4 分，并首次入选全明星。

2021 年季后赛，布朗因为手腕韧带撕裂而缺阵，"双探花"只剩塔图姆率队出征，虽然首轮即被"布鲁克林三巨头"领衔的篮网以 4 比 1 轻松淘汰，但让波士顿球迷欣慰的是，塔图姆在季后赛首轮第三场独砍 50 分并率队取胜，尽显大将风范。

2021 年休赛期，凯尔特人把沃克交易到雷霆，将羽翼渐丰的"双探花"树立为核心。2021/2022 赛季，艾米·乌度卡成为凯尔特人新主帅，唤醒了"绿衫军"铁血防守与豪强基因。2022 年季后赛，凯尔特人在首轮横扫杜兰特与欧文领衔的篮网，之后通过两轮"抢七"先后击败上届冠军雄鹿和巴特勒领衔的热火，时隔 12 年终于重返总决赛舞台，塔图姆捧起首座拉里·伯德杯（东部决赛 MVP 奖杯），可谓风头正劲。

2022 总决赛，塔图姆遭遇威金斯严防而大失水准，仅以 36.7% 命中率场均砍下 21.5 分，对方主将库里却表现神勇，在第四战独砍 43 分。最终凯尔特人以 2 比 4 败给勇士，无缘总冠军。巅峰落败，塔图姆与布朗的"双探花"也开始饱受质疑。

2022 年 9 月，乔·马祖拉开始执教"绿衫军"。2022/2023 赛季，凯尔特人以 57 胜 25 负高居东部第二。东部半决赛，凯尔特人对阵新科 MVP（恩比德）＆ 新科助攻王（哈登）联袂领衔的 76 人，在 2 比 3 落后之逆境下连扳两场，以总比分 4 比 3 逆转击败 76 人。塔图姆在"抢七大战"狂揽 51 分，刷新 NBA 历史"抢七战"的个人得分纪录。

2023 年东部决赛，凯尔特人再次遭遇热火，当东部决赛第六场德里克·怀特神奇地压哨补篮命中，凯尔特人以 1 分险胜，顽强地将大比分从 0 比 3 扳成 3 比 3 平。

"抢七大战"，热火在北岸花园球馆以 103 比 84 大胜凯尔特人，没有成为 NBA 从 3 比 0 到 3 比 4 被逆转的首支球队，还书写了"黑八进总决赛"的奇迹。此战，塔图姆在开始时便因脚踝崴伤表现低迷，而布朗也出现 8 次失误，"双探花"又一次双双沉寂，在当家球星成色决定球队上限的季后赛，凯尔特人又一次遗憾出局。

2023/2024 赛季，凯尔特人阵容升级，虽然失去"绿衫之魂"斯玛特，但得到冠军级控卫朱·霍勒迪与"初代独角兽"波尔津吉斯，加上老当益壮的霍福德以及高效稳定的德里克·怀特，再以"双探花"塔图姆与布朗为核心的"绿衫军"可谓阵容鼎盛。

凯尔特人在 2023/2024 赛季最终取得 64 胜 18 负的联盟第一战绩，季后赛更是波澜不惊，连克热火、骑士与步行者，登顶东部之巅，布朗获得东决 MVP。

2024 年 6 月，"双探花组合"塔图姆与布朗率队在总决赛以 4 比 1 击败"东欧组合"领衔的独行侠，夺得总冠军，这支凯尔特人终于捧起了队史的第 18 座总冠军奖杯。

自此，凯尔特人成为 NBA 史上夺冠次数最多的球队。虽然布朗荣膺了总决赛 MVP，但塔图姆的表现也不遑多让，"双探花组合"联手率队完成复兴大业，在北岸花园球馆高悬的 18 面总冠军旗帜的掩映下，绵延起"绿衫王朝"的气韵。

十 特别链接：凯尔特人退役球衣

凯尔特人退役球衣共 25 件，分别属于 00 号（罗伯特·帕里什）、1 号（沃尔特·布朗）、2 号（阿诺德·奥尔巴赫）、3 号（丹尼斯·约翰逊）、5 号（凯文·加内特）、6 号（比尔·拉塞尔）、10 号（J.J. 莱特）、14 号（鲍勃·库西）、15 号（汤姆·海因索恩）、16 号（汤姆·桑德斯）、17 号（约翰·哈夫里切克）、18 号（戴夫·考恩斯）、19 号（唐·尼尔森）、21 号（比尔·沙曼）、22 号（爱德华·麦考利）、23 号（弗兰克·拉姆齐）、24 号（萨姆·琼斯）、25 号（K.C.·琼斯）、31 号（塞德里克·麦克斯维尔）、32 号（凯文·麦克海尔）、33 号（拉里·伯德）、34 号（保罗·皮尔斯）、35 号（雷吉·刘易斯），以及 LOSCY（吉姆·罗斯卡托夫）和 MICROPHONE（约翰尼·莫斯特 / 解说员）。因为花园球馆还要悬挂 18 面总冠军旗帜，所以凯尔特人把这些球衣号码分放在三面格子里。

凯尔特人经典组合 / "双探花组合"
杰森·塔图姆 + 杰伦·布朗

2016 年 6 月，凯尔特人在选秀大会首轮第 3 顺位选中杰伦·布朗，一位身高 1.98 米、臂展 2.13 米的"魔鬼筋肉人"。此外，布朗还拥有高学历且善于思考，在场上是一名睿智全能的"六边形战士"。

凯尔特人又在 2017 年选秀大会首轮第 3 顺位选中杰森·塔图姆，一位球风华丽、天赋异禀的锋卫摇摆人。他与布朗联袂搭档而成"双探花"组合，成为引领波士顿凯尔特人复兴的希望。

2022/2023 赛季，塔图姆场均轰下 30.1 分，布朗场均也得到 26.6 分，"双探花组合"已然成为联盟火力最强的二人组。

从 2017 年到 2024 年，"双探花组合"携手 7 个赛季，率领凯尔特人五进东部决赛，两次杀入总决赛，并在 2024 年总决赛以 4 比 1 击败独行侠，夺得总冠军，率队延续了"绿衫王朝"的第 18 冠辉煌。

凯尔特人历史最佳阵容

控球后卫	得分后卫	小前锋	大前锋	中锋
鲍勃·库西	**约翰·哈夫里切克**	**拉里·伯德**	**凯文·麦克海尔**	**比尔·拉塞尔**
库西是 NBA 初代控卫大师，8 次蝉联助攻王，手握 6 枚总冠军戒指，构建出"八连冠绿衫王朝"的宏伟蓝图。	哈夫里切克是 20 世纪六七十年代最全能的外线球员，是天生赢家，总决赛战绩为 8 胜 0 负，他还是凯尔特人总得分王。	伯德堪称凯尔特人的化身，集优雅、自信、勤奋于一身，拥有超高的球商且投篮精准，他还是唯一一位三连常规赛 MVP 的小前锋。	麦克海尔挥舞一双（臂展 2.44 米）长臂，为凯尔特人构筑坚实防线，同时在进攻端场均贡献 17.9 分，他在低位进攻颇具威胁。	拉塞尔是手捧 11 枚总冠军戒指的"指环王"，他用现象级防守为凯尔特人带来"八连冠"，完成战斗与胜利的狂欢。
● Bob Cousy	● John Havlicek	● Larry Bird	● Kevin McHale	● Bill Russell
● 1950—1963 年	● 1962—1978 年	● 1979—1992 年	● 1980—1993 年	● 1956—1969 年
● **效力期间主要荣誉** 6 届总冠军 /1 届常规赛 MVP /8 届助攻王	● **效力期间主要荣誉** 8 届总冠军 /1 届总决赛 MVP /5 届最佳阵容一阵	● **效力期间主要荣誉** 3 届总冠军 /2 届总决赛 MVP /3 届常规赛 MVP	● **效力期间主要荣誉** 3 届总冠军 /3 届最佳防守阵容一阵 /7 届全明星	● **效力期间主要荣誉** 11 届总冠军 /5 届常规赛 MVP/ 首届 NBA 终身成就奖

猛龙总得分榜

1. 德玛尔·德罗赞	13296	
2. 凯尔·洛瑞	10540	
3. 克里斯·波什	10275	
4. 文斯·卡特	9420	
5. 帕斯卡尔·西亚卡姆	8875	

多伦多猛龙夺冠年份表

2019 年	猛龙	4 比 2	金州勇士

猛龙总篮板榜

1. 克里斯·波什	4776
2. 约纳斯·瓦兰丘纳斯	3961
3. 帕斯卡尔·西亚卡姆	3324
4. 凯尔·洛瑞	2954
5. 安东尼奥·戴维斯	2839

猛龙总助攻榜

1. 凯尔·洛瑞	4277
2. 何塞·卡尔德隆	3770
3. 弗雷德·范弗利特	2199
4. 德玛尔·德罗赞	2078
5. 帕斯卡尔·西亚卡姆	1846

猛龙总抢断榜

1. 凯尔·洛瑞	873
2. 道格·克里斯蒂	664
3. 德玛尔·德罗赞	655
4. 弗雷德·范弗利特	562
5. 莫里斯·皮特森	552

猛龙总盖帽榜

1. 克里斯·波什	600
2. 阿米尔·约翰逊	480
3. 约纳斯·瓦兰丘纳斯	479
4. 文斯·卡特	415
5. 安东尼奥·戴维斯	405

多伦多猛龙
TORONTO RAPTORS

多伦多猛龙虽然建队仅仅30来年，却完成了从稚拙幼龙到真龙天子的蜕变："小飞鼠"时代，他们是乔丹盖章鉴定过的"公牛杀手"；卡特时代的猛龙，第一次看到了"跃龙在渊"；在洛瑞和德罗赞的时代，猛龙是季后赛常客，虽然稳健有余，但天分不足，此乃"潜龙勿用"。

有了前面的积累，猛龙在得到伦纳德的第一个赛季，就连克强敌，最后踩着勇士王朝的废墟称王北境，实现"飞龙在天"。

宿命轮回，如今的多伦多送别最后的"北境之王"西亚卡姆之后，又回到"群龙无首"的最初。如今多伦多猛龙前途未卜，不过，能幽能明，能巨能细，这倒符合龙的特征。

1995年，NBA推行海外扩张计划，两支NBA新球队在加拿大诞生，一支是温哥华灰熊，另一支就是多伦多猛龙。作为NBA最年轻的球队之一以及目前唯一一支非美国本土的球队（另一支温哥华灰熊在2001年迁址到孟菲斯），多伦多猛龙在建队之初可谓人才匮乏，仅靠身高1.78米的"小飞鼠"达蒙·斯塔德迈尔来强撑门面。

斯塔德迈尔是由时任猛龙总经理的"微笑刺客"伊赛亚·托马斯在1995年选秀大会选中的第7顺位新秀，顶着"刺客二世"的头衔杀入NBA，不仅力压凯文·加内特荣膺了1995/1996赛季的最佳新秀，还曾率领猛龙击败乔丹领衔的公牛。公牛在那个赛季可是豪取72胜的历史最佳球队，猛龙因此在那个初创赛季留下闪亮的一笔。

猛龙在NBA的前三个赛季，是斯塔德迈尔尽情绽放的三个赛季。虽然"小飞鼠"成为场均"20+8"的准全明星控卫，却无法率领羸弱的猛龙挺进季后赛。

1997/1998赛季，猛龙因为大面积伤病遭遇一波17连败，心灰意冷的斯塔德迈尔在

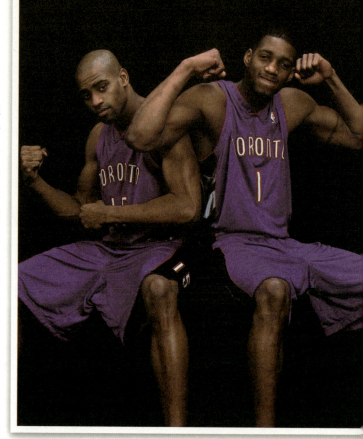

1998 年 2 月告别猛龙，加盟家乡球队波特兰开拓者。此时的猛龙已经通过选秀集结了一批青年才俊，譬如（1996 年榜眼）马库斯·坎比和（1997 年 9 号秀）特雷西·麦克格雷迪，可惜当时的他们尚在青涩阶段，多伦多可谓群龙无首。

1998 年选秀大会，卡特在首轮第 5 顺位被勇士选中之后交易到猛龙。在冰天雪地的多伦多，卡特遇到表弟麦迪，这对天赋超群的"高飞"兄弟组成了猛龙"双子星"。

卡特无疑是表兄弟中发轫更早的一位，他在 1998/1999 赛季就以场均 18.3 分荣膺最佳新秀。1999/2000 赛季，卡特不仅在 2000 年全明星扣篮大赛一扣封神，还在该赛季场均轰下 25.7 分，一举成为联盟炙手可热的超新星、闪耀北境的初代"龙王"。

回溯千禧年全明星扣篮大赛，当卡特旋转着劈出那记壮丽绝伦的 360 度单臂风车扣时，不仅拯救了濒临绝境的扣篮大赛，还就此成为叱咤联盟的"半人半神"。

在表哥卡特的炫目光环之下，表弟麦迪默默进化且成长迅速，他拥有超长臂展、超强运动天赋以及与生俱来的篮球嗅觉，有望成为攻防一体的顶级侧翼小前锋。

然而，已经崛起的麦迪不再甘做卡特身边的小弟，于是在 2000 年休赛期远赴魔术。从此 NBA 再没有"高飞兄弟"，令人无限唏嘘。如果麦迪当初没有离开猛龙，那么卡特与他会不会成为下一个"乔丹与皮蓬"？如今，一切只能停在"如果"里。

2000/2001 赛季，卡特率领猛龙首次挺进季后赛，并且在首轮以 3 比 2 击败尼克斯，杀入东部半决赛。此时的猛龙不仅卡特神勇无匹，还拥有戴尔·库里这样的神投手、马克·杰克逊这样的睿智指挥官，可惜他们都身处生涯暮年。

2001 年东部半决赛，猛龙对阵 76 人。艾弗森在第二场轰下 54 分并率领 76 人取胜，卡特在第三场独砍 50 分，为猛龙扳回一场。第五场，艾弗森豪取 52 分拿下"天王山"。"抢七大战"，艾弗森送出 16 次助攻，率领 76 人险胜猛龙挺进东部决赛。

虽然猛龙止步东部半决赛，但卡特与艾弗森联手上演的"对飙大战"足以载入史册，在那个防守至上的时代，二人竟然 3 次得分 50+，场均都得分 30+，惊为天人。

2001/2002 赛季接近尾声，卡特被迫进行左膝手术，缺席余下比赛。2002/2003 赛季，卡特仓促复出，余伤未了，再也无法恢复从前那般锐利。2004 年 12 月，卡特被猛龙交易到新泽西篮网，自此"半人半神"尘封了一段云蒸霞蔚的多伦多岁月。

2003/2004 赛季，克里斯·波什在卡特离开之后的余下赛季场均得到 18.4 分、9.5 个篮板，迅速成长为猛龙的新领袖，这位"03 白金一代"的 4 号秀被誉为继加内特之后最全能灵活的大前锋。在接下来的 7 年间，波什不仅进入"20+10"顶级内线俱乐部，还成功接棒卡特，成为镇守北境的多伦多第二任"龙王"。

波什虽然身手全面，但性格温和、球风偏软，不足以率领猛龙争雄天下。即便他们在 2006/2007 赛季取得大西洋分区战绩第一的 47 胜，但人们谈起那个赛季的猛龙，最津津乐道的还是"科比 81 分屠龙"。那是 2006 年 1 月 22 日，科比面对猛龙独砍 81 分，创造现代篮球个人得分新高，猛龙也以"飙分之最背景板"的方式青史留名。

猛龙在 2007 年、2008 年两进季后赛，都惨遭首轮淘汰。即便波什在 2008 年季后赛场均贡献 24 分、9 个篮板的"准两双"，依然无法率领猛龙在"高端局"有所作为。

2010 年夏天，波什在苦守北境多年无果之后，告别多伦多猛龙，背上行囊南下迈阿密，与韦德、詹姆斯组成"热火三巨头"，继续追寻总冠军的梦想。

后波什时代的多伦多猛龙进入群龙无首的至暗时代，连续 3 年无缘季后赛。

德玛尔·德罗赞成为照耀猛龙在黑暗中前行的一束光。这位在 2009 年被猛龙选中的第 9 顺位新秀，在波什离去之后的 2010/2011 赛季场均砍下 17.2 分。德罗赞拥有精湛的中距离投射，是一位风格古朴的得分高手，但猛龙还缺少一位指挥官。

2012 年 7 月，凯尔·洛瑞被火箭交易到猛龙，成为合格的指挥官。2013/2014 赛季，洛瑞场均贡献 17.9 分、7.4 次助攻，德罗赞场均砍下 22.7 分，二人配合默契，联手组成威力十足的"北境双枪"，率领猛龙重回季后赛，可惜首轮以 3 比 4 不敌篮网。

猛龙一跃成为东部的季后赛常客。2017/2018 赛季，猛龙更是在常规赛豪取东部第一的 59 胜 23 负，刷新队史最佳战绩的同时，猛龙主帅德维恩·凯西还成为该赛季联盟最佳主教练。然而，凯西教练也成为当赛季就被炒的最佳主教练，世所罕见。

究其原因，那就是东部有一个勒布朗·詹姆斯！那些年詹姆斯率队（热火、骑士）连续 8 次夺得东部冠军，东部在"皇帝"连续长达 8 年的统治下，无数英雄豪杰都被打散，成为其刀下亡魂，"北境双枪"与凯西教练就在其中……

2018 年东部半决赛，猛龙惨遭骑士横扫，詹姆斯用一条龙绝杀击溃了多伦多的信心。兵败之后，猛龙决心重建，2018 年 5 月，新科最佳教练德维恩·凯西被猛龙辞退，丝毫没有 NBA 执教经验的尼克·纳斯教练在 6 月走马上任，拿起猛龙教鞭。

2018 年 7 月，"北境之王"德罗赞（加上博尔特尔）也被猛龙交易到马刺，换来科怀·伦纳德、丹尼·格林。德罗赞是一位进攻华丽的全明星级别得分后卫,而伦纳德是攻防一体的超巨级别小前锋,拥有 FMVP 头衔,其能力更为全面与稳定。

2018/2019 赛季,伦纳德为猛龙带来质变,加上"菜鸟"教练尼克·纳斯大胆革新,让帕斯卡尔·西亚卡姆出任首发大前锋,后者迅速崛起,夺得最快进步球员奖,化身伦纳德身边的"皮蓬"。猛龙以 58 胜 24 负的战绩排名东部第二,晋级季后赛。

2019 年季后赛是伦纳德的封神之旅。他在东部半决赛首场狂砍 45 分,又在令人窒息的"抢七大战"命中一记压哨三分球,终结了 76 人。那记在篮筐上颠了数下最终落网的三分球,伴着"大帝"恩比德伤心欲绝的泪水,成为 NBA 季后赛史上的名场面。

东部决赛猛龙对阵雄鹿,前两场全败之后连扳四场。范弗利特为首的猛龙后场群枪找到准星,为伦纳德提供火力支援。猛龙最终以 4 比 2 淘汰雄鹿,挺进总决赛。

2019 年总决赛,猛龙挑战四年三冠的勇士。杜兰特缺阵,勇士没有人能限制伦纳德,而汤普森伤退,让库里独木难支,最终,伦纳德在总决赛场均砍下 28.5 分、9.8 个篮板,率领猛龙以 4 比 2 击败勇士,夺得总冠军,并加冕总决赛 MVP。西亚卡姆在总决赛表现亦非常出色,场均也贡献 19.8 分、7.5 个篮板,成为猛龙夺冠的第二号功臣。

夺冠之后,伦纳德在 2019 年 7 月加盟洛杉矶快船。伦纳德离队,猛龙并没有就此衰落,反而在洛瑞(场均贡献 19.4 分、7.5 次助攻)与西亚卡姆(场均得到 22.9 分、7.3 个篮板)的强势率领下,在 2019/2020 赛季取得 53 胜东部第二的傲人战绩。2020 年季后赛,猛龙首轮横扫篮网,在东部半决赛与兵锋正盛的凯尔特人鏖战七场后遗憾出局。

2020/2021 赛季,由于疫情原因,猛龙在佛罗里达的坦帕湾打完了所有的主场比赛,只获得 27 胜,自 2013 年以来首次缺席季后赛。

2021 年休赛期,猛龙将洛瑞交易到热火。2021/2022 赛季,范弗利特场均贡献 20.3 分、6.7 次助攻,成长为后场新核心,与西亚卡姆携手率领猛龙重返季后赛。

2022/2023 赛季,西亚卡姆场均砍下 24.2 分、7.8 个篮板和 5.8 次助攻,率领猛龙取得 41 胜,虽然在附加赛不敌公牛无缘季后赛,但西亚卡姆俨然成为新一代"北境之王",引领着猛龙天赋异禀的高锋线群,龙盘北境,成为一支颇具未来风格的劲旅。

2023 年休赛期,猛龙解雇了冠军主帅纳斯,范弗利特也转投火箭。2023 年 12 月,猛龙将阿努诺比、阿丘瓦和弗林送至尼克斯,换取巴雷特、奎克利。2024 年 1 月,猛龙又将西亚卡姆送至步行者,换回布鲁斯·布朗、乔丹·恩沃拉和 3 个首轮选秀权。

至此,猛龙 2019 年夺冠的首发阵容悉数离队,多伦多以全新阵容踏上崭新征程,未来是黑暗还是光明,充满未知。能幽能明,能巨能细,这倒符合龙的特征。

猛龙经典组合 / "北境双枪"
凯尔·洛瑞 + 德玛尔·德罗赞

北境有龙，背生双翼，命里带风，扶摇而上……猛龙的双翼就是德罗赞与洛瑞。

德罗赞是东部最好的得分后卫之一，背打、跳投、扣篮无一不精，一手中距离投篮出神入化，是当今联盟将"神之武器"运用得最纯熟的球员。

"小钢炮"洛瑞看起来平平无奇的敦实身材，却蕴藏着一种稳健的力量。他大局观出色，且拥有超强心脏，关键时刻中远投射绝不手软，举手投足间有着当年比卢普斯的影子。

2012年，洛瑞加盟猛龙，与德罗赞组成"北境双枪"，成为东部最犀利的后场组合之一。他们风格互补、配合默契且心意相通，联手率领猛龙连续5进季后赛，连续3个赛季豪取50+胜场，成为东部一方豪强。

"北境双枪"虽然出色，但天赋有限。洛瑞身高1.85米且运动能力平平，德罗赞身材单薄，在高对抗的季后赛无法保持准星，更何况，他们处在东部的"皇帝统治期"。

猛龙在季后赛三次遭遇詹姆斯的骑士，三次被击败，在2018年东部半决赛被骑士横扫之后，猛龙被彻底打散重建，将德罗赞送到马刺，换来伦纳德。

合作6年的"北境双枪"也就此绝迹于江湖。

作为NBA最年轻的球队之一，猛龙底蕴尚浅。即便如此，猛龙在锋卫线上还是人才济济，在最佳阵容的评选上颇费周折。我们将镇守北境九年的德罗赞放在最佳分卫位置上，让21世纪之初"四大分卫"之一的卡特出任最佳小前锋，毕竟"半人半神"也是出色的锋卫摇摆人，而攻防一体、能力更强的伦纳德只能移步到大前锋，"龙王"波什出任中锋。虽然此举有些小阵容化，但在如今小球时代也很正常，毕竟这几位都有资格入选猛龙最佳阵容。

猛龙历史最佳阵容

控球后卫	得分后卫	小前锋	大前锋	中锋
凯尔·洛瑞	**德玛尔·德罗赞**	**文斯·卡特**	**科怀·伦纳德**	**克里斯·波什**
洛瑞是一门射程广袤且精准的"小钢炮"，效力猛龙10个赛季，成为旗帜性控卫，包揽猛龙的总助攻王与总抢断王。	德罗赞是当今罕见的古典型得分后卫，中投炉火纯青。他在猛龙征战10个赛季，戴上了猛龙队史总得分王的桂冠。	卡特夺得最佳新秀，用飞龙在天般华美的扣篮将弱旅猛龙带到一个世所瞩目的高度，并率队杀入东部半决赛，是猛龙初代巨星。	虽然伦纳德仅效力猛龙一个赛季，却场均贡献26.6分、7.3个篮板，并率队拿到唯一一个总冠军，成为唯一的总决赛MVP。	波什效力猛龙七年，成为独霸一方的"龙王"，他是拥有出色机动性与射程的跳投型内线，无比契合如今的小球时代。
● Kyle Lowry	● DeMar DeRozan	● Vince Carter	● Kawhi Leonard	● Chris Bosh
● 2012—2021年	● 2009—2018年	● 1998—2004年	● 2018—2019年	● 2003—2010年
● 效力期间主要荣誉 1届总冠军/6届全明星/1届最佳阵容三阵	● 效力期间主要荣誉 4届全明星/1届最佳阵容二阵	● 效力期间主要荣誉 5届全明星/最佳新秀/1届最佳阵容二阵	● 效力期间主要荣誉 1届总冠军/1届总决赛MVP/1届全明星	● 效力期间主要荣誉 5届全明星/最佳新秀阵容一阵

169

费城76人历史夺冠年份表

1.	1955年	民族	4比3	福特韦恩活塞
2.	1967年	76人	4比2	旧金山勇士
3.	1983年	76人	4比0	洛杉矶湖人

※民族是指塞拉库斯民族队（76人前身）

76人总得分榜

1.	哈尔·格里尔	21586
2.	阿伦·艾弗森	19931
3.	多尔夫·谢伊斯	18438
4.	朱利叶斯·欧文	18364
5.	查尔斯·巴克利	14184

76人总篮板榜

1.	多尔夫·谢伊斯	11256
2.	里德·科尔	9506
3.	查尔斯·巴克利	7079
4.	比利·坎宁安	6638
5.	威尔特·张伯伦	6632

费城76人

PHILADELPHIA 76ERS

1962 年，锡拉丘兹民族队迁址到费城，为了纪念这个 1776 年《独立宣言》的诞生地，球队更名为"**费城 76 人**"，并且在这座民主、自由的"友爱之城"开启一段新的传奇。

费城人杰地灵，那些天才球星纷至沓来。从"大北斗"张伯伦、"J博士"欧文、"查尔斯爵士"巴克利、"答案"艾弗森，到"大帝"恩比德，76 人从不缺乏个性鲜明的超级巨星，其中最具代表性的救星艾弗森。十年热血十年忠，艾弗森以 1.83 米身躯在长人如林的 NBA 斩获四届得分王，在紫金之巅独砍 48 分挑落湖人，书写独胆英雄的神话，令人肃然起敬。既是不畏王权的挑战者，又是睥睨群雄的征服者，艾弗森便是费城 76 人的"答案"。

费城 76 人最早可以追溯到——锡拉丘兹民族，这是一支在 1937 年于美国锡拉丘兹城创立的篮球队，隶属于 NBL（美国篮球联盟）。1949 年，BAA（全美篮球协会）与 NBL 合并成为 NBA，锡拉丘兹民族开始征战 NBA 联盟。

1949/1950 赛季，锡拉丘兹民族在 NBA 的首个赛季表现神勇，取得 53 胜 13 负的东部第一佳绩，主场更是豪取惊人的 31 胜 1 负。锡拉丘兹民族在 1950 年季后赛连斩勇士和尼克斯，一路杀到总决赛，可惜以 2 比 4 不敌明尼阿波利斯湖人，无缘总冠军。

此后，阿波利斯湖人统治着 NBA 的初创时期，完成从 1952 年到 1954 年一波三连冠。等到"阿波利斯王朝"式微之后，锡拉丘兹民族在初代明星中锋多尔夫·谢伊斯的强势带领下，终于在 1995 年总决赛击败活塞，夺得第一个总冠军。

谢伊斯在锡拉丘兹民族的地位就如同麦肯之于湖人，这位 NBA 史前超级中锋虽然

171

后来入选名人堂 &75 大球星，但相较麦肯、拉塞尔和张伯伦而言，还是稍显籍籍无名。

1960 年，NBA 进入凯尔特人的漫长统治期，其他球队在"绿衫军"的王座之下几乎无法喘息。1963 年春天，费城勇士队迁徙到圣弗朗西斯科，一名费城商人买下锡拉丘兹民族，将球队带往费城，改名为费城 76 人。1963/1964 赛季，谢伊斯虽然以球员身份从 76 人退役，但他依然担任 76 人的主教练，并且执教成绩非常出色。

1964/1965 赛季中期，篮球史上最强悍的内线得分手、单场砍下百分神迹的"大北斗"威尔特·张伯伦离开勇士回到家乡费城，加盟 76 人。

1965 年东部决赛，76 人在第七场最后时刻遭遇哈夫利切克的神奇抢断，一分惜败。波士顿那本已令人望峰息心的连冠数字又向前滚动了一格：七连冠。

1965/1966 赛季，76 人再次败给凯尔特人，目送对手完成空前绝后的八连冠。

1966/1967 赛季，张伯伦减少个人持球进攻，开始助攻队友，连续 7 届得分王虽然就此终止，但拿到篮板王（场均 24 个），场均 7.8 次助攻也高居联盟第三，并率领 76 人打出队史最佳的 68 胜。76 人在季后赛一路杀到东部决赛，直面老对手凯尔特人。

这一次张伯伦在与拉塞尔的对决中终于占得上风，将"绿衫军"挡在总决赛的大门之外。然后他们在 1967 年总决赛以 4 比 2 力克旧金山勇士，拿到队史上第二个总冠军。

接下来的 1968 年东部决赛，拉塞尔率领凯尔特人在以 1 比 3 落后时连扳三场，逆转击败 76 人。东决折戟，张伯伦心灰意冷，在 1968 年休赛期远赴洛杉矶湖人。

从此之后，费城 76 人再也无力争冠，在历史洪流中渐渐沉寂下来。

1976 年，ABA（美国篮球协会）正式与 NBA 合并，费城 76 人用 300 万美元的重金赢得了 ABA 最耀眼的巨星——"J 博士"朱利叶斯·欧文的争夺战。

"J 博士"不仅给 NBA 带来华丽无匹的扣篮艺术，还给 76 人带来显著提升。

1976/1977 赛季，"J 博士"在 NBA 首个赛季就率领 76 人杀进总决赛，惜败给开拓者，无缘总冠军。此后数年，76 人始终冲冠未果，两次东决失利以及 1980 年、1982 年两度总决赛不敌湖人让费城人明白，想要夺冠他们也许还缺少一位巨星。

1982 年休赛期，"篮板天王"摩西·马龙来到费城与"J 博士"欧文联手，彼时 76 人阵容还云集了抢断大师莫里斯·奇克斯，进攻鬼才安德鲁·托尼等当世名将，其战力达到 NBA 历史顶峰。1983 年总决赛，76 人横扫湖人夺冠，报一箭之仇的同时，还在季后赛创下 12 胜 1 负夺冠的（20 世纪）NBA 最佳战绩。

20 世纪 80 年代，"魔术师"率领湖人与"大鸟"的凯尔特人展开巅峰对决，两队包揽 8 冠。76 人在 83 年夺冠只是昙花一现，然后在"湖凯争霸"主旋律中沉寂。

1984 年是拥有乔丹、奥拉朱旺、巴克利与斯托克顿等超级巨星的"钻石一代"选秀大会，76 人在首轮第 5 选秀位中查尔斯·巴克利。虽然巴克利是肆虐内线的顶级矮壮型大前锋，但在那个大神云集的年代依旧无法率领 76 人抵达巅峰。

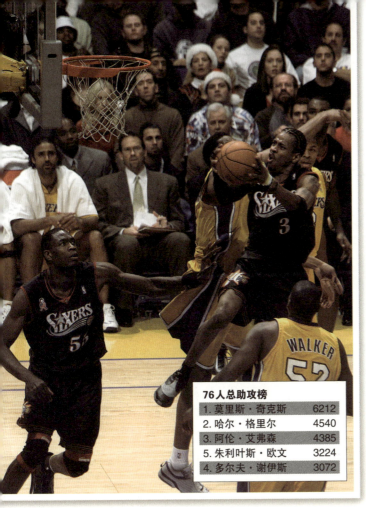

1992 年，巴克利连续 4 年入选最佳第一阵容之后，告别费城，加盟菲尼克斯太阳。

后巴克利时代的费城 76 人进入重建期，虽然有全明星后卫霍纳塞克、强力大前锋韦瑟斯庞等颇具实力的球员，但依然无法扭转球队战绩一路下滑的趋势。

经过多年战绩连续下滑，费城 76 人终于在 1996 年迎来新一束复兴的曙光。

1996 年是"黄金一代"选秀大年，76 人在首轮第 1 顺位选中阿伦·艾弗森。后者不负"黄金状元"威名，在"菜鸟赛季"便以场均 23.5 分、7.5 次助攻荣膺最佳新秀，并且在

76人总助攻榜	
1. 莫里斯·奇克斯	6212
2. 哈尔·格里尔	4540
3. 阿伦·艾弗森	4385
5. 朱利叶斯·欧文	3224
4. 多尔夫·谢伊斯	3072

晃过乔丹命中中投后，留下一句"在球场上，我不需要尊重任何人"经典名言。

很快，艾弗森便以 1.83 米的身躯穿梭在 NBA 巨人阵中大杀四方，更以桀骜不驯的性格与"地垄沟"发型在联盟独树一帜，如烈焰流星般率领 76 人成为东部一方豪强。

2000/2001 赛季，艾弗森达到生涯巅峰，不仅以场均 31 分、2.5 次抢断加冕得分王与抢断王，还荣膺了全明星 MVP 和常规赛 MVP。穆托姆博也在 2001 年 2 月火线加盟，极大地提升了 76 人的防守上限。穆大叔不仅荣膺了该赛季最佳防守球员和盖帽王，还辅助艾弗森，联手率领 76 人打出"外投内抢"战术，豪取东部第一的 56 胜。

2001 年季后赛，艾弗森率领 76 人在半决赛"抢七"险胜猛龙，并对飙卡特在第二场、第五场分别砍下 54 分和 52 分。东部决赛七场苦战淘汰"三个火枪手"领衔的雄鹿时，艾弗森在最后两场分别砍下 46 分和 44 分，又力压了同届的"神枪手"雷·阿伦。

2001 年总决赛第一战，艾弗森在独砍 48 分，率领 76 人以 107 比 101 客场战胜湖人，送给"OK 组合"领衔的湖人此次季后赛唯一一场失利。虽然 76 人最终五战力竭而败，但艾弗森以一己之力击碎"紫金不败"金身，书写了孤胆英雄的极致神话。

巅峰过后，艾弗森和恩师拉里·布朗的矛盾逐渐激化，将帅失和让 76 人陷入迷茫。穆托姆博也在 2002 年远走新泽西篮网，76 人不再拥有笑傲东巅的实力，虽然艾弗森依

旧能夺下得分王，依旧能单场轰下 60 分，但球队数年蹉跎还是让 76 人决定改变。

2004 年选秀大会，费城 76 人在第 9 顺位选中了"小 AI"安德烈·伊戈达拉。

2006 年 12 月，艾弗森被 76 人交易到掘金，自此，他将最美好的 10 年都留在了费城，成为这里永恒的"答案"。艾弗森远走，伊戈达拉终于迎来属于自己的 76 人时代，但享有无限开火权之后，伊戈达拉场均仅得 18.2 分，尴尬地发现自己并非"主攻手"。

费城 76 人从此王位空悬，急需一位领袖率队再达巅峰，这一等就是 8 年。虽然在此期间，费城迎来"船长"布兰德，但这位技术流大前锋深陷伤病泥沼早已不在巅峰状态。

2014 年选秀大会，阴差阳错，乔尔·恩比德因为遭遇应力性骨折导致选秀顺位滑落，费城 76 人才得以在首轮第 3 顺位选中这位喀麦隆籍天才中锋，一切都是缘分注定。

恩比德因为应力性骨折迟迟不能上场，2015 年 8 月，恩比德又接受脚部足舟骨移植手术，错过了自己本应征战的第二个赛季，当时他被称为"第二个奥登"。

2016/2017 赛季，"大帝"恩比德终于可以披挂上阵，首秀 22 分钟便拿下 20 分、7 个篮板。这位身高 2.13 米、体重 113 公斤的"巨无霸"用惊艳表现让质疑者闭上了嘴，他不仅拥有篮下细腻的"梦幻脚步"，还身为中锋，拥有一手契合时代的三分球投射。

2017/2018 赛季，恩比德终于恢复健康，场均得到 22.9 分、11 个篮板。因伤休战一年归来的（2016 年"状元"）"西帝"本·西蒙斯场均贡献 15.8 分、8.1 个篮板、8.2 次助攻的"准三双"，二人联手率领 76 人取得东部第三的 52 胜，时隔 7 年重返季后赛。

虽然 76 人以 1 比 4 被凯尔特人击败，止步东部半决赛，但恩比德与西蒙斯的"双帝组合"表现出强大的实力，让 76 人看到了未来的希望。

2018/2019 赛季"一代硬汉"吉米·巴特勒加盟费城，他与恩比德、西蒙斯，还有"神射手"J.J. 雷迪克、托拜厄斯·哈里斯，组成"一射四星"的超豪华阵容，在东部半决赛与猛龙展开荡气回肠的七场鏖战，最后伦纳德那记"命运之巅"三分绝杀，残忍地终结了 76 人的征程，恩比德抑制不住的泪水，一时间宣泄出 76 人不甘与倔强。

2019 年休赛期，76 人送走雷迪克和巴特勒，签下艾尔·霍福德。2019/2020 赛季，76 人战绩跌到东部第六。由于西蒙斯在复赛阶段左膝受伤，恩比德独自率队征战季后赛，76 人首轮被凯尔特人横扫，执教 76 人 7 年之久的布雷特·布朗教练也被迫下课。

2020/2021 赛季，76 人请来冠军教头道格·里弗斯来执掌帅印，又签下塞斯·库里、丹尼·格林两大名射手。恩比德在该赛季打出东部第一中锋的风采，场均贡献 28.5 分、10.6 个篮板和 1.4 次盖帽，率领 76 人斩获东部第一战绩。

2021 年季后赛，76 人首轮轻松淘汰奇才。东部半决赛面对特雷·杨领衔的老鹰，对手抓住"西帝"本·西蒙斯的投篮短板，加以限制，击溃了西蒙斯的信心，让后者落入突到篮下甚至面对空篮不投反传的怪圈。"双帝"折去其一，纵然"大帝"场均轰出 30.4 分、12.7 个篮板，依然无法扭转 76 人被老鹰"抢七"淘汰的命运。

76人总抢断榜		76人总盖帽榜	
1. 莫里斯·奇克斯	1942	1. 朱利叶斯·欧文	1293
2. 阿伦·艾弗森	1644	2. 萨穆埃尔·戴勒姆波	1131
3. 朱利叶斯·欧文	1508	3. 卡尔迪维尔·琼斯	926
4. 安德烈·伊戈达拉	1076	4. 西奥·拉特利夫	757
5. 查尔斯·巴克利	1007	5. 乔尔·恩比德	720

2021 年休赛期，76 人与恩比德签下 4 年 1.96 亿美元的提前续约合同。与此同时，西蒙斯与球队的裂痕越来越大，在休赛期提出离队申请。经过东决失利之后，西蒙斯在 2021 年休赛期似乎陷入"投篮失准"的梦魇，那位意气风发的"三双少帅"再也不见，取而代之的是一位拒绝返队训练的"怪杰"。

2021/2022 赛季开始之前，西蒙斯继续坚持离队申请并拒绝出战，与 76 人矛盾达到不可调和的地步。无奈之下，恩比德单核率队出征，并打出 MVP 级别表现。

2022 年 2 月 11 日，76 人与篮网达成交易，作为交易的主角，西蒙斯远赴布鲁克林篮网，前得分助攻王 &MVP 先生詹姆斯·哈登来到费城 76 人。恩比德终于迎来 MVP 级搭档，越战越勇，赛季场均砍下 30.6 分，首次荣膺得分王，成为继奥尼尔（1999/2000 赛季）之后首位中锋得分王，并率领 76 人取得 54 胜的佳绩挺进季后赛。

2022 年季后赛，76 人首轮以 4 比 2 淘汰猛龙的最后一战中，恩比德遭遇西亚卡姆肘击，造成右眼眶骨折伴随轻微脑震荡，导致缺席东部半决赛前两场。虽然恩比德在第三场戴上面具火线复出，但已经无法阻挡"迈阿密军团"的烈火燎原之势，最终被巴特勒领衔的热火以 4 比 2 淘汰出局，哈登因为伤病与战术安排等原因没有打出巅峰水准。

费城 76 人止步东部半决赛，恩比德意味深长地说出一句"哈登没有打出大家所期待的火箭状态"。此外，"大帝"还不明白"76 人当初为什么交易巴特勒"。

接下来的 2022/2023 赛季，恩比德场均豪取 33.1 分、10.2 个篮板，首次加冕常规赛 MVP 的同时蝉联得分王。哈登场均得到 21 分、10.7 次助攻，加冕助攻王。

2023 年季后赛，恩比德与哈登（新科得分王 MVP 与助攻王的组合）率领 76 人剑指总冠军，令费城球迷无限期待。首轮 76 人以 4 比 0 横扫篮网，可谓兵不血刃。

2023 年东部半决赛，当 76 人遇到"双探花"领衔的凯尔特人，才遇到真正的较量。哈登在第二场恩比德因伤缺阵的逆境下轰下 45 分并命中制胜三分球，又在第四场豪取 42 分、8 个篮板和 9 次助攻，并在加时赛最后 19 秒，再次命中制胜三分球。虽然哈登用两场"梦回火箭登"的强势表现为 76 人赢下两场关键比赛，但不足以赢下一个系列赛。

随后"抢七大战"塔图姆轰下创纪录的 51 分，率领凯尔特人以 112 比 88 大胜 76 人挺进东部决赛，再次跌倒在东部半决赛的恩比德可谓郁闷无比，而这一次他因为伤病等原因表现低迷成为球队落败的原因之一，76 人就这样结束了这个虎头蛇尾的赛季。

76 人在 3 比 2 领先后被凯尔特人以 4 比 3 强势逆转，里弗斯教练的被逆转记录簿上又填上浓重一笔。在东部半决赛出局之后，费城 76 人决心改变，首先终止了里弗斯教练的执教工作，随后任命尼克·纳斯出任球队的新主教练。

2023/2024 赛季，在纳斯的调教下，76 人成为一支攻防兼备的球队，泰里斯·马克西接替离队的哈登成为球队第二核心。2024 年 2 月，恩比德进行左膝半月板修复手术，直到 4 月 3 日才伤愈复出。76 人受到当家球星长期休战的影响，最终仅取得 47 胜 35 负，仅靠附加赛击败热火，才以东部第七的身份跻身季后赛。

2024 年季后赛，面对状态火爆的布伦森领衔的尼克斯，76 人始终处于下风。即便是恩比德在第三场砍下个人季后赛新高的 50 分，即便是马克西在第五场轰下 46 分并在常规时间最后时刻连得 7 分绝平，76 人依然没有摆脱被尼克斯以 4 比 2 淘汰的宿命。

对于拥有常规赛 MVP（恩彼得）以及历史悠久的 76 人而言，近年战绩不进反退，让费城球迷陷入无限循环的迷茫之中，可谓到了推倒重建的边缘。

76 人历史最佳阵容

控球后卫	得分后卫	小前锋	大前锋	中锋
莫里斯·奇克斯	**阿伦·艾弗森**	**朱利叶斯·欧文**	**查尔斯·巴克利**	**威尔特·张伯伦**
奇克斯高居 NBA 抢断榜的历史第 6。投篮命中率超 50%，是一位朴实无华、擅长防守却效率惊人的传统型控卫。	艾弗森是 76 人永远的"斗魂"，他在费城 11 载漫长岁月中四夺得分王，加冕常规赛 MVP，曾率队荡平东部，杀入总决赛。	他是开创篮筐之上表演先河的"J 博士"，擅长扣篮和飞翔灌篮。1983 年，他率领 76 人夺得职业生涯唯一一座总冠军。	巴克利接过摩西·马龙和朱利叶斯·欧文的衣钵，成为 76 人领袖，打出惊人效率，连续 6 个赛季都是 MVP 热门人选。	张伯伦效力 76 人仅三个赛季，却蝉联 3 届常规赛 MVP，打出生涯最佳的领袖篮球，场均贡献 27.6 分、23.9 个篮板。
● Maurice Cheeks ● 1978—1989 年 ●效力期间主要荣誉 1 届总冠军/4 届最佳防守阵容一阵/4 届全明星	● Allen Iverson ● 1996—2007 年 / 2009—2010 年 ●效力期间主要荣誉 1 届常规赛 MVP/2 全明星 MVP/4 届得分王	● Julius Erving ● 1976—1987 年 ●效力期间主要荣誉 1 届总冠军/1 届常规赛 MVP/2 届全明星 MVP	● Charles Barkley ● 1984—1992 年 ●效力期间主要荣誉 1 届全明星 MVP/6 届全明星/1 届篮板王	● Wilt Chamberlain ● 1964—1968 年 ●效力期间主要荣誉 1 届总冠军/3 届常规赛 MVP/2 届得分王

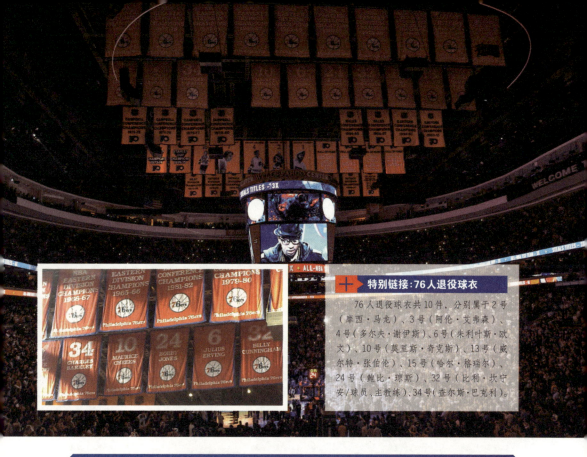

➕ 特别链接：76人退役球衣

76人退役球衣共10件，分别属于2号（摩西·马龙）、3号（阿伦·艾弗森）、4号（多尔夫·谢伊斯）、6号（朱利叶斯·欧文）、10号（莫里斯·奇克斯）、13号（威尔特·张伯伦）、15号（哈尔·格瑞尔）、24号（鲍比·琼斯）、32号（比利·坎宁安/球员、主教练）、34号（查尔斯·巴克利）。

76人经典组合 / "费城双雄"

阿伦·艾弗森 + 迪肯贝·穆托姆博

2001年交易截止日最后一刻，76人压哨换来35岁高龄的穆托姆博。大叔虽老，但他拥有扎实的防守脚步，还有联盟顶级的卡位、抢板、封盖、协补以及护筐能力。他身边还站着那位NBA史上最矮的得分王以及那个赛季的常规赛MVP——艾弗森。

艾弗森与穆托姆博虽然合作不足两个赛季，但彼此默契无比，一位是身高只有1.83米却用进攻主宰赛场的得分王，一位是精通所有防守技巧的DPOY（最佳防守球员）先生。而且二人还是乔治城大学校友，他们率领76人打出简洁高效的"外投内抢"。穆托姆博的到来让这支攻强守弱的球队变得攻守俱佳。"穆大叔"坐镇内线稳如山岳，并且在进攻端能够通过大量抢板来获得二次进攻机会。没有后顾之忧的艾弗森肆意开枪，疯狂砍分，也就有了波澜壮阔的五场得分40+。

2000/2001赛季，76人最终豪取东部第一的56胜。艾弗森场均砍下31.1分、4.6次助攻，收获得分王并加冕常规赛MVP，穆托姆博场均贡献11.7分、12.4个篮板和2.5次盖帽，荣膺最佳防守球员奖，76人主帅拉里·布朗也获得该赛季最佳教练奖。

76人在2001年季后赛杀开一条血路，荡平东部，虽然最终不敌湖人，无缘总冠军。但人们记住了艾弗森好戏连台的飘分大戏，独砍48分挑翻湖人的壮举，也记住了"穆大叔"在防守端尽显"DPOY"风采，虽然他面对"大鲨鱼"时力不从心，但他的"老汤火锅"也让后者吃了些苦头。

177

尼克斯总得分榜

1. 帕特里克·尤因		23665
2. 沃尔特·弗雷泽		14617
3. 威利斯·里德		12183
4. 阿兰·休斯顿		11165
5. 卡尔·布劳恩		10449

纽约尼克斯历史夺冠年份表

1. 1970 年	尼克斯 4比3 洛杉矶湖人
2. 1973 年	尼克斯 4比1 洛杉矶湖人

尼克斯总篮板榜

1. 帕特里克·尤因		10759
2. 威利斯·里德		8414
3. 查尔斯·奥克利		7291
4. 哈里·盖拉汀		5935
5. 威利·诺尔斯		5015

尼克斯总助攻榜

1. 沃尔特·弗雷泽		4791
2. 马克·杰克逊		4005
3. 迪克·迈克奎尔		2950
4. 卡尔·布劳恩		2821
5. 里奇·盖伦		2725

纽约尼克斯

NEW YORK KNICKS

纽约，名流汇聚之地，也是灯红酒绿、纸醉金迷的名利场。

麦迪逊花园广场从不缺少慷慨激昂的英雄史诗，只不过大多数时候都在见证别人的传奇。里德的"王者归来"让"大苹果城"有了热血风骨，也让纽约尼克斯有了傲娇的资本，只不过，那是太久远的故事，作为纽约大都市的球队，尼克斯需要缔造新的传奇。

从弗雷泽、尤因、安东尼到如今的布伦森，尼克斯从不缺乏身怀绝技的球星压阵，只不过这支球队在绝大部分时光都稍显沉寂。

作为 NBA 历史最悠久的球队之一，纽约尼克斯也与波士顿凯尔特人一同成为参加过 1946 年 BAA（全美篮球协会 /NBA 前身）初始赛季且至今没有迁移过城市的唯二 NBA 球队。而且，纽约尼克斯也与波士顿凯尔特人一样都没有换过队名，可谓底蕴深厚。

相较于"绿衫军"那显赫无比的 18 冠，尼克斯只有两冠，略显寒酸，但"大苹果城"的麦迪逊花园广场从不缺少慷慨激昂的传奇史诗和独具异彩的篮球英雄。

1946 年 6 月，BAA 联赛正式打响，纽约尼克斯在首个（1946/1947）赛季取得 33 胜 27 负，战绩可谓不温不火，但在接下来的两个赛季战绩节节攀升。

1949 年，BAA 与 NBL 合并为 NBA。1950/1951 赛季，尼克斯首次杀入总决赛，最终以总比分 3 比 4 惜败于罗彻斯特皇家（国王队前身）。虽然无缘总冠军，但尼克斯在总比分 0 比 3 的绝境中顽强扳成 3 比 3 平，最后险些掀翻对手，足以令人肃然起敬。

1951/1952 赛季，尼克斯再次杀入总决赛，可惜遇到乔治·麦肯领衔的正值王朝期的明尼阿波利斯湖人。情节与去年相似，前六场平分秋色，第七场尼克斯功亏一篑。

尼克斯总抢断榜	
1. 帕特里克·尤因	1061
2. 查尔斯·奥克利	844
3. 迈克尔·雷·理查德森	810
4. 雷·威廉姆斯	750
5. 查理·沃德	744

尼克斯总盖帽榜	
1. 帕特里克·尤因	2758
2. 米切尔·罗宾逊	602
3. 比尔·卡特莱特	543
4. 马文·韦伯斯特	542
5. 科特·托马斯	479

1952/1953 赛季，尼克斯连续挺进总决赛，连续第三年与总冠军失之交臂。这一次他们以 1 比 4 不敌湖人，输得更彻底。天予不取，反受其咎。三度与金杯近在咫尺，却三度求而不得，尼克斯错过这三次登顶良机之后，也错过了夺冠的最佳窗口期。

当时 NBA 处在"一极独大"的寡头时代。从 1949 年到 1954 年，湖人创立了 6 年 5 冠的"明尼阿波利斯王朝"。时隔两年，"明尼阿波利斯王朝"的余晖还没散去，一个更庞大的"绿衫王朝"赫然创立。从 1957 年到 1969 年，凯尔特人在 13 年夺得 11 冠，其中包括一波"八连冠"，几乎统治了 NBA 的 20 世纪 50 年代后期以及整个 60 年代。

尼克斯从 1959 年到 1965 年，连续 6 年没能打进季后赛，开始进入至暗时刻。

1964 年 NBA 选秀大会，纽约尼克斯在第二轮首位（总第 8 顺位）选中威利斯·里德，这位攻守一体的顶级重型前锋在首个赛季表现出非凡即战力，以至于人们对里德为何会跌到第 8 顺位产生了怀疑，他仿佛是上天赐给尼克斯的一个礼物。里德在"菜鸟"赛季（1964/1965 赛季）场均得到 19.5 分、14.7 个篮板，不仅夺得最佳新秀，还入选全明星。里德的到来也给尼克斯带来非凡气运，他们接连在选秀与交易市场上收获颇丰。

1967 年选秀大会，纽约尼克斯在首轮第 5 顺位选中"盗帅"沃尔特·弗雷泽，一位擅长闪电般抢断和妙传的防守大师。此外，尼克斯还在第二轮第 17 顺位选中后来大名鼎鼎的"禅师"菲尔·杰克逊。1968 年，尼克斯交易得到戴夫·德布歇尔，这位防守型强力大前锋到来之后，里德可以改打熟悉的中锋，尼克斯的攻守更加平衡。

1969/1970 赛季，尼克斯取得一波 18 连胜，并最终取得联盟第一的 60 胜。1970 年季后赛开始，尼克斯先后击败巴尔的摩子弹、"天勾"贾巴尔领衔的雄鹿，时隔 17 年重返总决赛。总决赛，尼克斯迎来韦斯特、贝勒与张伯伦领衔的强大湖人。

前六场，两队战成 3 比 3 平。1970 年 5 月 8 日，总决赛"抢七大战"打响，此前表现抢眼的威利斯·里德因为伤势过重被认定将缺席此战。然而，在比赛前夕里德一瘸一拐地站上赛场，并且在攻防两端表现出勇猛无畏的领袖气概，引领尼克斯全队打出超高水平。里德的"王者归来"也击溃了湖人的信心，最终，尼克斯以 113 比 99 击败湖人，以总比分 4 比 3 淘汰对手，首次夺得总冠军，里德也收获了第一尊总决赛 MVP 奖杯。

里德"王者归来"也伴随着尼克斯在 1970 年登顶而成为 NBA 最励志的篇章。

1970/1971 赛季，尼克斯卫冕之路功亏一篑，在东部决赛以 3 比 4 惜败于巴尔的摩子弹。而风云突变，击败他们的子弹王牌后卫"黑珍珠"厄尔·门罗在 1971 年 11 月转会到纽约尼克斯，联手老对手弗雷泽组成豪华的"劳斯莱斯后场"。而比尔·布拉德利也成长为攻守兼备的全能小前锋，尼克斯的阵容变得无懈可击。

虽然尼克斯在 1971/1972 赛季最终在总决赛以 1 比 4 完败于湖人，成全后者搬入洛杉矶的首冠。但接下来的 1972/1973 赛季，尼克斯第一时间就完成复仇，在总决赛以 4 比 1 完胜湖人，捧得总冠军。生涯暮年的里德在总决赛场均贡献 16.4 分、9.2 个篮板，再次加冕总决赛 MVP，虽然数据不如巅峰时期，但里德给尼克斯带来强大的精神力量。

1973/1974 赛季，尼克斯在东部决赛被凯尔特人以 4 比 1 淘汰，无缘总决赛。

巅峰梦碎，32 岁的里德与德布歇尔携手归隐。之后弗雷泽、门罗等核心球员也渐次离开。随着众星离去，尼克斯进入沉寂期。一切仿佛就是轮回，距 1950 年代的"辉煌三年"20 年后，尼克斯的又一个（三进总决赛 & 一夺总冠军）"黄金时代"就此消逝。

尼克斯在 20 世纪 70 年代后半期到 80 年代上半期进入碌碌无为的时代，三届得分王鲍勃·麦卡杜曾短暂在尼克斯效力一个半赛季，虽然场均贡献"25+10"，但因为始终无法融入球队，在 1978/1979 赛季末期被尼克斯交易到凯尔特人。而另一位得分高手伯纳德·金虽然在 1984/1985 赛季以场均 32.9 分成为尼克斯的首位得分王，但很快就陷入前十字韧带撕裂的伤病泥潭，就此沉沦。

1985 年，率领乔治城大学队夺得 NCAA 总冠军的主力中锋帕特里克·尤因以"状元"之尊驾临尼克斯，虎踞在麦迪逊花园广场之上，重塑球队的铁血精神。

尤因从进入 NBA 开始，就夺得最佳新秀，入选全明星，并且一直都维持赛季场均"20+10"的顶级内线水准。尼克斯以铁血强悍的中锋尤因为主力中锋，以马克·杰克逊、查尔斯·奥克利等当世名将辅佐，成为东部一方豪强。1991/1992 赛季，帕特·莱利成为尼克斯主教练，"神算子"入主的首个赛季，尼克斯便豪取 51 胜，可惜还是在东部半决赛"抢七"被如星辰般崛起的公牛击败，那一战乔丹独砍 42 分。此次落败，尼克斯第三次在季后赛跌倒在"芝加哥军团"的铁蹄之下。

1993/1994 赛季，乔丹宣布退役。尼克斯终于将"无乔"公牛掀翻在地，并一路杀进总决赛，对决休斯敦火箭。那年总决赛是尤因与奥拉朱旺的内线搏杀。尤因在总决赛一共送出30记"火锅"，只手遮天，与踩出"梦幻舞步"的"大梦"斗得旗鼓相当。

可惜，尤因的队友在总决赛第七场集体失准，斯塔克斯全场18投2中，三分球11投全失。最终，尼克斯仅以6分惜败于火箭，尤因虽败犹荣，堪称"无冕之王"。

1994年与总冠军失之交臂，尼克斯也跌落东部之巅，但他们还是一支按照莱利教练的指令行事的进退有序的季后赛豪强，只是缺乏关键时刻的个人创造力。

1997/1998赛季，尤因遭遇手腕骨折，缺席大半个赛季，纽约"铁塔"轰然倒下，让尼克斯无所适从。此后，尤因伤愈归来但巅峰不再，尼克斯被迫改弦更张，进入"中投王"阿兰·休斯顿、拉里·约翰逊、"狂人"斯普雷维尔领衔的时代。

1999年季后赛首轮，尼克斯以东部第八的身份挑战东部第一的热火。伴随着莫宁与拉里·约翰逊的互殴、范甘迪"抱大腿"的"名场面"，以及"中投王"的绝杀，尼克斯险胜并淘汰热火，横扫老鹰，险胜步行者，一路杀到总决赛，完成了NBA史上最壮观的"黑八奇迹"。虽然最终以1比4败给"双塔"罗宾逊与邓肯领衔的马刺，无缘总冠军，但尤因在"黑八之旅"场均贡献13分、8.7个篮板，依旧在攻防两端打出威慑力，成为尼克斯"定海神针"般存在，这也是尤因留给纽约尼克斯的最后辉煌。

2000年夏天，尤因被送到超音速，尼克斯从此围绕阿兰·休斯顿和斯普雷维尔进行组建。之后的尼克斯再次回到庸庸碌碌的日常，得到亿元大合同的休斯顿被贴上"高薪低能"，"微笑刺客"伊赛亚·托马斯也被视为总经理的反面典型，马布里在这里度过生涯低谷，而"篮球圣地"麦迪逊花园也成为科比、詹姆斯们竞相飙分的地方。

2010年夏天，"小霸王"阿玛雷·斯塔德迈尔以5年1亿美元的顶薪加盟纽约尼克斯。

2011年2月，"甜瓜"卡梅隆·安东尼也来到"大苹果城"。安东尼与斯塔德迈尔组成威震天下的"锋线双子星"组合，一度让纽约尼克斯看到崛起的希望。

2011/2012赛季，安东尼因伤缺阵，斯塔德迈尔因为背伤时打时停。赛季中期，主教练迈克·德安东尼在无人可用的窘境下将板凳席末端的林书豪提上首发。从此，林书豪率队打出一波"七连胜"，并在26场首发出战的比赛中场均得到18.5分、7.7次助攻，打出巨星级控卫的数据，"Linsanity"（林疯狂）也成为风靡联盟的现象级名词。

"疯狂"过后，一切归于平静。2012年休赛期，林书豪加盟休斯敦火箭。

2012/2013赛季，安东尼以场均28.7分荣膺得分王。2013/2014赛季，安东尼又完成单场62分的壮举。纵然"甜瓜"神勇无匹，斯塔德迈尔却陷入左膝伤势的泥潭，安东尼无法独自率队在季后赛征程有所突破，尼克斯前途可谓一片迷茫。

2014年夏天，尼克斯迎来"禅师"杰克逊，但尼克斯战绩依旧平平。"甜瓜"眼看"03白金一代"的其他三杰在早已戴上戒指，而自己依旧两手空空，心灰意冷。

2017年夏天，安东尼离开纽约，远赴雷霆。2018/2019赛季中期，"联盟初代独角兽"

波尔津斯基被交易到达拉斯独行侠，纽约尼克斯再次重建。2019 年 7 月，在鹈鹕崭露头角的朱利叶斯·兰德尔加盟尼克斯，这位矮壮型内线怪兽成为麦迪逊篮球复兴的基石。

2020/2021 赛季，锡伯杜执教纽约帅印，率领尼克斯成为联盟进步最快球队。

2022 年夏天，在独行侠大放异彩的杰伦·布伦森来到"大苹果城"，与兰德尔组成一外一内的"纽约双子星"，联袂率领尼克斯在 2023 年季后赛首轮"下克上"以 4 比 1 淘汰骑士，可惜，尼克斯在东部半决赛 2 比 4 不敌"将黑八进行到底"的热火。

2023/2024 赛季，虽然兰德尔在常规赛后程因伤缺阵，米切尔·罗宾逊、博格达诺维奇又在季后赛的征途中相继因伤倒下，但布伦森率领缺兵少将的尼克斯不仅能在常规赛收获 50 胜 32 负的东部第二佳绩，还在季后赛击败强大的 76 人挺进东部半决赛。

布伦森在季后赛打出"斗神"般个人表现，连续 4 场砍下 40+，还在东部半决赛第二场带伤作战，上演"王者归来"的大戏。此外，布伦森与哈特、迪温琴佐三位大学队友组成"维拉诺瓦三剑客"，联袂率领尼克斯残阵鏖战强敌。

虽然最终"抢七"惜败步行者，止步于东部半决赛。但布伦森率领尼克斯打出铁血风骨，受到纽约球迷英雄般礼遇，麦迪逊花园广场再次响起了经久不息的欢呼声。

特别链接：尼克斯退役球衣

尼克斯退役球衣一共 9 件（15 号退役两次），分别属于 10 号（沃尔特·弗雷泽）、12 号（迪克·巴内特）、15（厄尔·门罗）、15（迪克·麦克奎尔）、19 号（威利斯·里德）、22 号（戴夫·德布斯切尔）、24 号（比尔·布拉德利）、33 号（帕特里克·尤因）和 613 号（瑞德·霍尔兹曼：为球队赢下 613 场比赛）。

尼克斯历史最佳阵容

控球后卫	得分后卫	小前锋	大前锋	中锋
沃尔特·弗雷泽	**厄尔·门罗**	**卡梅隆·安东尼**	**威利斯·里德**	**帕特里克·尤因**
弗雷泽擅长闪电盗传和妙传，是球风优雅、衣着奢华的"盗帅"，也是20世纪70年代"大苹果城"的时尚先锋、尼克斯最佳控卫。	门罗让篮球灵动了起来。虽然他来到尼克斯时已过巅峰期，但"黑珍珠"还是征服了纽约球迷，并赋予尼克斯无限创造力。	安东尼深谙各种进攻技巧，堪称"得分万花筒"。他在尼克斯度过七个赛季，在这里曾经膘得分王，完成单场62分壮举。	里德不仅率领尼克斯夺得队史唯一两冠，还用"王者归来"为其塑造了死战不退的至高风骨，拔高了这支球队的上限。	作为20世纪90年代"四大中锋"之一，尤因以其凶悍风格纵横联盟，他是曾经的"纽约之王"。他掠下荣誉无数，独缺那枚戒指。
● Walt Frazier	● Earl Monroe	● Carmelo Anthony	● Willis Reed	● Patrick Ewing
● 1967—1977 年	● 1971—1980 年	● 2011—2017 年	● 1964—1974 年	● 1985—2000 年
● 效力期间主要荣誉 2 届总冠军/4 届最佳阵容一阵/7 届全明星	● 效力期间主要荣誉 1 届总冠军/2 届全明星	● 效力期间主要荣誉 6 届全明星/1 届得分王/1 届最佳阵容二阵	● 效力期间主要荣誉 2 届总冠军/2 届总决赛 MVP/1 届常规赛 MVP	● 效力期间主要荣誉 11 届全明星/1 届最佳阵容一阵

篮网总得分榜		篮网总篮板榜		篮网总助攻榜	
1. 布鲁克·洛佩斯	10444	1. 巴克·威廉姆斯	7576	1. 贾森·基德	4620
2. 巴克·威廉姆斯	10440	2. 比利·保尔茨	4544	2. 比尔·梅尔西奥尼	3044
3. 文斯·卡特	8834	3. 布鲁克·洛佩斯	4005	3. 肯尼·安德森	2363
4. 理查德·杰弗森	8507	4. 德里克·科尔曼	3690	4. 德隆·威廉姆斯	2078
5. 贾森·基德	7373	5. 迈克·戈明斯基	3671	5. 斯宾塞·丁维迪	1985

篮网总抢断榜	
1. 贾森·基德	950
2. 达尔文·库克	875
3. 科瑞·基德尔斯	803
4. 克里斯·莫里斯	784
5. 肯达尔·吉尔	652

篮网总盖帽榜	
1. 布鲁克·洛佩斯	972
2. 乔治·约翰逊	863
3. 巴克·威廉姆斯	696
4. 迈克·戈明斯基	599
5. 德里克·科尔曼	559

布鲁克林篮网
BROOKLYN NETS

篮网曾拥有"J博士"欧文这样的天之骄子，也曾拥有传奇控卫贾森·基德领衔的"三叉戟"，而德隆、乔·约翰逊、皮尔斯、加内特和大洛的"五星战阵"让篮网成为联盟焦点，但转瞬间繁华落尽。

当杜兰特、欧文与哈登的"篮网三巨头"横空出世时，所有人都认为这是"联盟大结局"，然而一场伤病之后，唯留一声叹息。

篮网星光熠熠的牌面之下，是无冠的牌底。虽然基德曾率篮网两次荡平东部，却在总决赛两次折戟，与总冠军金杯失之交臂。

即便如此，篮网依旧在冲冠路上心怀希冀，且自强不息。

布鲁克林篮网追根溯源，可以到 1967 年，在那一年，一支名为"新泽西美洲人"的球队加入 ABA（美国篮球协会）联盟，成为 ABA 的 11 支初始球队之一。

1967/1968 赛季，新泽西美洲人在 ABA 的首个赛季仅拿到 36 胜 42 负的寻常战绩，无缘季后赛。列文·塔特以场均 23.6 分成为球队得分王，在 ABA 得分榜排名第三。

1968/1969 赛季，新泽西美洲人为了挺进季后赛频繁补强，导致阵容动荡，战绩更是跌落到联盟垫底的 17 胜 61 负。新泽西美洲人老板阿瑟·布朗心灰意冷，将球队出售给大富豪罗伊·波，后者财大气粗，把新泽西美洲人迁址到纽约长岛的马克球馆，更名为"纽约篮网"，此地与纽约最繁华的曼哈顿地区仅有一桥之隔。

与繁华毗邻，让纽约篮网的观众人数猛增，加上不惜重金打造，这支球队一跃成为联盟新贵。接下来的 1969/1970 赛季篮网收获 39 胜，终于跻身季后赛。1970/1971 赛季和 1971/1972 赛季，里克·巴里来到篮网并成为球队的王牌得分手，两个赛季场均分别砍下 29.4 分和 31.5 分，篮网也一跃成为联盟豪强。1971/1972 赛季结束，巴里转投 NBA

的金州勇士，失去王牌得分手的纽约篮网再次沉寂。

1973 年的休赛期，纽约篮网从弗吉尼亚绅士队交易到"J 博士"朱利叶斯·欧文，"J 博士"率领篮网所向披靡，夺得 1974 年、1976 年两届 ABA 总冠军。

1976 年 6 月 17 日，NBA 吞并了 ABA，并吸纳了四支 ABA 球队（丹佛掘金、圣安东尼奥马刺、印第安纳步行者与纽约篮网），自此，NBA 扩军到 22 支球队。

纽约篮网在 1976 年休赛期将主场搬到新泽西皮斯卡塔韦的罗格斯竞技中心，更名为"新泽西篮网"，并交易得到"小精灵"内特·阿奇博尔德，准备在 NBA 大干一场。而在此时，"J 博士"欧文与球队因续约薪资出现分歧而出走费城 76 人。阿奇博尔德在 1976/1977 赛季因为脚伤严重只打了 34 场比赛，"小精灵"在新泽西待了一个赛季之后便飞往凯尔特人，篮网实力大打折扣，连续两个赛季联盟垫底。

1978/1979 赛季开始之前，篮网老板罗伊·波将球队转让给两个合伙人约瑟夫·陶布和阿兰·科恩，易主之后的新泽西篮网开始长达十多年的重建期。

漫长的重建时光中，最令篮网球迷惋惜的是，球队在 1979 年休赛期放弃了伯纳德·金，这位篮网选中的 1977 年 7 号秀，虽然拥有非凡的得分能力，但实在太爱酗酒了。而让篮网欣慰的是，他们在 1981 年选秀大会上首轮第 3 顺位摘下巴克·威廉姆斯，后者在新秀赛季场均就拿下 15.5 分、12.3 个篮板，并一度带领篮网重返季后赛。

然而巴克·威廉姆斯在 1985/1986 赛季开始陷入伤病泥潭。20 世纪 80 年代的几个赛季，篮网甚至又几度联盟垫底。直到 20 世纪 90 年代，才开始迎来新转机。

1990 年选秀大会，纽约篮网在首轮第 1 顺位摘下天才大前锋德里克·科尔曼。

科尔曼在"菜鸟"赛季就以场均 18.4 分、10.3 个篮板夺得最佳新秀，之后又从 1991/1992 赛季起连续三年率领篮网杀入季后赛。1993 年休赛期，噩耗突传，篮网主力得分后卫"篮球莫扎特"德拉岑·皮特洛维奇死于车祸。独自率队成为领袖的科尔曼却无法控制自己惹是生非的"坏脾气"，最终被球队忍痛送到 76 人，篮网开始重建。

篮网重建道阻且长，虽然通过交易或者选秀得到吉米·杰克逊、萨姆·卡塞尔，以及被称为（1997 年"榜眼秀"）"伯德第二"的基斯·范霍恩。甚至通过交易卡塞尔等多名球员迎来心仪已久的斯蒂芬·马布里，但战绩始终徘徊不前。

2001 年，篮网与太阳做出交易，斯蒂芬·马布里与贾森·基德互换东家。

2001/2002 赛季，彼时基德已三度蝉联助攻王，他视野广袤，在他算无遗策的妙传的驱动下，理查德·杰弗森成为联盟最好的快下扣篮手，肯扬·马丁成为肆虐东部的禁区"野兽"。基德、马丁与杰弗森组成"篮网三叉戟"组合，联手率领篮网在季后赛击败步行者、黄蜂和凯尔特人，杀入总决赛，可惜被"OK 组合"领衔的湖人横扫。

2002/2003 赛季，篮网连续第二年杀入总决赛。这一次他们以 2 比 4 不敌"GDP 组合"领衔的马刺，再度无缘总冠军的同时，也成为"西强东弱"时代的一个缩影。

　　2003/2004 赛季，篮网在东部半决赛被活塞以 4 比 3 击败，"东部三连霸"的梦想也随之落空。2004 年休赛期，肯扬·马丁远走丹佛。2004 年 12 月，"UFO"（卡特）空降新泽西，与基德和杰弗森组成新"三叉戟"。2004/2005 赛季，即便卡特场均砍下 27.5 分，即便新"三叉戟"进攻异常华丽，但他们率领篮网却在季后赛首轮被韦德的热火横扫。从 2005/2006 赛季起，篮网又连续两年止步于东部半决赛。2007/2008 赛季，篮网更是未进季后赛。在一片凄风苦雨中，基德、杰弗森与卡特相继离开篮网。

　　篮网又进入沉寂期，不过他们的 2008 年 10 号新秀"大洛"布鲁克·洛佩斯开始崭露头角，在首个赛季场均便贡献 13 分、8.1 个篮板，成为球队复兴的希望。

　　2010 年，俄罗斯富豪普罗霍夫收购新泽西篮网，开始豪掷千金打造巨星阵容，率先交易得到德隆·威廉姆斯。2012 年休赛期，篮网搬迁至纽约布鲁克林，更名为"布鲁克林篮网"，又得到乔·约翰逊、杰拉德·华莱士。2013 年休赛期，篮网用杰拉德·华莱士等 5 名球员，加上三个（未来三年）首轮选秀权，换来皮尔斯、加内特，还有特里。

　　彼时布鲁克林篮网拥有德隆、乔·约翰逊、皮尔斯、加内特和大洛佩斯，其阵容看似星光熠熠，实则师老兵疲。2013/2014 赛季，篮网在季后赛首轮便折戟沉沙。2014/2015 赛季，篮网首轮再度被淘汰。随后的三个赛季，老将陆续退役，篮网悉心培养的布鲁克·洛佩斯开始迎来华丽蜕变，他在 2016/2017 赛季命中 134 记三分球，不仅成为篮网的头号三分手，还成为"小球时代"屈指可数转型成功的内线之一。

　　虽然"大洛"成为篮网总得分王，但还是在 2017 年休赛期被球队交易到湖人，布鲁克林篮网因此得到"紫金榜眼"德安吉洛·拉塞尔。这位才华横溢的双能卫在篮网的两个赛季虽然没能率队取得突破，却也成长为场均 21.1 分、7 次助攻的准全明星级后卫。

　　2019 年休赛期，华裔富豪蔡崇信全面收购篮网，巴克莱中心球馆也迎来一个"超巨时代"，篮网将凯文·杜兰特和凯里·欧文两大巨星招至麾下，把拉塞尔交易到勇士。

杜兰特在 2019 年总决赛遭遇跟腱断裂，休战了整个 2019/2020 赛季。欧文独自带队，首秀对阵森林狼爆砍 50 分，创 NBA 球员转队首秀得分纪录。可惜欧文在赛季临近结束时因右肩手术缺阵季后赛，缺少主将的篮网首轮即被猛龙横扫。

2020 年 12 月 14 日，杜兰特终于身披 7 号战袍登场，与 11 号"欧神仙"并肩作战，"711 组合"终现江湖。2021 年 1 月 15 日，"得分助攻王"詹姆斯·哈登火线加盟篮网，威震天下的"篮网三巨头"横空出世，这支布鲁克林球队也成为夺冠的最大热门。

2021 年季后赛，"三巨头"率领篮网在首轮以 4 比 1 淘汰凯尔特人。东部半决赛，哈登在首战只打 43 秒就因为腿筋拉伤而退场，"711 组合"率领篮网面对"字母哥"阿德托昆博领衔的雄鹿依旧稳占上风，在主场轻取两胜。转战密尔沃基，雄鹿险胜第三场后，第四场依旧落了下风。然而在第四场的第二节 6 分钟，欧文跳起抛投下落踩到"字母哥"脚面而导致脚踝扭伤，从而缺席余下的所有季后赛，命运的齿轮在这一刻发生反转。

欧文意外伤退，哈登带伤勉战，杜兰特被迫上演孤胆英雄的神话，"天王山"之战豪取 49 分、17 个篮板、10 次助攻，率领篮网以 114 比 108 险胜雄鹿，拿到赛点。

可惜最终还是雄鹿掀翻篮网直奔东决而去，杜兰特在"抢七大战"空砍 48 分以及常规时间最后的那记绝平长两分成为无数球迷心中的意难平。如果那记"绝平球"没有踩到三分线，那么将是篮网击败雄鹿的结局。如果欧文不伤，那么"篮网三巨头"将率队夺下 2021 年总冠军。随着雄鹿在总决赛击败太阳夺冠，更印证了那种猜想。

2021/2022 赛季，欧文因不打疫苗（违反纽约防疫规定）而无法主场上阵，杜兰特也因伤连续缺席 21 场，篮网陷入一片迷茫。2022 年 2 月 11 日，哈登奔赴 76 人，"篮网三巨头"组合在合作了一个赛季，一同登场仅出战 16 场之后，便匆匆解体。

哈登离去，篮网一蹶不振，仅以东部第七晋级季后赛。2022 年季后赛首轮，史蒂夫·纳什执教应变乏术，"711 组合"也陷入低迷，篮网被凯尔特人横扫出局。

2022/2023 赛季开赛不久，雅克·沃恩接替纳什成为篮网主教练，战绩一度回暖。正当球迷对于"711 组合"领衔篮网冲冠重寄厚望时，"711 时代"却戛然而止。2023 年 2 月 6 日，欧文与篮网分道扬镳，被交易到达拉斯独行侠；2 月 10 日，杜兰特也去了菲尼克斯太阳。"711 组合"的交易为篮网换来米卡尔·布里奇斯、卡梅隆·约翰逊、斯宾塞·丁维迪等即战球员以及多个未来选秀权，但篮网还是陷入群龙无首的境地。

"大桥"布里奇斯固然是联盟顶级的 3D 球员，但还不足以胜任篮网的核心主将。随着 2023 年进季后赛首轮被 76 人横扫，篮网又陷入人员动荡的重建期。2024 年 2 月，篮网将丁维迪送至猛龙，换来"小黑"丹尼斯·施罗德、赛迪斯·杨。

由篮球世界杯 MVP 先生施罗德梳理进攻后的篮网能够风生水起，让命运多舛的这支布鲁克林球队拥有成为一方豪强的机遇，因为他们足够努力。

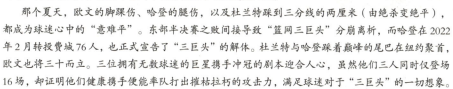

篮网经典组合 / "篮网三巨头"

凯文·杜兰特 + 凯里·欧文 + 詹姆斯·哈登

如果没有伤病，那么篮网"三巨头"将成为当时 NBA 的最强组合。当"死神"亮出镰刀，其无解单打足以摧毁任何对手；哈登既是掌控者，也是得分王，他能在个人进攻与助攻队友两种模式间自由切换，构建立体进攻蓝图；欧文堪称进攻博物馆，给篮网提供澎湃不竭的得分动力。

2021 年季后赛第四战，篮网击败凯尔特人。杜兰特、哈登与欧文联手呈现 BIG 3 的终极形态，合砍 104 分、25 次助攻。杜兰特砍下 42 分，哈登送出个人季后赛新高的 18 次助攻，欧文狂掠 39 分、11 个篮板。"三巨头"也激发出队友的无限潜能，而这一切随着篮网在 2021 年东部半决赛惜败于雄鹿戛然而止。

那个夏天，欧文的脚踝伤、哈登的腿伤，以及杜兰特踩到三分线的两厘米（由绝杀变绝平），都成为球迷心中的"意难平"。东部半决赛之败间接导致"篮网三巨头"分崩离析，而哈登在 2022 年 2 月转投费城 76 人，也正式宣告了"三巨头"的解体。杜兰特与哈登踩着巅峰的尾巴在纽约聚首，欧文也将三十而立。三位拥有无数球迷的巨星携手冲冠的剧本迎合人心，虽然他们三人同时仅登场 16 场，却证明他们健康携手便能率队打出摧枯拉朽的攻击力，满足球迷对于"三巨头"的一切想象。

"篮网三巨头"虽然累计仅仅合作一个赛季，但在无数球迷的青春岁月中泛起永恒涟漪，将来还会有巨头携手的故事不断涌现，却有种"欲买桂花同载酒，终不似，少年游"的怅然。

特别链接：篮网退役球衣

篮网退役球衣一共 7 件，它们分别属于 3 号（德拉岑·彼得洛维奇）、4 号（温德尔·兰德）、5 号（贾森·基德）、23 号（约翰·威廉姆斯）、25 号（比尔·梅尔西奥尼）、32 号（朱利叶斯·欧文）、52 号（巴克·威廉姆斯）。

篮网历史最佳阵容

控球后卫	得分后卫	小前锋	大前锋	中锋
贾森·基德	**文斯·卡特**	**朱利叶斯·欧文**	**巴克·威廉姆斯**	**布鲁克·洛佩斯**
基德是殿堂级助攻大师，曾两次率领篮网打进总决赛，虽未染指总冠军，但他已成为篮网队史总攻王与最强控卫。	转会篮网时，卡特已是降落凡尘的"半人半神"，但依然场均能砍下 23.6 分，还时常上演隔扣，并且开发出精准三分球。	作为开创扣篮艺术先河的"J博士"，曾率领篮网夺得两届 ABA 总冠军，效力篮网期间场均能贡献 28.2 分、10.9 个篮板。	巴克拥有强大而又稳定的抢板能力，连续 6 个赛季跻身联盟篮板榜前三，他是篮网禁区的守护神，场均能贡献两双。	大洛开发出精准三分球，成为小球时代转型成功的宝藏中锋。他朴实无华，却日积月累成为篮网的总得分王与盖帽王。
● Jason Kidd	● Vince Carter	● Julius Erving	● Buck Williams	● Brook Lopez
● 2001—2008 年	● 2004—2009 年	● 1973—1976 年	● 1981—1989 年	● 2008—2017 年
● 效力期间主要荣誉	● 效力期间主要荣誉	● 效力期间主要荣誉	● 效力期间主要荣誉	● 效力期间主要荣誉
2 届助攻王 /4 届全明星 /2 届最佳防守阵容一阵	3 届全明星	2 届 ABA 总冠军 /3 届 ABA 常规赛 MVP	3 届全明星 /1 届最佳防守阵容二阵	1 届全明星 / 最佳新秀阵容一阵

中部赛区
Central Division

芝加哥公牛 / 克利夫兰骑士 / 底特律活塞
密尔沃基雄鹿 / 印第安纳步行者

东　部　联　盟

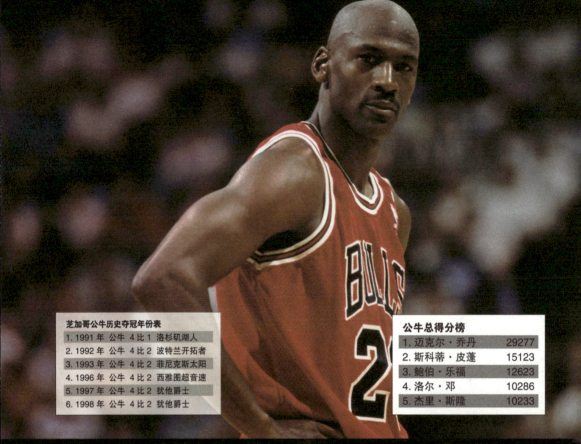

芝加哥公牛历史夺冠年份表

1. 1991年	公牛	4比1	洛杉矶湖人
2. 1992年	公牛	4比2	波特兰开拓者
3. 1993年	公牛	4比2	菲尼克斯太阳
4. 1996年	公牛	4比2	西雅图超音速
5. 1997年	公牛	4比2	犹他爵士
6. 1998年	公牛	4比2	犹他爵士

公牛总得分榜

1. 迈克尔·乔丹	29277
2. 斯科蒂·皮蓬	15123
3. 鲍伯·乐福	12623
4. 洛尔·邓	10286
5. 杰里·斯隆	10233

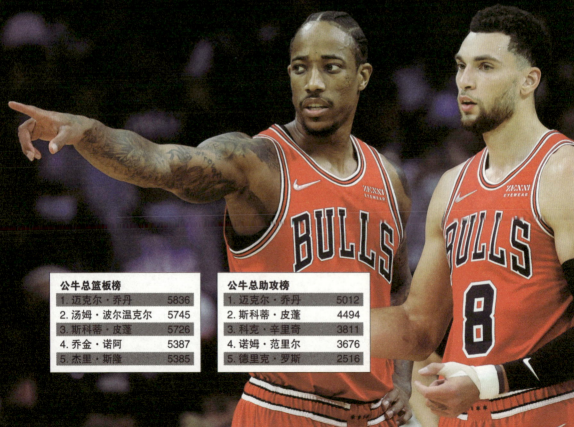

公牛总篮板榜

1. 迈克尔·乔丹	5836
2. 汤姆·波尔温克尔	5745
3. 斯科蒂·皮蓬	5726
4. 乔金·诺阿	5387
5. 杰里·斯隆	5385

公牛总助攻榜

1. 迈克尔·乔丹	5012
2. 斯科蒂·皮蓬	4494
3. 科克·辛里奇	3811
4. 诺姆·范里尔	3676
5. 德里克·罗斯	2516

芝加哥公牛
CHICAGO BULLS

提到芝加哥公牛，首先想到的是迈克尔·乔丹。这位"篮球之神"披着红色征袍定鼎天下，缔造了两个三连冠的神话，为整个20世纪90年代的NBA盖上一块红布。而乔丹的伟大不止于此，他更引领皮蓬、罗德曼等球星塑造了一个可以与紫金、绿衫比肩的"公牛王朝"。

在乔丹归隐的10年之后，芝加哥联合中心迎来"状元"罗斯，"风城玫瑰"迎风怒放，成为NBA最年轻的常规赛MVP。如果没有伤病，他本可以率领公牛实现"王朝"复兴，然而没有如果。

繁华落尽，玫瑰凋零，唯有留下一声风中的叹息。

德罗赞深谙古典中投，承袭帮主衣钵，欲率领公牛再度崛起。因为拥有令人望峰息心的辉煌过往，所以公牛复兴，道阻且长。

1966年，一支NBA篮球队在美国伊利诺伊州的芝加哥成立。被誉为"摩天大楼故乡"与"风城"的芝加哥不仅拥有鳞次栉比的高楼大厦与一年四季多变的风，还有非常发达的畜牧业，他们拥有用动物命名球队的传统，譬如芝加哥小熊（棒球队）、芝加哥熊（橄榄球队），所以他们将这支篮球队命名为"芝加哥公牛"。

1966/1967赛季，芝加哥公牛在NBA的首个赛季便取得33胜48负，作为新军，成绩不错。此后三个赛季，公牛徘徊在季后赛边缘，不温不火。值得一提的是，后来执教爵士23载的千胜教练"硬鼻子"杰里·斯隆此时是公牛的绝对主力，不仅成为球队的篮板王，还凭借顽强的防守与旺盛斗志，赢得"天生公牛"的美誉。

20世纪70年代，公牛以连续四个赛季50+胜闪亮起笔，但在那个湖凯依旧、豪强并起的年代，依然无法染指总冠军。公牛在70年代后半期战绩一路下滑，到了20世纪

193

80 年代未见好转，并在 1983/1984 赛季取得 27 胜 55 负的队史第二差战绩。

惨淡战绩却为公牛赢得 1984 年的第三号选秀权，因此也迎来改天换命的良机。

1984 年选秀大会，被誉为 NBA 史上成材率最高的一届（包括奥拉朱旺、乔丹、巴克利和斯托克顿）。芝加哥公牛在首轮第 3 顺位选中迈克尔·乔丹，当时的乔丹虽然还不是君临天下的"篮球之神"，却也是率领北卡大学队 NCAA 夺冠、率领美国男篮奥运夺金的天赋绝伦的未来"飞人"。如果说拥有中锋传统的火箭选择奥拉朱旺情有可原，那么开拓者在第 2 顺位选择萨姆·鲍维，也成全了公牛历史上的最大一次"淘宝"。

1984/1885 赛季，乔丹场均便砍下 28.2 分，荣膺最佳新秀，率领公牛重返季后赛，虽然不敌雄鹿止步于首轮，但乔丹也自此开启了惊为天人的得分盛宴。

接下来 1986 年季后赛首轮，公牛挑战凯尔特人的第二场，乔丹在波士顿花园狂砍 63 分，创造 NBA 球员季后赛单场得分纪录。就连"大鸟"伯德也不禁慨叹："今晚上帝穿着 23 号球衣！"即便如此，公牛依然被凯尔特人横扫。乔丹身边缺少支援，唯一依仗的队友便是查尔斯·奥克利，这位防守悍将曾单场抢下 18 个进攻篮板。

1986/1987 赛季，乔丹场均砍下个人生涯新高的 37.1 分，斩获首个得分王，启动他十届得分王之路的开端，乔丹个人攻击力冠绝联盟，但公牛依旧在首轮被凯尔特人淘汰。

1987 年选秀大会，公牛选中"眼镜蛇"霍勒斯·格兰特，又通过交易从超音速得到"蝙蝠侠"斯科蒂·皮蓬。1987/1988 赛季，公牛终于突破季后赛首轮，但在半决赛遇到他们的"苦主"活塞。此时底特律"坏小子军团"针对进攻无解的乔丹推出凶悍无比的"乔丹法则"，极尽所能（不惜粗野犯规）来防守乔丹，并切断其与队友的联系，为"飞人"筑起层层天罗地网般防阵。乔丹虽勇但孤骑陷入千围阵，公牛最终 1 比 4 被活塞淘汰，止步于 1988 年东部半决赛。1989 年东部决赛，公牛又一次被活塞 4 比 2 击败。

1989/1990 赛季，"禅师"菲尔·杰克逊成为公牛新主帅，推出"三角进攻"战术，要求乔丹减少个人出手次数，融入三角团进攻。三名颇具牵制力的球员（其中一人持球）在强侧形成一个三角，通过流畅的传球配合，形成（一般是乔丹）轻松单打。这种将个人最强战力融入玄妙阵法之中的布局，宛如天罡北斗阵中加入郭靖，形成无与伦比的攻击力。公牛因此势如破竹，在季后赛连克雄鹿、76 人，却依旧迈不过活塞这道雄关，七场鏖战之后，止步于东部决赛。这次是公牛最后一次负于活塞，接下来便是复仇的开始。

1990/1991 赛季，"三角进攻"终于精进纯熟，再无破绽。公牛凭此豪取 61 胜，并在东部决赛横扫活塞，挺进总决赛。完成畅快淋漓的一次复仇之后，乔丹率队冲破"坏小子军团"的封锁，自此再无敌手。1991 年总决赛，公牛以 4 比 1 轻取湖人，乔丹从"魔术师"手里接过权杖，公牛首个"三连冠王朝"的第一冠达成。

1992 年总决赛，公牛以 4 比 2 击败开拓者，卫冕总冠军，"飞人"乔丹也力压"滑翔机"德雷克斯勒赢得两大分卫的"镜像"对决。1992 年是乔丹的荣耀大满贯年，他荣

公牛总抢断榜		公牛总盖帽榜	
1. 迈克尔·乔丹	2306	1. 阿尔提斯·吉尔莫尔	1029
2. 斯科蒂·皮蓬	1792	2. 迈克尔·乔丹	828
3. 科克·辛里奇	857	3. 乔金·诺阿	803
4. 诺姆·范里尔	724	4. 斯科蒂·皮蓬	774
5. 洛尔·邓	639	5. 泰·吉布森	695

赛常规赛 MVP、总决赛 MVP，入选双一阵（最佳阵容 & 最佳防守阵容），并率领美国男篮夺得巴塞罗那奥运金牌，风头一时无两，皮蓬也在 1992 年入选最佳防守阵容一阵。

1993 年总决赛，乔丹率领公牛以 4 比 2 击败巴克利领衔的太阳，实现三连冠。乔丹完成总决赛 MVP 三连庄，率队成就"芝加哥三冠王朝"，君临天下。1993 年休赛期，乔丹因父亲意外去世而心灰意冷，选择从 NBA 退役，转战棒球联盟。

1993/1994 赛季，来自克罗地亚的"欧洲魔术师"托尼·库科奇开始在公牛崭露头角，但没有乔丹的"芝加哥军团"沦为寻常球队，在东部半决赛即被尼克斯淘汰。虽然乔丹在 1994/1995 赛季末期归来，却已无法挽回颓势，公牛在东部半决赛被魔术淘汰。

1995/1996 赛季，乔丹归来之后的首个完整赛季，身边又添防守悍将丹尼斯·罗德曼，加上全能小前锋皮蓬、最佳第六人库科奇以及罗恩·哈勃、卢克·朗利、史蒂夫·科尔等完美的冠军拼图，阵容达到空前鼎盛，公牛豪取 72 胜，创造 NBA 单赛季胜场新高纪录，虽然之后被勇士的 73 胜所打破，但公牛显然更完美，因为他们夺冠了。

1996 年季后赛，公牛挟 72 胜之勇一路过关斩将，杀入总决赛，并以 4 比 2 击败西雅图"双子星"佩顿和坎普领衔的超音速，夺得 1996 年总冠军。

接下来的 1997 年、1998 年总决赛，公牛均以 4 比 2 两胜"犹他双煞"领衔的爵士，面对马龙与斯托克顿的无解挡拆，公牛在总决赛遇到前所未有的挑战，乔丹也留下许多永恒经典画面：1997 年总决赛 G5 的"流感之战"，乔丹带病上阵轰下 38 分并命中制胜球之后，倒在皮蓬的怀中，步履蹒跚。1997 年总决赛 G6 最后时刻双方战平，乔丹持球杀入内线，面对包夹，他没有按习惯强行攻筐，而是将球传给科尔，后者随即命中总决赛史上最关键的一记中投绝杀，公牛凭此险胜爵士，卫冕总冠军。1998 年总决赛 G6 终场前 6.9 秒，乔丹在圈顶附近晃过拜伦·拉塞尔的防守，命中一记中投绝杀。随着这记"最

后一投"达成，公牛再次完成"三连冠"，乔丹完成总决赛 MVP 三连庄，并率队成就"六冠王朝"。功成名就后，乔丹归隐，留给世界一个王者的伟岸背影以及取得六届总决赛 MVP、十届得分王和六届总冠军等至尊荣耀。

1998 年休赛期，乔丹急流勇退之后，皮蓬远走休斯敦，罗德曼、卢克·朗利等"公牛王朝"主力成员也相继离开。公牛开始推倒重建。1998/1999 赛季，库科奇成为"后公牛王朝时代"领袖，场均仅得到 18.8 分，公牛战绩乏善可陈。2000 年 2 月，库科奇远走费城 76 人，公牛进入长达 8 年的漫长重建期。在此期间，虽然也有本·戈登、科克·辛里奇等新鲜力量加入，但始终在东部中下游徘徊，与"六冠"巅峰相差太远。

2008 年选秀大会，公牛在首轮第 1 顺位选中德里克·罗斯，终于迎来复兴曙光。

经过两个赛季快速成长，"风城玫瑰"终于迎风怒放。罗斯在 2010/2011 赛季场均贡献 25 分、7.7 次助攻，率领公牛打出联盟最佳的 62 胜，22 岁的他成为 NBA 史上最年轻的常规赛 MVP。遗憾的是，罗斯没有率领公牛完成复兴，就因为伤病而过早凋零。2012 年季后赛首轮第一战，罗斯遭遇左膝十字韧带撕裂，自此也结束了绚烂而短暂的巅峰期。随着罗斯连年重伤，公牛又归于沉寂。

2016 年休赛期，公牛将罗斯送往尼克斯，迎来韦德与隆多，加上吉米·巴特勒，组成"三巨头"。2016/2017 赛季，公牛以东部第八的成绩进入季后赛，首轮不敌凯尔特人。

2017 年夏天，公牛将巴特勒送到森林狼，换来两届扣篮王扎克·拉文，隆多、韦德也相继离队，芝加哥公牛再次进入重建期。

2020/2021 赛季，拉文场均得到 27.4 分，生涯首次入选全明星。2021 年休赛期，公牛通过交易从马刺得到德玛尔·德罗赞，与拉文组成芝加哥"后场双枪"。2021/2022 赛季，德罗赞与拉文率领公牛以 46 胜东部第六战绩时隔四年重返季后赛。首轮被上届冠军雄鹿以 4 比 1 "绅士横扫"。此后公牛更是连续两年在附加赛不敌热火，无缘季后赛。

虽然德罗赞深谙古典中投，一招一式颇有当年乔帮主风范，也曾上演跨年背靠背三分绝杀，但他身边的拉文在 2023/2024 赛季因为伤病等原因迅速陨落。"双枪"已折其一，阿赞独木难支。虽然公牛不乏科比·怀特、武切维奇、卡鲁索这样的精兵猛将，但德罗赞身边缺少等量齐观的搭档，给其提供稳定而又强大的火力支援，公牛在动辄"三巨头"、至少也"双枪"率队打天下的如今的联盟，注定难有出头之日。

芝加哥公牛的辉煌，似乎只停留在那一段"六冠王朝"的巅峰时期。巅峰时期有多璀璨，其他时期就多落寞。如果乔丹在 1993 年没有选择首次退役，公牛会不会因此一举创建辉煌无比的"八连冠"王朝？这是 NBA 史上最耐人寻味的"如果"。

公牛经典组合 / "至尊双人组"

迈克尔·乔丹 + 斯科蒂·皮蓬

如果没有乔丹，皮蓬可能只是联盟前十的球员，而在乔丹身边，皮蓬一跃成为联盟前五、当时第二的小前锋（第一是伯德）。更重要的是，荣耀满载。而拥有皮蓬辅佐的乔丹，才成为君临天下、睥睨群雄的六冠帝王，他们是彼此成就的最好典范。

乔丹率领公牛在六次总决赛中击败五支不同的西部冠军球队，统治力可谓震古烁今。"篮球之神"的伟大已无须赘述，但我们不能忽略乔丹身边最好的助手皮蓬。他是全能小前锋的开创者，也是三角进攻最好的执行人，在攻防两端给予乔丹莫大的支援。

六次总冠军，两个三连冠，"历史第一人"和"最强二当家"的组合就是能藐视众生。

✚ 特别链接：公牛退役球衣

公牛共退役了 6 件球衣，分别是杰里·斯隆的 4 号球衣、鲍伯·乐福的 10 号球衣、迈克尔·乔丹的 23 号球衣和斯科蒂·皮蓬的 33 号球衣，以及标有 COACH 与 GENERAL MANAGER 的球衣，分别代表菲尔·杰克逊与杰里·克劳斯。

公牛历史最佳阵容

控球后卫	得分后卫	小前锋	大前锋	中锋
德里克·罗斯	**迈克尔·乔丹**	**斯科蒂·皮蓬**	**丹尼斯·罗德曼**	**阿蒂斯·吉尔摩尔**
罗斯集速度、灵巧、爆炸力与冲击力于一身，就像玫瑰绽放般浓烈，率公牛夺得联盟最佳 62 胜，成为最年轻常规赛 MVP。	他是旷世"飞人"，也是篮球史上最伟大的球员，他率领公牛六次夺冠，六夺总决赛 MVP，十次斩获得分王，创建两个三连冠公牛王朝。	有人成为英雄，有人成就英雄。皮蓬辅佐乔丹，成为 NBA 最强"二当家"之一，他攻防一体，是那个时代最全能的小前锋。	罗德曼虽然身材不高，但凭借超强弹跳与弹速，精准预判与抢位，成为 NBA 史上最强篮板手之一，场均为公牛贡献 15.3 个篮板。	吉尔摩尔是连续比赛 670 场的"铁人"，也是那个时代最会防守"天勾"的中锋，场场为公牛贡献 19.3 分、11.1 个篮板。
● Derrick Rose	● Michael Jordan	● Scottie Pippen	● Dennis Rodman	● Artis Gilmore
● 2008—2016 年	● 1984—1993 年/1994—1998 年	● 1987—1998 年/2003—2004 年	● 1995—1998 年	● 1976—1982 年/1987—1988 年
● 效力期间主要荣誉 1 届常规赛 MVP/3 届全明星/1 届最佳阵容一阵	● 效力期间主要荣誉 5 届常规赛 MVP/10 届得分王/6 届总冠军＆总决赛 MVP	● 效力期间主要荣誉 6 届总冠军/1 届抢断王/1 届全明星赛 MVP	● 效力期间主要荣誉 3 届总冠军/3 届篮板王/1 届最佳防守阵容一阵	● 效力期间主要荣誉 4 届全明星

骑士总得分榜

1. 勒布朗·詹姆斯		23119
2. 济德鲁纳斯·伊尔戈斯卡斯		10616
3. 布拉德·多尔蒂		10389
4. 奥斯汀·卡尔		10265
5. 马克·普莱斯		9543

克利夫兰骑士夺冠年份表

2016 年 骑士 4 比 3 金州勇士

骑士总篮板榜

1. 勒布朗·詹姆斯		6190
2. 济德鲁纳斯·伊尔戈斯卡斯		5904
3. 特里斯坦·汤普森		5567
4. 布拉德·多尔蒂		5227
5. 霍特·罗德·威廉姆斯		4669

骑士总助攻榜

1. 勒布朗·詹姆斯		6228
2. 马克·普莱斯		4206
3. 约翰·巴格莱		2311
4. 特里尔·布兰登		2235
5. 福特斯·沃克		2115

克利夫兰骑士

CLEVELAND CAVALIERS

2016 年总决赛，詹姆斯率领骑士逆转击败常规赛豪取 73 胜的勇士，打破克利夫兰体育史无冠魔咒，收获第一座总冠军奖杯。

詹姆斯实现了为家乡夺冠的承诺，率队完成 NBA 总决赛史上唯一一次（1 比 3 落后）逆风翻盘。他统率骑士 11 年，从"小皇帝"到君临天下，五度率领骑士登顶东部，连续四年与勇士鏖战于总决赛，让这支名不见经传的球队在 NBA 留下浓墨重彩的一笔。

除了詹姆斯，骑士还先后涌现瑟蒙德、大 Z、欧文、乐福、加兰、米切尔等球星，但无詹骑士，至今还没有打破"普通球队"的宿命。

1970 年，美国俄亥俄州的克利夫兰成立了一支 NBA 球队，经过当地球迷投票表决，最终命名为"克利夫兰骑士"，寓意着英勇无畏的骑士精神。

克利夫兰骑士初入 NBA 的 1970/1971 赛季战绩仅为 15 胜 67 负，上座率低迷。

1971/1972 赛季，骑士通过选秀与交易得到"跑车"奥斯汀·卡尔与里克·罗伯森。战绩有所起色。1972/1973 赛季，骑士得到传奇控卫兰尼·威尔肯斯的"两年使用权"，虽然战绩依旧低迷，但威尔肯斯场均能送出（联盟第二）8.4 次助攻。

接下来的 1973/1974 赛季战罢，骑士仅取得 29 胜 53 负，威尔肯斯转投开拓者。

虽然没有威尔肯斯这位杰出的指挥官，但骑士还是逐渐走上正轨。1975/1976 赛季，骑士迎来他们的城市英雄"大帝"内特·瑟蒙德，这位出生于克利夫兰附近阿克伦的篮球巨星曾砍下 NBA 首个"四双"，是在詹姆斯、库里之前阿克伦的篮球象征。

加盟骑士时（34 岁）瑟蒙德已到生涯暮年，但还是帮助球队在 1975/1976 赛季以 49

199

胜 33 负的佳绩首次挺进季后赛，并在首轮击败华盛顿子弹，之后惜败于凯尔特人。

1977 年 4 月 15 日，瑟蒙德因伤退役，这位来自阿克伦的"禁区猛兽"虽然生涯无冠，但干戈寥落之时成就显赫，并最终演绎了克利夫兰版"功成名就、叶落归根"的传奇佳话，激励了一代代阿克伦的篮球少年，其中就包括勒布朗·詹姆斯与斯蒂芬·库里。

20 世纪 70 年代的最后三个赛季，克利夫兰骑士碌碌无为，在动荡中结束一个年代。老板尼克·米莱蒂在意兴阑珊之中，将骑士转让给泰德·斯特皮恩。

骑士在 20 世纪 80 年代开始进入（新老板）泰德·斯特皮恩时代，也彻底坠入谷底。1981/1982 赛季，骑士经历一波 19 连败，最终以 15 胜 67 负的战绩联盟垫底。更令克城迷茫的是，骑士在这个赛季更换了 23 名球员、4 任主教练，而且老板泰德提前一年交易了选秀权，让他们错过了 1982 年"状元"——"大场面先生"詹姆斯·沃西。

接下来，骑士以 23 胜结束 1982/1983 赛季。1983 年休赛期，戈登·冈德和乔治·冈德两兄弟买下了骑士，泰德·斯特皮恩的三年骑士"至暗时代"终于结束了。

冈德兄弟成为骑士新老板之后，开始"灾后重建"，骑士渐渐恢复元气。

1986 年，骑士选中队史首位"状元"布拉德·多赫蒂，一位来自北卡大学的超级中锋。骑士在第 8 顺位选中新秀罗恩·哈珀（后来随公牛夺得三连冠的主要角色）也实力不俗。

随着全明星级控卫马克·普莱斯和强力大前锋拉里·南斯的陆续加盟，骑士阵容陡然升级，在 20 世纪 80 年代后期到 90 年代上半期成为东部一支劲旅。

1988 年到 1994 年，骑士 5 次在季后赛中倒在公牛脚下，其中两次被乔丹绝杀。1994 年季后赛首轮，骑士竟然被没有乔丹的公牛横扫。这次失利之后的数年内，多尔蒂、南斯、普莱斯纷纷离去。1996 年，乔丹率领公牛开启第二个三连冠之旅。而从这一年起的此后 10 年，骑士再也无缘季后赛，他们连做乔丹配角的资格都没有了。

度过了漫长的沉寂期之后，骑士终于在 2003 年找到引领球队走出困境的英雄。

2003 年 6 月，NBA 选秀大会，"白金一代"集体涌现。克利夫兰骑士在首轮第 1 顺位选中勒布朗·詹姆斯，这位来自阿克伦的篮球少年被誉为"百年难遇的篮球奇才"。"小皇帝"君临克利夫兰骑士，在首个（2003/2004）赛季便场均贡献 20.9 分、5.5 个篮板、5.9 次助攻，率领家乡球队取得 35 胜（上赛季多赢 18 场），并荣膺最佳新秀。

詹姆斯在新秀赛季便成为骑士的绝对核心，球队为此交易掉"得分鬼才"里基·戴维斯，而一身"反骨"的布泽尔也在 2004 年夏天因为大合同转投爵士。彼时，在詹姆斯身边虽然有立陶宛中锋"大 Z"伊尔戈斯卡斯倾心辅佐，但由斯诺、古登、瓦莱乔、帕夫洛维奇等球员组成的骑士阵容可谓异常羸弱，无奈之下，詹姆斯一身独挑进攻重担。

詹姆斯在第二个赛季场均贡献 27.2 分、7.4 个篮板、7.2 次助攻，率队取得 42 胜。从 2005/2006 赛季到 2009/2010 赛季，詹姆斯率领骑士五度冲击总冠军，并在 2007 年荡平东部，其中詹姆斯在东部决赛"天王山之战"决胜阶段连得 25 分，完成以一己之力

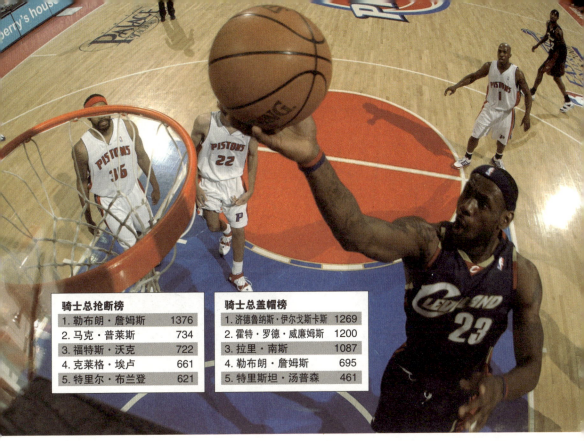

骑士总抢断榜		骑士总盖帽榜	
1. 勒布朗·詹姆斯	1376	1. 济德鲁纳斯·伊尔戈斯卡斯	1269
2. 马克·普莱斯	734	2. 霍特·罗德·威廉姆斯	1200
3. 福特斯·沃克	722	3. 拉里·南斯	1087
4. 克莱格·埃卢	661	4. 勒布朗·詹姆斯	695
5. 特里尔·布兰登	621	5. 特里斯坦·汤普森	461

摧毁（雄霸东部多年）活塞的壮举。虽然个人表现无可挑剔，但 2007 年总决赛骑士被马刺横扫之后，还是让詹姆斯看到"要想夺冠依旧存在鸿沟般差距"的现实。

2008 年，骑士在东部半决赛被"三巨头"领衔的凯尔特人"抢七"击败。2008/2009 赛季，詹姆斯率领骑士豪取 66 胜，然而，兵锋正盛的"克利夫兰军团"却在东部决赛被魔术以 4 比 2 淘汰，虽然詹姆斯在东决第二场命中了一记气贯长虹的三分球绝杀。

2009/2010 赛季，詹姆斯身边多了年迈的"大鲨鱼"奥尼尔与昔日的"奇才三剑客"之一贾米森，但骑士依然在东部半决赛再次倒在凯尔特人铁蹄之下。

2010 年休赛期，詹姆斯决定远赴迈阿密，与韦德、波什组成"热火三巨头"再度冲击总冠军。随着他告别效力 7 年之久的骑士，"詹姆斯 1.0 时代"就此封存。

克利夫兰进入"无皇"的动荡期，贾米森成为后詹姆斯时代的骑士头牌，但他显然撑不起这个门面，骑士在 2010/2011 赛季仅获得 19 胜 63 负，彻底沦为东部鱼腩。

2011 年 6 月，骑士迎来"状元"凯里·欧文。虽然欧文登上 NBA 舞台便展现出华丽无比的突破以及精准娴熟的投射，但他还不是拯救骑士于水火的领袖。

骑士在 2011/2012 赛季到 2013/2014 赛季接连取得 21 胜、24 胜、33 胜，虽然战绩有所提升，但依然无法迈进季后赛的门槛，唯一让克利夫兰球迷欣慰的是，连年羸弱的战绩让骑士再度收获两大"状元"，本内特（2013 年）与威金斯（2014 年）。

2014 年夏天，詹姆斯在迈阿密功成名就，带着两冠殊荣衣锦还乡，回到克利夫兰骑士的"皇帝"承诺要为家乡带来总冠军。与此同时，骑士用本内特与威金斯"双状元"

作为筹码从森林狼交易到凯文·乐福，与詹姆斯、欧文组成"骑士三巨头"。

2014/2015 赛季，"骑士三巨头"聚首的第一个赛季便率队打进总决赛，可惜乐福在季后赛首轮、欧文在总决赛首场接连伤退，骑士"绝地七武士"（詹姆斯、德拉维多瓦、J.R. 史密斯、香波特、詹姆斯·琼斯、特里斯坦·汤普森、莫兹戈夫）残阵虽然顽强，詹姆斯纵然神勇，但终究以 2 比 4 不敌新科常规赛 MVP 库里领衔的勇士大军。

2016 年，"骑勇决"总决赛二番战。此时勇士已升级成常规赛 73 胜的无敌之师，并在总决赛前四场以 3 比 1 遥遥领先。总决赛第五场，詹姆斯与欧文双砍 41 分，率领已临绝境的骑士扳回一城。第六场，骑士又以 115 比 101 大胜勇士，将比赛拖入"抢七"。

2016 年总决赛"抢七大战"，随着詹姆斯在关键时刻追防伊戈达拉送上钉板"死亡封盖"，以及欧文在终场前 53 秒迎着库里投中一记奠定胜势的关键三分球，骑士最终以 93 比 89 险胜勇士，赢下"抢七大战"，并以总比分 4 比 3 战胜勇士，夺得总冠军，成为 NBA 总决赛史上首支在 1 比 3 落后的逆境下完成翻盘的球队。

詹姆斯终于兑现诺言，为家乡克利夫兰带来一座总冠军奖杯，结束了这座城市长达52 年无冠的历史。赢得冠军，全员欢庆，詹姆斯却跪倒在总决赛地板上掩面而泣。

随后詹姆斯说出那句振聋发聩的"Cleveland ! This is for you!"（克利夫兰！这个冠军是给你的！），令见者无不动容。

2016 年夏天，随着四届得分王杜兰特加盟勇士，NBA 出现"一极独大"的局面。

骑士阵容渐渐老化，但即便如此，詹姆斯领衔的"克利夫兰军团"依然在东部属于无敌的存在。2017 年、2018 年总决赛，依旧是"骑勇决"的三番战、四番战。

纵观 NBA 历史，还没有东西部两强上演连续四年总决赛对决的壮举，骑勇连续四年"顶峰相见"成就一段佳话。可惜的是，杜兰特加盟勇士与"水花兄弟"组成"海啸组合"，勇士升级为天下无敌的"宇宙勇"，骑士已经不是等量齐观的对手，更何况，欧文在 2017 年夏天离开骑士加盟凯尔特人。

詹姆斯孤掌难鸣，即便他在 2018 年季后赛打出最具统治力的个人表现，凭借一己之力将骑士再次送入总决赛，创下单赛季季后赛 8 次得分 40+、两次绝杀对手、总决赛首战独砍 51 分的壮举，依然无法率领羸弱的骑士迈过与勇士的那道鸿沟。2017 年与 2018 年总决赛，骑士分别以 1 比 4、0 比 4 不敌勇士。

2018 年夏天，詹姆斯再度告别骑士，加盟湖人，骑士的"詹姆斯 2.0 时代"就此封存。与第一次别离不同，这一次，詹姆斯是在克利夫兰球迷的祝福声中远走的，因为他为这里倾尽所有，并兑现承诺，为家乡带来一个总冠军。

2018/2019 赛季，昔日"骑士三巨头"只剩乐福留守克利夫兰，却因脚伤困扰只出战 22 场，骑士只获得 19 胜的惨淡战绩，已再度沦为鱼腩。

2019/2020 赛季，似乎是上赛季翻版，骑士依旧只获 19 胜，接下来 2020/2021 赛季，随着塞克斯顿等青年才俊崛起，乐福也渐渐沦为骑士的边缘人。

2021/2022 赛季，塞克斯顿只打了 11 场就因伤报销。骑士在 2019 年第 5 顺位选中的达里厄斯·加兰开始大放异彩，这位灵气十足、气韵天成的控球后卫，以一招优雅华丽的"小提琴过人"独步联盟。他在 2021/2022 赛季进步神速，场均得到 21.7 分、3.3 个篮板和 8.6 次助攻，成为自詹姆斯后首位入选全明星的骑士球员，加兰率领骑士在本赛季最终取得 44 胜，比上赛季（22 胜）翻了一番，虽然未能在附加赛中突围到季后赛，但加兰的快速崛起，让克利夫兰骑士看到复兴的希望。

2022 年休赛期，克利夫兰骑士视加兰为未来基石，为其送上了一份 5 年 1.93 亿美元的续约合同（队史最大合同），合同中包含"罗斯条款"，最高可达 2.31 亿美元。

同年夏天，骑士将科林·塞克斯顿、劳里·马尔卡宁及众多选秀权打包送至爵士，换来了全明星级得分后卫多诺万·米切尔，一位继韦德之后将爆发力和灵活性结合得最好的"蜘蛛侠"，只要手感在线，米切尔就可以展现出历史级别的得分爆炸力。

2022/2023 赛季，米切尔联袂加兰首发出场，组成骑士后场超级"双枪"。"双枪"火力竞相释放，2022 年 11 月 14 日，加兰轰下生涯新高的 51 分。2023 年 1 月 3 日，米切尔更创下单场71分的壮举。2022/2023赛季战罢，米切尔场均砍下生涯新高的28.3分，加兰场均也有21.6分、7.8次助攻入账，克利夫兰后场“双枪”组合初露锋芒，率领骑士以东部第四的战绩挺进季后赛，并且在首轮坐拥主场优势。

然而，2023年季后赛成为骑士的“滑铁卢”，他们在首轮被尼克斯“下克上”，以4比1挑落马下，米切尔与加兰这对“双枪”哑火，成为骑士失利的主因。

2023/2024赛季，骑士卷土重来。“克利夫兰军团”外线再由加兰与米切尔“双枪”领衔，内线有埃文·莫布里与贾莱特·阿伦“双塔”镇守，还有马克斯·斯特鲁斯这样的全能锋线以及卡利斯·勒弗特这样的突破尖刀，阵容可谓十分丰富。

虽然骑士主力球员在本赛季轮番遭遇伤病困扰，但凭借替补球员的出色发挥，最终在2023/2024赛季依旧取得48胜东部第四的佳绩，掌握住了季后赛首轮主场优势。

回溯本赛季，骑士不乏亮点，其中2024年2月28日对阵独行侠，斯特鲁斯那记由后场命中的超远三分球压哨绝杀最为耀眼。据统计，这球出手点距离篮筐长达17.68米，在NBA历史上所有压哨绝杀中排名第二远，仅少于2021年12月16日鹈鹕对阵雷霆，格拉汉姆命中的那记18.59米的压哨超远绝杀。

2023/2024赛季，骑士最终以48胜34负东部第四的战绩挺进季后赛，并在首轮“抢七”击败魔术。米切尔在首轮最后两战接连轰下50分、39分。可惜状态超神的他在东部半决赛因伤缺阵第四场与第五场，缺少当家球星的骑士被凯尔特人以4比1淘汰。

米切尔（身高1.90米）与加兰（身高1.85米）都属于身材偏矮的小后卫，轻灵有余，强韧不足，缺少稳定且超强的硬解能力，使得他们领衔的骑士在季后赛难以走远。

如今，克利夫兰骑士骑士想复兴21世纪10年代（四届东部冠军与一届总冠军）的那段辉煌，可能无比想念一位叫詹姆斯的球员。

骑士历史最佳阵容

控球后卫

凯里·欧文

欧文堪称“进攻博物馆”，他的进攻极具创造力，总决赛抢七战欧文一剑封喉，成为骑士逆转73胜勇士的绝对功臣。

- Kyrie Irving
- 2011—2017年
- **效力期间主要荣誉**

1届总冠军/1届全明星MVP/4届全明星

得分后卫

多诺万·米切尔

米切尔突破犀利、射术精湛，“蜘蛛侠”虽然效力骑士时间不长，但凭借独砍71分的一战，坐稳了骑士新王的宝座。

- Donovan Mitchell
- 2022年至今
- **效力期间主要荣誉**

2届全明星/1届最佳阵容二阵

小前锋

勒布朗·詹姆斯

詹姆斯就是篮球界的奇迹，拥有完美的篮球天赋，累计在骑士11年，度过1.0、2.0两个时代，并率队夺得队史唯一一届总冠军。

- LeBron James
- 2003—2010年/2014—2018年
- **效力期间主要荣誉**

1届总冠军/1届总决赛MVP/2届常规赛MVP

大前锋

凯文·乐福

他是“骑士三巨头”被忽视的第三人，却拥有单节34分的得分爆炸力。他是骑士的两双机器，场均贡献15.7分、9.2个篮板。

- Kevin Love
- 2014—2023年
- **效力期间主要荣誉**

1届总冠军/2届全明星

中锋

济德鲁纳斯·伊尔戈斯卡斯

“大Z”是效力骑士时间最长的球员（14年），长期担任首发中锋，两进全明星，他的11号球衣已在骑士队退役。

- Zydrunas Ilgauskas
- 1997—2010年
- **效力期间主要荣誉**

2届全明星/最佳新秀阵容一阵

＋ 特别链接：骑士退役球衣

骑士退役球衣一共7件，分别属于7号（宾高·史密斯）、11号（济德鲁纳斯·伊尔戈斯卡斯）、22号（拉里·南斯）、25号（马克·普莱斯）、34号（奥斯汀·卡尔）、42号（内特·瑟蒙德）和43号（布拉德·多尔蒂）。

骑士经典组合 / "骑士三巨头"

勒布朗·詹姆斯 + 凯里·欧文 + 凯文·乐福

2014年，詹姆斯手握两届总冠军戒指衣锦还乡，回到克利夫兰。与此同时，全能进攻型大前锋凯文·乐福也火线加盟骑士。而此时，骑士还拥有2011年NBA"状元"凯里·欧文。

詹姆斯、欧文与乐福，在2014年组成名动一时的"骑士三巨头"。

2014/2015赛季，欧文如出鞘利剑般场均砍下21.7分，詹姆斯成为掌控全局的指挥官，场均贡献25.3分、7.4次助攻，乐福也成为场均16.4分、9.7个篮板的两双骁将。

"骑士三巨头"初次搭档便联手率领骑士以53胜的东部第二战绩挺进季后赛，并斩公牛、屠老鹰，杀入2015年总决赛。

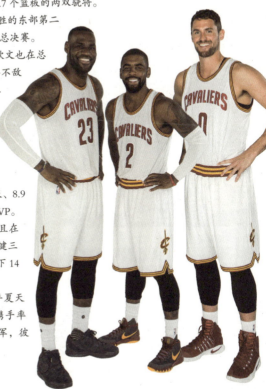

然而，乐福在季后赛首轮便因肩膀脱臼缺阵，欧文也在总决赛首战最后一刻受伤离场，詹姆斯独力奋战，终不敌阵容鼎盛的勇士。骑士虽然巅峰折戟，但一个"三巨头"全员健康的骑士让人无限期待。

2015/2016赛季，骑士"三巨头"齐装满员，再度率队杀入总决赛，在1比3落后的逆境下，连扳3局，逆转击败"水花兄弟"领衔、常规赛豪取73胜的勇士，完成总决赛史上最大逆转。

詹姆斯在总决赛场均贡献29.7分、11.3个篮板、8.9次助攻，统治攻防两端，无可争议地荣膺总决赛MVP。

欧文在总决赛第五场与詹姆斯双砍41分，并且在总决赛第七场最后53秒时投中一记奠定胜局的关键三分球。而乐福在"抢七大战"中终于迎来爆发，抢下14个篮板，为骑士赢得内线优势。

2017年总决赛，骑士再负于勇士，欧文在同年夏天加盟凯尔特人，"骑士三巨头"就此解体。他们携手率领骑士三进总决赛，夺得克利夫兰的唯一一个总冠军，彼此成就，因此，他们的故事还会口口相传……

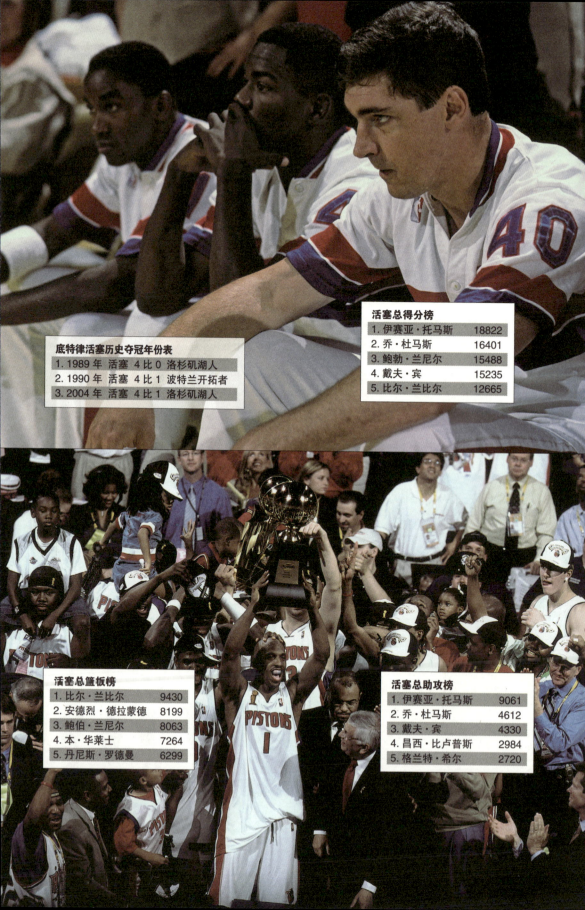

活塞总得分榜

1. 伊赛亚·托马斯	18822
2. 乔·杜马斯	16401
3. 鲍勃·兰尼尔	15488
4. 戴夫·宾	15235
5. 比尔·兰比尔	12665

底特律活塞历史夺冠年份表

1. 1989 年 活塞 4 比 0 洛杉矶湖人
2. 1990 年 活塞 4 比 1 波特兰开拓者
3. 2004 年 活塞 4 比 1 洛杉矶湖人

活塞总篮板榜

1. 比尔·兰比尔	9430
2. 安德烈·德拉蒙德	8199
3. 鲍伯·兰尼尔	8063
4. 本·华莱士	7264
5. 丹尼斯·罗德曼	6299

活塞总助攻榜

1. 伊赛亚·托马斯	9061
2. 乔·杜马斯	4612
3. 戴夫·宾	4330
4. 昌西·比卢普斯	2984
5. 格兰特·希尔	2720

底特律活塞

DETROIT PISTONS

底特律活塞从来与优雅绝缘，似乎如果不把对手碾碎，他们就无法取得胜利。所以他们粗野、冷酷与坚韧地站在那些精英队的对面，扼杀那些超级巨星的夺冠梦想，成为与世界为敌的"反派"。

"乔丹法则"成为"坏小子军团"最鲜明的刺青。彼时伊赛亚·托马斯和乔·杜马斯组成联盟最好的外线防守二人组，兰比尔、马洪和罗德曼则让篮下对抗变成摔跤搏斗，不惜一切地碾碎对手的进攻。

时光流转，进入21世纪的活塞承袭了铁血风骨，"底特律五虎"联手无情扼杀"紫金F4"的湖人，逆转麦迪的魔术，封印"小皇帝"的骑士……那支活塞将铁血防守、团队作战的篮球哲学融入血脉，这也符合机器轰鸣、钢铁铿锵的"汽车城"工业文化与蓝领本色。

可惜随着比卢普斯的离去，活塞丢失了强硬风骨，逐渐沦为鱼腩，还一度遭遇了NBA历史最长的28连败。

1941年，一支篮球队在印第安纳州的韦恩堡成立，由于创建者弗雷德·佐尔纳是一位活塞（汽车用）制造巨头，所以这支球队被命名为"福特·韦恩堡·佐尔纳活塞"。

福特·韦恩堡·佐尔纳活塞队首先在NBL（全国篮球联赛）征战8年，获得1944年、1945年两届NBL冠军。从1948/1949赛季起，活塞转战BAA（美国篮球协会），虽然依旧保持豪强本色，但迈不过（同区）明尼阿波利斯湖人那座大山。1949年，BAA与NBL合并成为NBA，此后，活塞也曾在1955年、1956年两度杀到总决赛，却接连负于锡拉丘兹民族队与费城勇士队，无缘总冠军。

1957年，活塞由韦恩堡迁址到密歇根州的底特律，更名为"底特律活塞"，这个充满工业感与蓝领风格的名字与汽车城可谓一脉相承。

底特律活塞在 20 世纪 50 年代末期到 60 年代中期始终沉寂，胜率未曾过半。直到 1966 年选秀大会，活塞在首轮第 2 顺位选中戴夫·宾，底特律球迷才看到一丝曙光。

这位在童年不慎弄伤左眼，导致在 NBA 赛场征战时左眼几乎失明的"独眼"控卫，却成为活塞"微笑刺客"时代最优秀的指挥官与杀手。戴夫·宾在新秀赛季场均就能贡献 20.0 分、4.1 次助攻，荣膺了最佳新秀，在生涯第二（1967/1968）赛季就以场均 27.1 分揽下得分王。虽然戴夫·宾已经足够优秀，但他以一己之力还不足以率领活塞成为豪强。直到 1969/1970 赛季，活塞战绩依旧低迷，仅为 31 胜 51 负。

随着活塞在 1970 年选秀大会用"状元签"选中强力中锋鲍勃·兰尼尔，并以 9 连胜的华丽开启 1970/1971 赛季，终于在 20 世纪 70 年代第一个赛季突破（45 胜 37 负）50% 胜率大关。然而，活塞在整个 70 年代战绩起伏不定，不仅没有染指总冠军，还在 1979/1980 赛季交出 16 胜 66 负（历史新低）的战绩单，以这种黯淡方式收笔于 70 年代。

时间来到 20 世纪 80 年代，活塞在 1981 年选秀大会首轮第 2 顺位摘得"微笑刺客"伊赛亚·托马斯，这支底特律球队终于迎来改变气数之人。托马斯在新秀赛季场均便贡献 17 分、7.8 次助攻，他总能通过眼花缭乱的运控技巧、闪电般速度来不停地得分、助攻和抢断，伴随着脸上那标志性的笑容，"微笑刺客"的绰号开始名动江湖。

1982 年 2 月，活塞又通过交易从骑士得到比尔·兰比尔。这位凶悍无比的冷面中锋在加盟活塞的首个（1982/1983）完整赛季场均便贡献 13.6 分、12.1 个篮板的"两双"。

1983/1984 赛季，一代名帅查克·戴利拿起活塞队的教鞭，开始筹建打造那支雄起于东部与凯尔特人分庭抗礼并压制乔丹多年的底特律"坏小子军团"。

1985 年选秀大会，活塞又"开天眼"般在首轮第 18 顺位选中乔·杜马斯，这位沉稳大气的得分后卫与伊赛亚·托马斯组成"双马斯"组合，成为活塞崛起的后场"基石"。活塞又在 1986 年选秀大会第二轮总第 27 顺位将丹尼斯·罗德曼招至麾下，这位性格桀骜的防守极品悍将，成为活塞"坏小子军团"的完美拼图。

1986/1987 赛季，活塞在得到前得分王阿德里安·丹特利之后，狂揽 52 胜，在东部决赛血战七场，惜败于凯尔特人。一年以后，活塞终于在东部决赛六场击败凯尔特人。第六战落幕，拉里·伯德搂住伊赛亚·托马斯，说出那句"请替我们干掉湖人"。

然而，事与愿违，活塞在 1988 年总决赛与湖人鏖战七场败北，即便第六场，托马斯拖着伤腿上演单节 25 分、6 次抢断的神迹。1989 年总决赛，湖人与活塞再相逢，活塞直落四局击败湖人，夺得总冠军，打破 80 年代湖凯轮番统治 NBA 的格局。

1990 年总决赛，活塞又以 4 比 1 轻取西部新贵开拓者，蝉联总冠军。伊赛亚·托马斯以场均 27.6 分、7 次助攻荣膺总决赛 MVP。活塞捧起 20 世纪 90 年代第一冠的同时，由托马斯、兰比尔、罗德曼、杜马斯、马洪组成的"坏孩子军团"以粗野彪悍的球风让

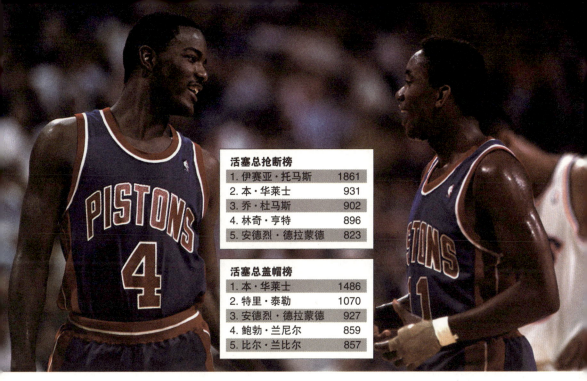

活塞总抢断榜	
1. 伊赛亚·托马斯	1861
2. 本·华莱士	931
3. 乔·杜马斯	902
4. 林奇·亨特	896
5. 安德烈·德拉蒙德	823

活塞总盖帽榜	
1. 本·华莱士	1486
2. 特里·泰勒	1070
3. 安德烈·德拉蒙德	927
4. 鲍勃·兰尼尔	859
5. 比尔·兰比尔	857

整个联盟都为之颤抖，其中最关键的是连续 3 年禁锢着即将鹏抟九霄的迈克尔·乔丹。

1991 年，托马斯开始在伤病中老去，乔丹率领公牛在东部决赛横扫活塞，开启君临天下的"飞人时代"。"坏孩子军团"就此逐渐风吹云散，活塞开始进入沉寂期。

底特律在整个 90 年代都波澜不惊，除了他们在 1994 年选秀大会首轮第 3 顺位选中的"乔丹接班人"格兰特·希尔表现抢眼之外。时间来到 21 世纪，2000 年休赛期，魔术与活塞达成交易，作为格兰特·希尔的筹码之一，本·华莱士来到活塞。这位名不见经传的"落选秀"却成为活塞的"宝藏"中锋，甚至成为防守型内线的"天花板"。

2001/2002 赛季，"大本"本·华莱士场均就贡献 13 个篮板、3.5 记盖帽，不仅成为联盟篮板王与盖帽王，还以一己之力重塑了活塞那引以为傲的钢铁防线。

2003/2004 赛季，一支由老帅拉里·布朗执掌帅印，以本·华莱士、拉希德·华莱士、汉密尔顿、比卢普斯与普林斯组成的"五虎"阵容横空出世，并在总决赛以 4 比 1 击败由"F4"领衔的湖人，赢得总冠军。比卢普斯以场均 21 分、5.2 次助攻加冕总决赛 MVP，这位沉稳冷血、高效睿智的"关键先生"在总决赛投进无数关键球，一举凌越璀璨群星，成为 NBA 从 1981 年以来首位没有入选全明星的 FMVP。

接下来的 2004/2005 赛季，活塞在总决赛以 3 比 4 惜败于马刺，未能卫冕总冠军。

2005/2006 赛季，老帅拉里·布朗卸任，弗利普·桑德斯教练拿起教鞭，活塞依旧保持强队风范，并打出 64 胜的队史最佳战绩，可惜在东部决赛，活塞还是成为韦德率领热火夺冠的"垫脚石"，以 2 比 4 被热火淘汰之后，本·华莱士转会去了公牛。

"大本"的离去让活塞失去防守基石，而詹姆斯在 2007 年东部决赛"天王山"决胜时刻连得 25 分，不仅率领骑士击败活塞，还彻底击溃了这支豪强引以为傲的"铁血防守与团队作战"的篮球理念。至此，活塞连续 5 年进入东部决赛的纪录也戛然而止。

在"小皇帝"不断得分之时，崇尚团队进攻的活塞没有一位与之抗衡的王牌得分手，以至于被骑士淘汰于东决之巅。痛定思痛，活塞想到了"答案"阿伦·艾弗森。

2008年11月，活塞与掘金达成交易，比卢普斯与艾弗森互换东家。昌西远赴丹佛，而底特律真正拥有了艾弗森。然而事实很快证明，艾弗森不是活塞的"答案"。

虽然获得四届得分王的艾弗森曾是一柄划开对手防线的快刀，但此时他已33岁了，不再具备巅峰时期予取予求的得分能力，并且作为王牌得分手养成的单挑习惯以及1.83米的身高，让艾弗森游离于活塞团队攻防体系之外。2008/2009赛季末期，艾弗森因为背伤以及战术分歧（拒绝打替补）等问题，与活塞分道扬镳，活塞也在随后的季后赛首轮被骑士横扫出局，自此，雄霸东部的那支铁血之师荡然无存，而底特律篮球那种"防守至上，团队合作，坚韧凶悍"的篮球风骨似乎断了延续。

此去经年，老底特律球迷无比怀念"坏小子"与"五虎"时代的活塞，也对2008年球队交易比卢普斯耿耿于怀，因为这位沉稳睿智的"关键先生"虽然朴实无华，却是一位能清晰梳理进攻路径的高效指挥官，而且拥有一剑封喉的大心脏。

自从比卢普斯离开后，活塞再未赢得任何一轮系列赛。而之后随着"活塞五虎"的渐次离去，"底特律军团"渐渐失去铁血彪悍的风骨，沦为平庸之师。此后10年，活塞再也没有在季后赛舞台上展露峥嵘，虽然安德烈·德拉蒙德、布雷克·格里芬、雷吉·杰克逊都是骁勇善战的名将，但他们始终无法率领活塞再现昔日风采。

从2019/2020赛季起，活塞开始重建。2020年2月，活塞忍痛割爱，将培养8年的德拉蒙德交易到骑士，换来约翰·亨森、布兰登·奈特以及一个次轮签。2021年3月，格里芬与活塞达成买断，加盟篮网辅佐"三巨头"（杜兰特、哈登与欧文）冲冠。

活塞的重建策略是通过摆烂谋求高顺位选秀权。然而，尽管活塞连年摆烂，他们也是在2021年拿到一次"状元签"，还恰逢选秀小年。虽然活塞选中的2021年"状元"凯德·坎宁安展现出了一些巨星潜质，但早早陷入伤病泥潭。

活塞通过连续选秀拥有了不错的重建班底，但距离复兴还存在明显差距。为此，活塞在2023年6月豪掷千金（6年7850万美元），聘请蒙蒂·威廉姆斯出任主教练。然而，这位高薪名帅却加剧了活塞滑坡。2023/2024赛季，坎宁安打出相对健康的一季，场均砍下22.7分，却依然无法阻止活塞遭遇（NBA单赛季最长）28连败。本赛季战罢，活塞仅取得14胜68负，联盟垫底的同时，成为队史最差战绩。

在这个不堪回首的赛季，依然有一抹亮色浮现。那就是2023年3月18日，活塞举行了夺冠20周年庆祝仪式，包括比卢普斯、汉密尔顿、本·华莱士等昔日夺冠功臣悉数重回奥本山宫殿，重温往昔峥嵘岁月。即便身处泥潭，活塞骨子里那种"倔强不屈"的草根精神早已融入血脉，这是重塑这支铁血之师的关键所在。

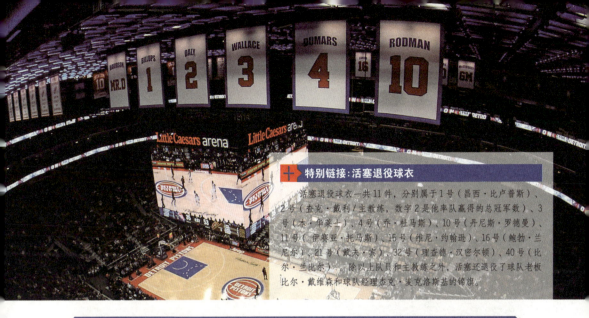

✚ 特别链接：活塞退役球衣

活塞退役球衣一共11件，分别属于1号（昌西·比卢普斯）、2号（查克·戴利／主教练，数字2是他率队赢得的总冠军数）、3号（本·华莱士）、4号（乔·杜马斯）、10号（丹尼斯·罗德曼）、11号（伊赛亚·托马斯）、15号（维尼·约翰逊）、16号（鲍勃·兰尼尔）、21号（戴夫·宾）、32号（理查德·汉密尔顿）、40号（比尔·兰比尔）。除以上队员和主教练之外，活塞还退役了球队老板比尔·戴维森和球队经理杰克·麦克洛斯基的锦旗。

活塞经典组合／"活塞五虎"

昌西·比卢普斯＋理查德·汉密尔顿＋泰肖恩·普林斯＋拉希德·华莱士＋本·华莱士

"活塞五虎"，皆非巨星，但"五虎"齐聚，其利断金，携手夺得2004年总冠军。2006年，比卢普斯、汉密尔顿与双华莱士携手入选东部全明星队，创造一段佳话。"五虎"如下：

其一，"大心脏"昌西·比卢普斯，这位活塞正印指挥官素以冷静果决著称，生死时刻，三分线外突施冷箭，总能一箭穿心，他也因此荣膺了2004年总决赛MVP先生。

其二，"面具侠"理查德·汉密尔顿，活塞首席得分手，最好的接球中投手，无球跑位形如鬼魅。

其三，"怒吼天尊"拉希德·华莱士以"直臂跳投"横行联盟，性如烈火，常于赛场之上咆哮，遂得"怒吼天尊"的绰号，与本·华莱士组成的"双华莱士"内线，成为联盟的"禁飞区"。

其四，"大本"本·华莱士，面如瘟神，身形不高却以虬结肌肉筑起一道铁闸。2004年总决赛曾"大本"硬抗奥尼尔，为活塞夺冠立下奇功，他还四夺最佳防守球员，集篮板王与盖帽王于一身。

其五，"小王子"泰肖恩·普林斯，以一双猿臂扬名江湖，无数名将皆倒在他凌厉的封盖之下。

以上"五虎"，排名不分先后，他们虽然均不是超级巨星，却都身怀绝技而又取长补短，组成攻守兼备的铁血战阵，带着汽车城独有的冷酷与凛冽纵横联盟。从2004年到2006年，"五虎"率领活塞横亘在夺冠之路上，曾阻挡过科比、奥尼尔与詹姆斯等超级巨星登顶。

活塞历史最佳阵容

控球后卫	得分后卫	小前锋	大前锋	中锋
伊赛亚·托马斯	**乔·杜马斯**	**格兰特·希尔**	**拉希德·华莱士**	**本·华莱士**
身高1.85米，却能凭借坚韧意志和精湛技术微笑着接管比赛，因为他是一名"微笑刺客"，曾率领活塞取得两连冠。	杜马斯是活塞"坏小子军团"中的一股清流，四进最佳防守一阵，同时他攻守兼备，曾在1989年以场均27.3分荣膺总决赛MVP。	希尔是无所不能的控球小前锋，效力活塞场均贡献21.6分、7.9个篮板和6.3次助攻，成为数据堪比"大O"的全面侧翼球员。	脾气火暴的"怒吼天尊"有一手直臂投篮绝活儿，且攻守兼备，他与大本组成"双华莱士组合"，一度让活塞内线成为"禁飞区"。	"大本"堪称蓝领防守球员的"天花板"，他在活塞四夺最佳防守球员奖，集篮板王与盖帽王于一身。
● Isiah Thomas	● Joe Dumars	● Grant Hill	● Rasheed Wallace	● Ben Wallace
● 1981—1994年	● 1985—1999年	● 1994—2000年	● 2004—2009年	● 2000—2006年／2009—2012年
● 效力期间主要荣誉 2届总冠军/1届总决赛MVP/1届助攻王	● 效力期间主要荣誉 2届总冠军/4最佳防守阵容一阵/1届总决赛MVP	● 效力期间主要荣誉 5届全明星/1届最佳阵容一阵	● 效力期间主要荣誉 1届总冠军/2全明星	● 效力期间主要荣誉 1届总冠军/2届篮板王/4届最佳防守球员

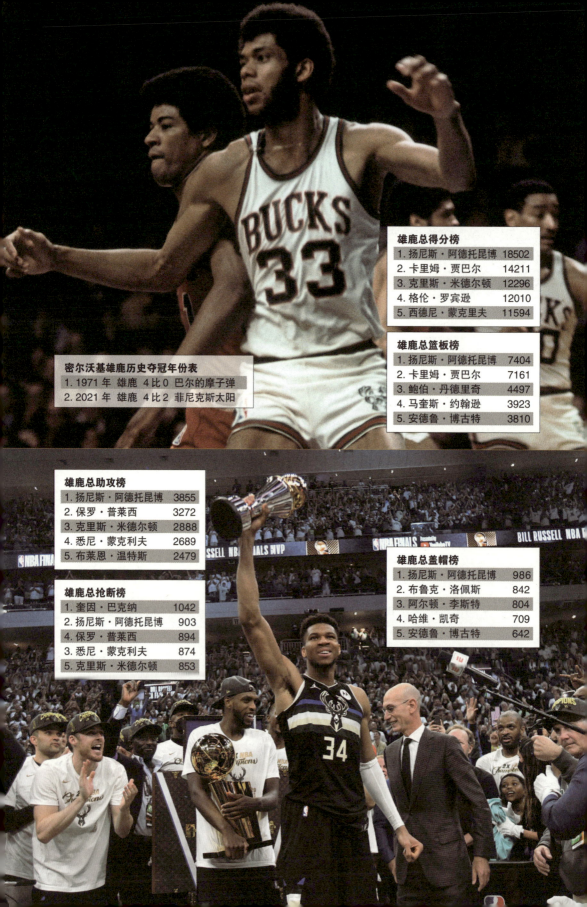

雄鹿总得分榜

1. 扬尼斯·阿德托昆博	18502
2. 卡里姆·贾巴尔	14211
3. 克里斯·米德尔顿	12296
4. 格伦·罗宾逊	12010
5. 西德尼·蒙克里夫	11594

密尔沃基雄鹿历史夺冠年份表

1. 1971 年 雄鹿 4 比 0 巴尔的摩子弹	
2. 2021 年 雄鹿 4 比 2 菲尼克斯太阳	

雄鹿总篮板榜

1. 扬尼斯·阿德托昆博	7404
2. 卡里姆·贾巴尔	7161
3. 鲍伯·丹德里奇	4497
4. 马奎斯·约翰逊	3923
5. 安德鲁·博古特	3810

雄鹿总助攻榜

1. 扬尼斯·阿德托昆博	3855
2. 保罗·普莱西	3272
3. 克里斯·米德尔顿	2888
4. 悉尼·蒙克利夫	2689
5. 布莱恩·温特斯	2479

雄鹿总抢断榜

1. 奎因·巴克纳	1042
2. 扬尼斯·阿德托昆博	903
4. 保罗·普莱西	894
3. 悉尼·蒙克利夫	874
5. 克里斯·米德尔顿	853

雄鹿总盖帽榜

1. 扬尼斯·阿德托昆博	986
2. 布鲁克·洛佩斯	842
3. 阿尔顿·李斯特	804
4. 哈维·凯奇	709
5. 安德鲁·博古特	642

密尔沃基雄鹿

MILWAUKEE BUCKS

　　"天勾"贾巴尔与"大O"罗伯特森在密尔沃基风云际会,率领雄鹿建队仅3年便夺得总冠军。然而,这个闪亮起笔对于后辈而言太过高端,雄鹿之后虽然出现过("大狗"罗宾逊、雷·阿伦与卡塞尔)"三个火枪手",还有迈克尔·里德这样的"左手神投将",却始终无法复制前辈的辉煌,直到"字母哥"阿德托昆博出现。

　　当"字母哥"与米德尔顿、霍勒迪率领雄鹿夺得2021年总冠军,时隔半个世纪,密尔沃基终于再现拥有"天勾"般统治力的球员。

　　1968年,一支NBA球队在威斯康星州密尔沃基诞生。因为这座美丽的城市位于密歇根湖的西岸,而密歇根湖畔的草原上有许多鹿群出没,所以这支球队被命名为"密尔沃基雄鹿",也寓意为"活力、善跳、迅速和机敏"。

　　1968/1969赛季,雄鹿在NBA的"菜鸟"赛季仅取得27胜55负,东部赛区垫底。

　　东部倒数第一的战绩却给雄鹿带来好运,他们通过与太阳(西部倒数第一)"掷硬币"获胜,拿到1969年选秀的"状元签",随后雄鹿就用此签在1969年选秀大会首轮第1顺位将"天勾"卡里姆·阿布杜尔－贾巴尔招致帐下。彼时贾巴尔还是一位以"阿尔辛多"为名的毛头小伙子,但已经在NCAA绽放出耀眼光芒。他率领加州大学洛杉矶分校队赢得三届NCAA冠军,更成为拥有MOP头衔的NCAA第一中锋。

　　1969/1970赛季,初涉NBA的贾巴尔就以场均28.8分、14.5个篮板荣膺最佳新秀,并率领雄鹿以56胜26负东部第二战绩挺进季后赛。1970年季后赛,雄鹿更是一路杀入东部决赛,虽然被尼克斯以4比1淘汰出局,但这支年轻的雄鹿震惊了整个NBA。

1970 年休赛期，雄鹿通过交易得到当时联盟最全能控卫的"大 O"奥斯卡·罗伯特森，"大 O"与年轻的贾巴尔联袂成为超级内外线双人组。1970/1971 赛季，雄鹿凭借这对"王炸"组合豪取 66 胜 16 负的联盟最佳战绩。贾巴尔以场均 31.7 分、16 个篮板加冕常规赛MVP。雄鹿在季后赛更是完成 12 胜 2 负的壮举，总决赛风卷残云般横扫巴尔的摩子弹，夺得 1971 年总冠军，而这仅仅是雄鹿进入 NBA 的第三年。

自此，雄鹿一跃成为顶级强队，但遗憾的是，他们在之后那几年并没有再添一冠。

1974 年 8 月，35 岁的"大 O"宣布退役。贾巴尔也因为膝伤缺席了 1974/1975 赛季的后半程，雄鹿因此战绩一落千丈。1975 年休赛期，贾巴尔渴望更大突破，决定收拾行囊远赴洛杉矶湖人。雄鹿因为"大 O"与"天勾"的离去，瞬间沦为寻常球队。

雄鹿在贾巴尔离开后的 10 年里始终在崛起与没落之间徘徊，虽然中间短暂拥有过兰尼尔、布里奇曼、巴克纳、英格利什和温特斯这样的球星，甚至在唐·尼尔森的执教之下，也曾奋发崛起，但似乎总因为种种原因，无法染指总冠军。

1987/1988 赛季开始之前，唐·尼尔森卸任雄鹿主教练一职，这位功勋教练执教雄鹿 10 年，率队一共打出 540 胜 344 负的佳绩，在其中 7 个赛季胜场数超 50。

功勋教头的离去，也加剧了雄鹿沉沦，从 1986 年开始，雄鹿战绩几乎逐年下滑，到了 1993/1994 赛季，雄鹿更是仅仅取得 20 胜，不过他们因此幸运地获得"状元签"。

1994 年选秀大会，雄鹿用"状元签"选中"大狗"格伦·罗宾逊，一位身手全面的得分高手，可惜他过于贪婪。格伦·罗宾逊在新秀赛季未打之前，就强逼雄鹿与他签订了一份 10 年 6800 万美元的新秀合同。这份合同引得一片哗然，迫使 NBA 在 1995 年出台了一份新秀工资上限规定，以避免格伦·罗宾逊这种情况再次发生。

一场未打的"大狗"罗宾逊就此成为众矢之的，好在他表现非凡，在新秀（1994/1995）赛季场均得到 21.9 分、6.4 个篮板。此时雄鹿凭借"大狗"罗宾逊与文·贝克的二人组，战绩略有提升，但距季后赛还相差甚远。1995/1996 赛季，他们只取得 25 胜。

1996 年"黄金一代"选秀大会，雄鹿在首轮第 4 顺位选中马布里，随即与森林狼交易，换来同级的 5 号新秀雷·阿伦。这位历史级的三分射手与同样善射的"大狗"罗宾逊组成火力充沛的密尔沃基"后场双枪"，雄鹿终于迎来崛起的机会。

1997/1998 赛季，雄鹿终于以 36 胜 46 负的战绩时隔多年重返季后赛。虽然在季后赛仅仅是"陪太子读书"，但嗅到复兴良机的密尔沃基雄鹿开始着手补强。

1999 年 3 月，雄鹿交易得到"外星人"萨姆·卡塞尔，一位戴着瞄准镜打球的传球大师，他与"大狗"罗宾逊、雷·阿伦组成"三个火枪手"进攻三人组，联手率领雄鹿在东部刮起一阵密尔沃基旋风。1999/2000 赛季，雄鹿在新帅乔治·卡尔的铁腕执教下，成为联盟前五的进攻大队，"三个火枪手"更是每场能合砍 60 分以上。

2000/2001 赛季，"大狗"罗宾逊和雷·阿伦场均都砍到了 22 分，卡塞尔每场也有

18 分、7.6 次助攻进账，"三个火枪手"率领雄鹿以 52 胜佳绩挺进季后赛，并且一路淘汰魔术和黄蜂杀进东部决赛，可惜在东决以总比分 3 比 4 不敌艾弗森领衔的 76 人。

那个时期的雄鹿，靠"三个火枪手"打天下，纵然打出云流水般进攻，但在那个奉行"防守夺冠"的年代，始终没有作为，2001 年东决之旅便是最高光的一刻。

2002 年休赛期，雄鹿将"大狗"罗宾逊送到老鹰。2003 年 2 月，雷·阿伦被送往超音速，同年 6 月，卡塞尔也远赴森林狼，雄鹿"三个火枪手"宣告解散。

后"三个火枪手"时代的雄鹿群龙无首，迈克尔·里德这位 2000 年二轮秀球员开始崭露头角，这位身体天赋平平却拥有神奇的左手三分投射技术的得分后卫，早在 2002 年 2 月 20 日对阵火箭比赛的第四节替补上场时，就创造单节命中 8 记三分球、独砍 29 分的壮举，让乔治·卡尔教练以及雄鹿管理层树立了扶正里德的信心。

从 2003/2004 赛季开始，雄鹿进入以迈克尔·里德为核心的时代，这位朴实无华却拥有细腻流畅投篮技术的左手将，简直就是那个时代低配版的库里。虽然里德左手投篮精准无比，场均也曾有超 25 分的火力，但缺少帮手的他无法率领雄鹿挺进季后赛。

2007 年选秀大会，密尔沃基雄鹿在首轮第 6 顺位选中来自中国的大前锋易建联，一时间吸引了大批中国球迷。易建联在新秀赛季表现非凡，曾当选过 12 月份的东部月最佳新秀，并在与山猫的一场比赛中豪取 29 分、10 个篮板。随着易建联在 2008 年休赛期被交易到新泽西篮网，雄鹿又少了许多中国球迷的关注，因为他们确实缺少星光与话题。

2009 年 1 月 25 日，里德在雄鹿对阵国王的比赛中遭遇膝盖韧带撕裂。休养 1 年之后复出再伤。久伤难愈的里德不复当年之勇。2011 年 12 月，里德告别了效力 11 年的密尔沃基雄鹿，远赴太阳。雄鹿再一次开始重建，这次重建，长达 8 年。

雄鹿在这 8 年里通过选秀、交易积攒了贾巴里·帕克、克里斯·米德尔顿、约翰·亨森等等一批青年才俊，又聘请了球员时期便算无遗策的贾森·基德做主教练。可谓兵强马壮，但他们还缺少一位引领球队走出困境的"鹿王"。

2013年选秀大会，密尔沃基雄鹿在首轮第15顺位选中"字母哥"扬尼斯·阿德托昆博，那时阿德托昆博还是一位因营养不足而骨瘦如柴的希腊少年，时任雄鹿主帅的拉里·德鲁看中"字母哥"是拥有2.11米的身高与2.21米的臂展、能打控卫的内线长人。

阿德托昆博从2014/2015赛季起开始腾飞。2018/2019赛季，他场均拿到27.7分、12.5个篮板和5.9次助攻，率领雄鹿打出60胜22负的联盟最佳战绩，入选双一阵，并荣膺常规赛MVP。2019年季后赛，雄鹿先后淘汰活塞、凯尔特人，虽然在东部决赛与猛龙鏖战六场败北，却展现出东部新贵的风采。在"字母哥"羽翼渐丰的同时，深谙各种中远距离投篮之道的米德尔顿也脱颖而出，成为"字母哥"身边的二当家。

2020年11月，雄鹿通过交易得到朱·霍勒迪，一位沉稳低调的实力派控卫。霍勒迪的到来让雄鹿的阵容体系更加完整。2021年季后赛，"字母哥"完成华丽蜕变，率领雄鹿首轮复仇热火。东部半决赛，虽然雄鹿逆转击败"三巨头"领衔的篮网，但"字母哥"防守时伸脚幅度过大，导致欧文落地扭伤脚踝，也让他成为球迷的话柄。

东部决赛第四场，"字母哥"左膝遭遇挫伤，但雄鹿依然击败老鹰，挺进总决赛。

2021年总决赛雄鹿对阵太阳，钢筋铁骨的"字母哥"带伤火线复出。雄鹿在菲尼克斯先失两场，然后连扳四场，以4比2逆转击败太阳，夺得2021年总冠军。"字母哥"在第六场豪取50分、14个篮板和5次盖帽，完全统治攻防两端，率队问鼎的同时，也以总决赛场均35.2分、13.2个篮板的完美表现毫无悬念地当选总决赛MVP。

霍勒迪在2021年季后赛场均得到17.3分、5.7个篮板和8.7次助攻，米德尔顿在总决赛场均得到24分、6.3个篮板、5.3次助攻，他们二人成为"字母哥"的左膀右臂，三人组成"雄鹿三巨头"，联袂率领密尔沃基雄鹿成为联盟的新王。

雄鹿夺冠之后，接下来两个赛季都毁于伤病。2022年季后赛，米德尔顿韧带扭伤，雄鹿卫冕失败。2022/2023赛季，雄鹿再次取得联盟最佳战绩58胜24负，但"字母哥"因伤缺席了季后赛首轮第二场和第三场比赛，雄鹿成为热火缔造"黑八"的背景板。

2023年休赛期，由于不满球队在决胜时刻的攻坚能力，雄鹿交易得到超级得分手达米安·利拉德，为此不惜将外线防守尖兵与优秀指挥官霍勒迪交易到凯尔特人。

"字母哥"与利拉德这对超级组合似乎并不兼容，雄鹿战绩不升反降。于是球队在2024年1月辞去主教练阿德里安·格里芬，聘请道格·里弗斯出任新主帅。

2023/2024赛季战罢，雄鹿取得49胜33负的东部第三佳绩，但"字母哥"受伤给球队蒙上一层阴影。2024年季后赛，雄鹿不仅没有"字母哥"，连利拉德也在第三场受伤之后缺席了两场比赛，"三当家"米德尔顿临危受命，率领雄鹿残阵与步行者鏖战，最终力竭兵败，被步行者以4比2淘汰，雄鹿再一次止步于季后赛首轮。

曾经叱咤东部的雄鹿如今却陷入迷途，这支密尔沃基球队需要找到新的方向。

特别链接：雄鹿退役球衣

雄鹿退役球衣一共有9件，分别属于1号（奥斯卡·罗伯特森）、2号（朱尼奥·布里奇曼）、4号（悉尼·蒙克利夫）、8号（马奎斯·约翰逊）、10号（鲍勃·丹德里奇）、14号（乔恩·麦克格洛克林）、16号（鲍勃·兰尼尔）、32号（布莱恩·温特斯）和33号（卡里姆·贾巴尔）。

雄鹿经典组合 / "雄鹿三巨头"

扬尼斯·阿德托昆博 + 克里斯·米德尔顿 + 朱·霍勒迪

"字母哥"就像一头天赋绝伦的"希腊怪兽"，拥有像加内特一样的半场防守控制力，如奥尼尔一样的破坏力和得分效率，横行内外线，除了远射技巧，已无任何短板。而在他身边，恰巧有精通中远投之道的米德尔顿，他还单打效率惊人，与"字母哥"形成互补，成为雄鹿的进攻终结点。

2020年11月，霍勒迪加盟雄鹿，这位攻守兼备的"宝藏控卫"来到密尔沃基之后，不仅大大加强了阵容的完整性，还与"字母哥"、米德尔顿组成"雄鹿三巨头"，联手率队首轮复仇热火，东部半决赛逆转篮网，东部决赛击退老鹰，一路过关斩将，最终在总决赛逆转战胜太阳夺冠。

率领雄鹿夺得2021年总冠军之后，"雄鹿三巨头"又并肩作战两个赛季。随着雄鹿在2023年季后赛首轮被热火"黑八"，霍勒迪在同年夏天被交易到凯尔特人，"雄鹿三巨头"就此解体。

雄鹿历史最佳阵容

控球后卫	得分后卫	小前锋	大前锋	中锋
奥斯卡·罗伯特森	**雷·阿伦**	**克里斯·米德尔顿**	**扬尼斯·阿德托昆博**	**卡里姆·贾巴尔**
"大O"是全能高大后卫、三双王。他在雄鹿场均贡献29.3分、8.5个篮板、10.3次助攻。并与贾巴尔联手率队夺冠。	雷·阿伦的前7个赛季在雄鹿效力，共投进1051记三分球，展现出伟大射手的潜质，是著名的"三个火枪手"之一。	雄鹿小前锋人才凋零，论起最佳也就是"那个男人"。低调的米德尔顿是"字母哥"身边的"并肩王"，雄鹿最显著的球员。	"字母哥"以内线体格、行外线之实，除了远射，已无短板。他蝉联常规赛MVP，率领雄鹿在2021年夺冠，并加冕总决赛MVP。	"天勾"效力雄鹿6个赛季，两度当选得分王，有4个赛季场均得分30+，与"大O"联手率雄鹿夺得队史首冠。
● Oscar Robertson	● Ray Allen	● Khris Middleton	● Giannis Antetokounmpo	● Kareem Jabbar
● 1970—1974年	● 1996—2003年	● 2013年至今	● 2013年至今	● 1969—1975年
● 效力期间主要荣誉	● 效力期间主要荣誉	● 效力期间主要荣誉	● 效力期间主要荣誉	● 效力期间主要荣誉
1届总冠军 /2届全明星 /1届最佳阵容二阵	3届全明星 /1届最佳阵容三阵 / 最佳新秀阵容二阵	1届总冠军 /3届全明星	2届常规赛MVP/1届最佳防守球员 /1届总决赛MVP/1届总冠军	1届总冠军 /1届总决赛MVP/3届常规赛MVP

步行者总得分榜

1. 雷吉·米勒		25279
2. 里克·施密茨		12871
3. 比利·奈特		10780
4. 罗杰·布朗		10058
5. 杰梅因·奥尼尔		9580

步行者总篮板榜

1. 梅尔·丹尼尔斯		7643
2. 戴尔·戴维斯		6006
3. 里克·施密茨		5277
4. 杰夫·福斯特		5248
5. 乔治·麦金尼斯		5219

步行者总助攻榜

1. 雷吉·米勒		4141
2. 沃恩·弗莱明		4038
3. 马克·杰克逊		3294
4. 贾马尔·汀斯利		2786
5. 唐·布斯		2737

步行者总抢断榜

1. 雷吉·米勒		1505
2. 唐·布斯		1177
3. 沃恩·弗莱明		885
4. 乔治·麦金尼斯		752
5. 保罗·乔治		740

步行者总盖帽榜

1. 迈尔斯·特纳		1268
2. 杰梅因·奥尼尔		1245
3. 里克·施密茨		1111
4. 赫伯·威廉姆斯		1094
5. 罗伊·希伯特		990

印第安纳步行者

INDIANA PACERS

虽然印第安纳步行者曾是 ABA 三冠王，但转战 NBA 后沦为从零开始的平民球队，几经跌宕，才成为独树一帜的东部劲旅。

雷吉·米勒率领这支平民之师挑遍权贵，当他在麦迪逊花园完成 9 秒 8 分的逆转壮举，当他推开乔丹钉进那索命的三分球，步行者悄然进化为傲骨的倔强刺头。而保罗·乔治力抗詹姆斯，步行者两度与热火鏖战东决，更赋予这支平民球队新的灵魂。

如今哈利伯顿用神奇"魔法"为民风淳朴的印第安纳波利斯带来一抹炫目亮色，步行者也因此成为骑射如风的进攻大队。

1967 年，一支由八位商人（每人出资几千美元）共同筹建的篮球队在印第安纳波利斯成立。印第安纳州的篮球氛围十分浓厚，并且有着悠久的轻驾马车比赛历史，所以这支球队被命名为"印第安纳步行者"（也可以称为"印第安纳遛马队"）。

印第安纳步行者在 1967 年开始参加 ABA 联赛（美国篮球协会），签下的第一名球员就是罗杰·布朗，这位后来成为大名鼎鼎的"王侯"，也是 ABA 总得分王与步行者史上极具传奇色彩的巨星，当初竟然是从车间里被"抓"到步行者签约的工人。

步行者在罗杰·布朗的带领下可谓进步神速。他们在 1969/1970 赛季便取得 59 胜 25 负的东部分区第一战绩，并且在总决赛以 4 比 2 击败洛杉矶明星队，首次夺得 ABA 总冠军。1971/1972 赛季，步行者又在总决赛以 4 比 2 击败纽约篮网，再夺 ABA 总冠军。

1972/1973 赛季，步行者蝉联 ABA 总冠军，四年夺下三冠，风头一时无两。

后三冠时代的步行者战绩逐年下滑。1976 年，印第安纳步行者同丹佛掘金、纽约篮网以及圣安东尼奥马刺一起加入 NBA。来到新赛场，"ABA 三冠王"光环早已荡然无存，步行者如同其他"菜鸟"球队一样在 NBA 从零开始，艰难前行。

从 1977 年起，步行者的球员如走马灯般进进出出，虽然也曾短暂拥有阿德里安·丹特利和阿历克斯·英格利什这样的精英级得分手，但很快就转战他乡。时间进入 20 世纪 80 年代，步行者依旧不温不火，直到 1987 年，印第安纳终于迎来他们的城市篮球英雄。

那是 1987 年 NBA 选秀大会，步行者在首轮第 11 顺位选中雷吉·米勒。初入联盟时，米勒还是身材瘦削、天赋平平且投篮姿势有些怪异的普通球员，投篮姿势怪异是因为米勒出生时身带顽疾几乎无法正常行走，经过多年辅助训练才恢复正常，这也使他拥有不畏强权的傲骨以及挑战权贵的本能，这与步行者（平民球队）气质完美契合。

没有强壮的身体，并不妨碍米勒成为三分线外一剑封喉的杀手，不知疲倦的幽灵跑位让对手疲于奔命，而他总能觅到杀机，越到关键时刻，越能命中那追魂的三分球。

1987/1988 赛季，初出茅庐的米勒替补登场，场均砍下 10 分，他那手神准三分也逐渐成为 NBA 独树一帜的招牌绝技。1989/1990 赛季，步行者终于以 42 胜重返季后赛，可惜止步首轮，雷吉·米勒也成为步行者队史首位（NBA）全明星。

接下来两个赛季步行者依旧止步季后赛首轮。在 1993 年休赛期，步行者聘请一代名帅拉里·布朗出任新主帅。换帅如换刀，拉里·布朗率领率领步行者在 1993/1994 赛季取得 47 胜 35 负，并在季后赛一路横扫魔术、击败老鹰，与尼克斯鏖战于东部决赛。米勒在东部决赛"天王山之战"第四节独得 25 分，率队在麦迪逊花园赢下胜利，让整个纽约为之哗然，可惜最终步行者还是以总比分 3 比 4 不敌尼克斯。

1994/1995 赛季，马克·杰克逊成为首发控卫，步行者再次杀入季后赛，并与尼克斯再度狭路相逢于东部半决赛。1995 年 5 月 7 日，东部半决赛第一场，比赛最后只剩 8.9 秒钟，尼克斯依旧领先 6 分，胜券在握。然而，桀骜强硬的米勒不会放弃，他首先投中一记三分球，然后又断球远投三分得手，将比分扳成 105 平，最后又造犯规两罚全中，率领步行者以 107 比 105 险胜尼克斯。这次神奇逆转让 9 秒 8 分的"米勒时刻"闪耀史册，这位身材瘦削的球员成为"关键先生"的化身。米勒率领步行者力克尼克斯，可惜又在东部决赛"抢七"负于年轻的"鲨鱼"与"便士"领衔的魔术。

1997/1998 赛季，"人鸟"伯德拿起教鞭，率领步行者再次杀入东部决赛。虽然与乔丹领衔的公牛决战七场败北，但米勒在第四场命中准压哨绝杀后旋转舞蹈，第七场又将乔丹领衔的那支不可一世的公牛逼到绝境，留给世人一个挑战权威的不屈背影。

1999/2000 赛季，步行者创造主场 25 连胜的队史纪录，以 56 胜 26 负的佳绩挺进季后赛，并在东部决赛以 4 比 2 淘汰老对手尼克斯之后，终于历史首次杀入总决赛，可惜被如日中天"OK 组合"领衔的湖人以 4 比 2 击败，无缘总冠军。总决赛败北，并不妨碍步行者成为东部豪强，在"一人一城"的时代，米勒成为印第安纳波利斯的招牌巨星。

进入 21 世纪，拉里·伯德退居幕后，"微笑刺客"托马斯执掌帅印，战绩不温不火。从 2003/2004 赛季，步行者进入里克·卡莱尔执教的时代，这位学院派教练频施妙手，在米勒迟暮的逆境下，打造出一支杰梅因·奥尼尔为新核的"虎狼之师"，取得 61 胜 21 负的队史最佳战绩，并且在季后赛一路势如破竹，可惜在东部决赛以 2 比 4 不敌活塞，目送对手在总决赛击败湖人。

2004/2005 赛季，兵强马壮的步行者有望染指总冠军，可惜一切毁于"奥本山宫殿事件"。那是 2004 年 11 月 19 日步行者做客活塞的奥本山宫殿，因为阿泰斯特与球迷的"暴力"争执，引起双方球员大规模"混战"，那次事件导致阿泰斯特、斯蒂芬·杰克逊、小奥尼尔三大主力全部长时间禁赛。自此，那支步行者巅峰戛然而止。随着步行者在 2015 年东部半决赛再度被活塞击败，雷吉·米勒带着终生无冠的遗憾黯然退役。

后米勒时代的步行者由小奥尼尔领军，经过"奥本山宫殿事件"的打击，球队一蹶不振，阿泰斯特、斯蒂芬·杰克逊等猛将相继离队。2008 年休赛期，小奥尼尔也辞别步行者，这位"96 黄金一代"的顶级内线转战猛龙，开始了 NBA 的流浪岁月。

小奥尼尔离去，步行者进入一个群龙无首的混乱时代。随着自己选中的丹尼·格兰杰（2005 年首轮第 17 顺位）和保罗·乔治（2010 年首轮第 10 顺位）两位小前锋的先后崛起，以及弗兰克·沃格尔教练在 2011/2012 赛季执掌帅印，印第安纳球迷们欣喜地发现，那支强悍无畏、攻守兼备、勇于挑战王权的"步行者铁军"又回来了。

2012/2013 赛季，乔治顶替核心格兰杰（因伤缺阵），成为首发小前锋，率领步行者取得 49 胜 32 负，并在东部决赛与"三巨头"领衔的热火鏖战七场落败。接下来的 2013/2014 赛季，步行者再与热火相逢于东部决赛，六场战罢，虽然步行者再度落败，但乔治表现出色，成为东部唯一能够硬抗詹姆斯的球员。

在 NBA 开始进入"轻骑兵"的时代，步行者依旧坚持老牌篮球风格，打造出以保罗·乔治、乔治·希尔和史蒂文森为主的攻守俱佳的恐怖外线，内线还有希伯特这尊"巨灵神"，以一双巨掌镇守步行者禁区使之成为"禁飞区"。

令人遗憾的是，随着保罗·乔治在 2014 年夏天美国男篮内部训练赛遭遇（90 度小腿骨骨折）大伤，错过了 2014 年男篮世界杯和 2014/2015 赛季 NBA 的 76 场比赛，那支

在东部唯一能挑战热火的步行者因此一蹶不振，最终无缘季后赛。

2015/2016 赛季，重伤归来的保罗·乔治出战 81 场，率领步行者重返季后赛。虽然乔治面对猛龙的"天王山之战"独砍 39 分，但步行者依旧无法突破首轮。

2016/2017 赛季，随着步行者在首轮被骑士以 4 比 0 轻松横扫，乔治心灰意冷寻求离队，最终被步行者交易到俄克拉荷马雷霆，换来奥拉迪波和多曼塔斯·萨博尼斯。

2017/2018 赛季，奥拉迪波凭着迅疾无双的速度成为联盟抢断王，率领步行者在季后赛首轮与詹姆斯的骑士大战七场，虽然落败，但步行者打出气势如虹的攻势篮球。

2018/2019 赛季，奥拉迪波因伤只打 36 场比赛，步行者凭借不错的团队配合取得 48 胜东部第五佳绩，但在季后赛因为缺少巨星压阵，被凯尔特人在首轮横扫出局。

2019/2020 赛季，赛迪斯·杨远走芝加哥，小萨博尼斯出任首发中锋，与特纳组成"内线双塔"。小萨博尼斯在这个赛季爆发，场均拿到 18.5 分、12.4 个篮板，入选全明星。奥拉迪波休养大半个赛季伤愈归来，可惜不再是那辆风驰电掣的"奥迪"。

随着步行者在 2020 年季后赛首轮被热火横扫出局。奥拉迪波在 2020/2021 赛季只打了 9 场比赛，就在 2021 年 1 月被交易至休斯敦火箭。

步行者连续三年未能突破首轮，在 2020/2021 赛季更是止步于附加赛，无缘季后赛。

2021 年休赛期，里克·卡莱尔重新拿起步行者的教鞭，这位学院派名帅曾率步行者豪取创队史纪录的 61 胜，又率领小牛夺过总冠军，可谓众望所归的冠军教头。

2021/2022 赛季，步行者在前 30 场取得 12 胜 18 负的平庸战绩之后，决定推倒重建。2022 年 2 月 9 日，步行者将小萨博尼斯送往萨克拉门托国王，得到巴迪·希尔德、特里斯坦·汤普森以及超新星控卫泰里斯·哈利伯顿，事实证明，这是一笔双赢交易。

小萨博尼斯在国王与达龙·福克斯组成超级内外线双人组，联手率队时隔 16 年重返季后赛。而哈利伯顿来到步行者，旋即用海龙兴波般"魔法"助攻掀起进攻狂潮。2022/2023 赛季战罢，哈利伯顿场均得到 20.7 分、10.4 次助攻。2023 年 7 月，步行者与哈利伯顿续约一份 5 年 2.6 亿美元的超级顶薪合同，确立其核心地位。

2023/2024 赛季，哈利伯顿率领步行者一路杀进首届季中锦标赛决赛，可惜不敌湖人。哈利伯顿虽然传球犀利无匹，但受制于 1.96 米身高以及寻常的运动天赋，让他在严防之下缺少硬解的得分能力，加上伤病等原因，让他在 2023/2024 赛季高开低走。即便如此，他依旧加冕了助攻王，并率领步行者以 47 胜 35 负东部第六的战绩重返季后赛。

2024 年季后赛，哈利伯顿在"高端局"变得更加起伏不定，步行者也没有打出水银泻地般的（常规赛联盟第一）攻击力。即便如此，他们还是连续战胜伤病满营的雄鹿、尼克斯，一举杀入东部决赛。东部决赛第一场，步行者因为经验不足被布朗命中绝平三分球，又在加时赛憾负凯尔特人。第二场哈利伯顿的伤退，让步行者坠入失败的漩涡，他们之后虽然三军用命，却难逃被凯尔特人横扫的命运。

由哈利伯顿坐镇后场，锋线上是"北境之王"西亚卡姆，步行者不仅取得 2018 年之后季后赛首胜，还一举杀到东部决赛，印第安纳的篮球复兴看来指日可待。

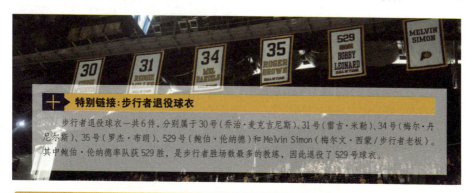

✚ 特别链接：步行者退役球衣

步行者退役球衣一共 6 件，分别属于 30 号（乔治·麦克吉尼斯）、31 号（雷吉·米勒）、34 号（梅尔·丹尼尔斯）、35 号（罗杰·布朗）、529 号（鲍伯·伦纳德）和 Melvin Simon（梅尔文·西蒙/步行者老板）。其中鲍伯·伦纳德率队获 529 胜，是步行者胜场数最多的教练，因此退役了 529 号球衣。

步行者历史最佳阵容

控球后卫	得分后卫	小前锋	大前锋	中锋
泰里斯·哈利伯顿	**雷吉·米勒**	**保罗·乔治**	**杰梅因·奥尼尔**	**里克·施密茨**
哈利伯顿成为步行者新王，海龙兴波般掀起快打旋风。投篮姿势虽怪异却精准，更似乎具有魔法，能送出即兴妙传。	米勒将 18 年职业生涯全部奉献给步行者，成为这里的象征。作为 NBA 最伟大的三分射手之一，共命中队史最多的 2560 记三分球。	乔治攻防一体，在步行者受大伤前更是天赋尽显，四进全明星，成为进步最快球员，两次率队在东决与"三巨头"领衔的热火鏖战。	小奥是"96 黄金一代"最强内线，进攻手段丰富，效力步行者时期场均贡献 18.6 分、9.6 个篮板，可惜巅峰毁于"奥本山宫殿事件"。	施密茨是 1988 年"榜眼秀"，生涯全部效力于步行者。他身高 2.24 米，是一位欧洲技术型中锋，身体对抗欠佳。
● Tyrese Haliburton ● 2022 年至今 ● **效力期间主要荣誉** 1 届助攻王/2 届全明星/最佳新秀阵容一阵	● Reggie Miller ● 1987—2005 年 ● **效力期间主要荣誉** 5 届全明星/3 届最佳阵容三阵	● Paul George ● 2010—2017 年 ● **效力期间主要荣誉** 4 届全明星/1 届最佳防守阵容一阵	● Jermaine O'Neal ● 2000—2008 年 ● **效力期间主要荣誉** 6 届全明星/1 届最佳阵容二阵/进步最快球员	● Rik Smits ● 1988—2000 年 ● **效力期间主要荣誉** 1 届全明星/最佳新秀阵容一阵

年份	总冠军	总决赛战绩
1947	费城勇士	4比1战胜芝加哥牡鹿
1948	巴尔的摩子弹	4比2战胜费城勇士
1949	明尼阿波利斯湖人	4比2战胜华盛顿国会
1950	明尼阿波利斯湖人	4比2战胜塞拉库斯民族
1951	皇家罗切斯特	4比3战胜纽约尼克斯
1952	明尼阿波利斯湖人	4比3战胜纽约尼克斯
1953	明尼阿波利斯湖人	4比1战胜纽约尼克斯
1954	明尼阿波利斯湖人	4比3战胜塞拉库斯民族
1955	塞拉库斯民族	4比3战胜福特韦恩活塞
1956	费城勇士	4比1战胜福特韦恩活塞
1957	波士顿凯尔特人	4比3战胜圣路易斯老鹰
1958	圣路易斯老鹰	4比2战胜波士顿凯尔特人
1959	波士顿凯尔特人	4比0战胜明尼阿波利斯湖人
1960	波士顿凯尔特人	4比3战胜圣路易斯老鹰
1961	波士顿凯尔特人	4比1战胜圣路易斯老鹰
1962	波士顿凯尔特人	4比3战胜洛杉矶湖人
1963	波士顿凯尔特人	4比2战胜洛杉矶湖人
1964	波士顿凯尔特人	4比1战胜旧金山勇士
1965	波士顿凯尔特人	4比1战胜洛杉矶湖人
1966	波士顿凯尔特人	4比3战胜洛杉矶湖人
1967	费城76人	4比2战胜旧金山勇士
1968	波士顿凯尔特人	4比2战胜洛杉矶湖人
1969	波士顿凯尔特人	4比3战胜洛杉矶湖人
1970	纽约尼克斯	4比3战胜洛杉矶湖人
1971	密尔沃基雄鹿	4比0战胜巴尔的摩子弹
1972	洛杉矶湖人	4比1战胜纽约尼克斯
1973	纽约尼克斯	4比1战胜洛杉矶湖人
1974	波士顿凯尔特人	4比3战胜密尔沃基雄鹿
1975	金州勇士	4比0战胜华盛顿子弹
1976	波士顿凯尔特人	4比2战胜菲尼克斯太阳
1977	波特兰开拓者	4比2战胜费城76人
1978	华盛顿子弹	4比3战胜西雅图超音速
1979	西雅图超音速	4比1战胜华盛顿子弹
1980	洛杉矶湖人	4比2战胜费城76人
1981	波士顿凯尔特人	4比2战胜休斯敦火箭
1982	洛杉矶湖人	4比2战胜费城76人
1983	费城76人	4比0战胜洛杉矶湖人
1984	波士顿凯尔特人	4比3战胜洛杉矶湖人
1985	洛杉矶湖人	4比2战胜波士顿凯尔特人
1986	波士顿凯尔特人	4比2战胜休斯敦火箭
1987	洛杉矶湖人	4比2战胜波士顿凯尔特人
1988	洛杉矶湖人	4比3战胜底特律活塞
1989	底特律活塞	4比0战胜洛杉矶湖人
1990	底特律活塞	4比1战胜波特兰开拓者
1991	芝加哥公牛	4比1战胜洛杉矶湖人
1992	芝加哥公牛	4比2战胜波特兰开拓者
1993	芝加哥公牛	4比2战胜菲尼克斯太阳
1994	休斯敦火箭	4比3战胜纽约尼克斯
1995	休斯敦火箭	4比0战胜奥兰多魔术
1996	芝加哥公牛	4比2战胜西雅图超音速
1997	芝加哥公牛	4比2战胜犹他爵士

历届总冠军
NBA CHAMPIONSHIP
1947—2024

年份	总冠军	总决赛战绩
1998	芝加哥公牛	4比2战胜犹他爵士
1999	圣安东尼奥马刺	4比1战胜纽约尼克斯
2000	洛杉矶湖人	4比2战胜印第安纳步行者
2001	洛杉矶湖人	4比1战胜费城76人
2002	洛杉矶湖人	4比0战胜新泽西网
2003	圣安东尼奥马刺	4比2战胜新泽西网
2004	底特律活塞	4比1战胜洛杉矶湖人
2005	圣安东尼奥马刺	4比3战胜底特律活塞
2006	迈阿密热火	4比2战胜达拉斯小牛
2007	圣安东尼奥马刺	4比0战胜克利夫兰骑士
2008	波士顿凯尔特人	4比2战胜洛杉矶湖人
2009	洛杉矶湖人	4比1战胜奥兰多魔术
2010	洛杉矶湖人	4比3战胜波士顿凯尔特人
2011	达拉斯小牛	4比2战胜迈阿密热火
2012	迈阿密热火	4比1战胜俄克拉荷马城雷霆
2013	迈阿密热火	4比3战胜圣安东尼奥马刺
2014	圣安东尼奥马刺	4比1战胜迈阿密热火
2015	金州勇士	4比2战胜克利夫兰骑士
2016	克利夫兰骑士	4比3战胜金州勇士
2017	金州勇士	4比1战胜克利夫兰骑士
2018	金州勇士	4比0战胜克利夫兰骑士
2019	多伦多猛龙	4比2战胜金州勇士
2020	洛杉矶湖人	4比2战胜迈阿密热火
2021	密尔沃基雄鹿	4比2战胜菲尼克斯太阳
2022	金州勇士	4比2战胜波士顿凯尔特人
2023	丹佛掘金	4比1战胜迈阿密热火
2024	波士顿凯尔特人	4比1战胜达拉斯独行侠

●本书数据荣誉统计均截至2024年6月18日